Gestão de Vendas

UMA ABORDAGEM INTRODUTÓRIA

O GEN | Grupo Editorial Nacional – maior plataforma editorial brasileira no segmento científico, técnico e profissional – publica conteúdos nas áreas de ciências sociais aplicadas, exatas, humanas, jurídicas e da saúde, além de prover serviços direcionados à educação continuada e à preparação para concursos.

As editoras que integram o GEN, das mais respeitadas no mercado editorial, construíram catálogos inigualáveis, com obras decisivas para a formação acadêmica e o aperfeiçoamento de várias gerações de profissionais e estudantes, tendo se tornado sinônimo de qualidade e seriedade.

A missão do GEN e dos núcleos de conteúdo que o compõem é prover a melhor informação científica e distribuí-la de maneira flexível e conveniente, a preços justos, gerando benefícios e servindo a autores, docentes, livreiros, funcionários, colaboradores e acionistas.

Nosso comportamento ético incondicional e nossa responsabilidade social e ambiental são reforçados pela natureza educacional de nossa atividade e dão sustentabilidade ao crescimento contínuo e à rentabilidade do grupo.

IDALBERTO
CHIAVENATO

Gestão de Vendas

UMA ABORDAGEM INTRODUTÓRIA

4ª ed.

- O autor deste livro e a editora empenharam seus melhores esforços para assegurar que as informações e os procedimentos apresentados no texto estejam em acordo com os padrões aceitos à época da publicação, *e todos os dados foram atualizados pelo autor até a data da entrega dos originais à editora.* Entretanto, tendo em conta a evolução das ciências, as atualizações legislativas, as mudanças regulamentares governamentais e o constante fluxo de novas informações sobre os temas que constam neste livro, recomendamos enfaticamente que os leitores consultem sempre outras fontes fidedignas, de modo a se certificarem de que as informações contidas no texto estão corretas e de que não houve alterações nas recomendações ou na legislação regulamentadora.

- Data do fechamento do livro: 25/02/2022

- O autor e a editora se empenharam para citar adequadamente e dar o devido crédito a todos os detentores de direitos autorais de qualquer material utilizado neste livro, dispondo-se a possíveis acertos posteriores caso, inadvertida e involuntariamente, a identificação de algum deles tenha sido omitida.

- **Atendimento ao cliente: (11) 5080-0751 | faleconosco@grupogen.com.br**

- Direitos exclusivos para a língua portuguesa
  Copyright © 2022 by
  Editora Atlas Ltda.
  Uma editora integrante do GEN | Grupo Editorial Nacional
  Travessa do Ouvidor, 11
  Rio de Janeiro – RJ – 20040-040
  www.grupogen.com.br

- Reservados todos os direitos. É proibida a duplicação ou reprodução deste volume, no todo ou em parte, em quaisquer formas ou por quaisquer meios (eletrônico, mecânico, gravação, fotocópia, distribuição pela Internet ou outros), sem permissão, por escrito, da Editora Atlas Ltda.

- Capa: Bruno Sales

- Editoração eletrônica: Karen Ameomo

CIP-BRASIL. CATALOGAÇÃO NA PUBLICAÇÃO
SINDICATO NACIONAL DOS EDITORES DE LIVROS, RJ

C458g
4. ed.

Chiavenato, Idalberto, 1936-
Gestão de vendas : uma abordagem introdutória / Idalberto Chiavenato. – 4. ed. – Barueri [SP]: Atlas, 2022.

Inclui bibliografia e índice
ISBN 978-65-5597-254-4

1. Vendas - administração. I. Título. II. Série.

22-76091   CDD: 658.81
                                                            CDU: 658.811

Gabriela Faray Ferreira Lopes – Bibliotecária – CRB-7/6643

À Rita.

*Essa mulher incrível e maravilhosa
que se tornou minha esposa,
minha musa inspiradora e empreendedora.*

*Minha estrela-guia,
dedico este pequeno livro com todo amor.*

Parabéns!

Além da edição mais completa e atualizada do livro *Gestão de Vendas – uma abordagem introdutória*, agora você tem acesso à Sala de Aula Virtual do Prof. Idalberto Chiavenato.

Chiavenato Digital é a solução que você precisa para complementar seus estudos.

São diversos objetos educacionais, como vídeos do autor, mapas mentais, estudos de caso e muito mais!

Para acessar, basta seguir o passo a passo descrito na orelha deste livro.

Bons estudos!

Confira o vídeo de apresentação da plataforma pelo autor.

uqr.to/hs6d

Sempre que o ícone  aparece, há um conteúdo disponível na Sala de Aula Virtual.

CASOS DE APOIO
Simulações de situações reais ajudam na aplicação prática dos conceitos.

PARA REFLEXÃO
Situações e temas controversos são apresentados para promover a reflexão.

CHIAVENÁRIO
Glossário interativo com as principais terminologias utilizadas pelo autor.

SAIBA MAIS
Conteúdos complementares colaboram para aprofundar o conhecimento.

EXERCÍCIOS
Ferramentas para estimular a aprendizagem.

TENDÊNCIAS EM GV
Atualidades e novos paradigmas da Administração são apresentados.

CASOS PARA DISCUSSÃO
[RECURSO EXCLUSIVO PARA PROFESSORES]
Situações-problema sugerem discussões e aplicações práticas dos conteúdos tratados.

SOBRE O AUTOR

Idalberto Chiavenato é Doutor e Mestre em Administração pela City University Los Angeles (Califórnia, EUA), especialista em Administração de Empresas pela Escola de Administração de Empresas de São Paulo da Fundação Getulio Vargas (FGV EAESP), graduado em Filosofia e Pedagogia, com especialização em Psicologia Educacional, pela Universidade de São Paulo (USP), e em Direito pela Universidade Presbiteriana Mackenzie.

Professor honorário de várias universidades do exterior e renomado palestrante ao redor do mundo, foi professor da FGV EAESP. Fundador e presidente do Instituto Chiavenato e membro vitalício da Academia Brasileira de Ciências da Administração. Conselheiro e vice-presidente de Assuntos Acadêmicos do Conselho Regional de Administração de São Paulo (CRA-SP). Autor de 48 livros nas áreas de Administração, Recursos Humanos, Estratégia Organizacional e Comportamento Organizacional publicados no Brasil e no exterior. Recebeu três títulos de *Doutor Honoris Causa* por universidades latino-americanas e a Comenda de Recursos Humanos pela ABRH-Nacional.

PREFÁCIO

O que faz uma empresa sair na frente das outras e disparar ao encontro de resultados incríveis e excepcionais? O que faz uma empresa encantar seus clientes e oferecer-lhes um produto ou serviço cujo valor agregado ultrapassa de longe suas expectativas e distancia-se dos produtos dos concorrentes? O que faz uma empresa granjear respeito e admiração e alcançar renome e imagem? Estamos falando de venda e de todos os aspectos que a antecedem, que vêm durante e depois em termos de satisfação e entrega de valor para o consumidor. Para que isso aconteça, é necessário que a empresa tenha uma excelente gestão de suas vendas por meio de uma equipe de vendas integrada e coesa. Aliás, a Gestão de Vendas (GV) constitui hoje uma das mais desafiantes áreas da Administração de Empresas, seja pelo dinamismo de sua atuação, seja pela sua externalidade frente ao mercado, seja pela constante necessidade de criatividade e inovação para enfrentar as mudanças que ocorrem no mundo dos negócios.

Dentro dessas circunstâncias, o papel do profissional de vendas está passando por uma enorme ampliação e abrangência. Não se trata mais de simplesmente intermediar as transações entre a empresa e seus clientes. Isso é muito pouco em função das transformações que estão ocorrendo no mercado. O cliente de hoje – seja uma empresa ou uma pessoa física que pretende adquirir algo – tem necessidades, aspirações e expectativas que transcendem e ultrapassam de longe o velho e tradicional processo de venda e compra. O novo consumidor dispõe, hoje, de infinitas variedades de pesquisar o mercado, fazer comparações lógicas e tomar decisões racionais. Em mercados em situação de oferta – em que as empresas disputam sua participação aumentando cada vez mais a concorrência –, o cliente torna-se muito mais exigente, pois tem múltiplas escolhas à sua disposição. Em função disso, ele busca a opção que lhe permite um maior valor agregado daquilo que quer adquirir e a maior satisfação na experiência de comprar algo. Uma questão de custo/benefício. O papel do gestor de vendas torna-se fundamental nessa nova relação no sentido de prover tanto a satisfação do cliente quanto agregar valor ao processo de compra e torná-lo uma experiência incrivelmente encantadora e que vale a pena repetir várias vezes. Cada vendedor precisa deixar de ser um simples elemento de intermediação para se tornar um verdadeiro gestor de vendas, capaz de entender as necessidades e as expectativas do cliente e oferecer muito mais do que ele espera, ultrapassando suas expectativas e tornando-o um cliente fiel e plenamente satisfeito com sua escolha. Para tanto, é indispensável conhecer com profundidade a empresa e seus produtos e serviços, o mercado e suas complexidades, e, mais do que tudo, o cliente, suas características e o que tem valor para ele, para lhe entregar aquilo que ele realmente deseja comprar dentro das condições que lhe pareçam mais adequadas. Assim, transformar o ato de vender simplesmente em uma ação mais ampla de GV constitui a melhor maneira de enfrentar os novos tempos e as condições que a globalização e a competitividade estão trazendo para o mundo dos negócios. Nessas condições, o gestor de vendas está se transformando em um verdadeiro consultor e um excelente estrategista de negócios, com novas competências e novas ferramentas de trabalho.

Idalberto Chiavenato
www.chiavenato.com

SUMÁRIO

Capítulo 1

GESTÃO DE VENDAS: CONCEITUAÇÃO E AMPLITUDE, 1

INTRODUÇÃO, 1

1.1 EMPRESAS, 2

1.2 TIPOS DE EMPRESA, 2
- 1.2.1 Classificação quanto ao tipo de produção, 2
- 1.2.2 Classificação quanto à propriedade, 3

1.3 QUAL É O NOSSO NEGÓCIO?, 4

1.4 EMPRESAS E SEUS RECURSOS, 5

1.5 EMPRESAS E SUAS COMPETÊNCIAS, 7

1.6 CONCEITO DE GESTÃO DE VENDAS, 9

1.7 QUEM É O GESTOR DE VENDAS?, 10

1.8 ESTRUTURA ORGANIZACIONAL DA GESTÃO DE VENDAS, 11
- 1.8.1 Departamentalização funcional, 12
- 1.8.2 Departamentalização por produtos, 13
- 1.8.3 Departamentalização regional, 14
- 1.8.4 Departamentalização por clientela, 15
- 1.8.5 Escolha de alternativas de departamentalização, 16

QUESTÕES PARA REVISÃO, 17

REFERÊNCIAS, 19

Capítulo 2

MARKETING: COMO A PLATAFORMA DE VENDAS, 21

INTRODUÇÃO, 21

2.1 CONCEITO DE MARKETING, 22
- 2.1.1 Administração de marketing, 24
- 2.1.2 Venda, 25

2.2 FOCO NO CLIENTE, 26

2.3 COMPOSTO DE MARKETING, 27
    2.3.1 Marketing *mix*, 28

2.4 PREÇO, 28
    2.4.1 Definição do preço de um produto, 30
    2.4.2 Política de preços, 30
    2.4.3 *Leasing*, 31

2.5 DIFERENCIAÇÃO, 31

2.6 POSICIONAMENTO, 33

2.7 O MARKETING NA ERA DIGITAL, 34

QUESTÕES PARA REVISÃO, 35

REFERÊNCIAS, 36

Capítulo 3
MERCADO: A ARENA DA COMPETIÇÃO, 37

INTRODUÇÃO, 37

3.1 UMA BREVE HISTÓRIA DO COMÉRCIO, 38

3.2 O MUNDO DE HOJE, 38

3.3 MERCADO, 40
    3.3.1 Características do mercado, 40
    3.3.2 Tipos de mercado, 41
    3.3.3 Entendendo as forças do mercado, 44

3.4 ANÁLISE DO MERCADO, 47
    3.4.1 Análise ambiental, 47
    3.4.2 Cenários, 49
    3.4.3 Pesquisa de mercado, 51
    3.4.4 Segmentação de mercado, 53

3.5 CLIENTELA, 55
    3.5.1 Cadastro de clientes, 57
    3.5.2 Classificação da clientela, 58
    3.5.3 Relacionamento com a clientela, 58
    3.5.4 Satisfação dos clientes, 58
    3.5.5 Relações públicas, 59

3.6 A CONCORRÊNCIA, 59

QUESTÕES PARA REVISÃO, 60

REFERÊNCIAS, 62

Capítulo 4
O PRODUTO/SERVIÇO, 63

INTRODUÇÃO, 63

4.1 CLASSIFICAÇÕES DE PRODUTO/SERVIÇO, 64

4.2 COMPONENTES DOS PRODUTOS/SERVIÇOS, 67
    4.2.1 Marca e logotipo, 68

      4.2.2 Embalagem, 68
      4.2.3 Qualidade, 69
      4.2.4 Preço, 69
      4.2.5 Rentabilidade, 70
      4.2.6 Receita de vendas, 70

4.3 CICLO DE VIDA DOS PRODUTOS/SERVIÇOS, 71

4.4 DIFERENCIAÇÃO DE PRODUTOS, 73

4.5 PORTFÓLIO DE PRODUTOS – MATRIZ BCG, 75

4.6 PORTFÓLIO DE PRODUTOS – ANÁLISE MULTIFATORIAL DE PORTFÓLIO DA GENERAL ELECTRIC (GE), 78

4.7 DESENVOLVIMENTO DE PRODUTO/SERVIÇO, 80

QUESTÕES PARA REVISÃO, 82

REFERÊNCIAS, 83

Capítulo 5
PREVISÃO E PLANEJAMENTO DE VENDAS, 85

INTRODUÇÃO, 85

5.1 ANÁLISE DO MERCADO, 86
      5.1.1 Fontes primárias, 87
      5.1.2 Fontes secundárias, 87

5.2 PESQUISA DE MERCADO, 89
      5.2.1 Técnicas de pesquisa de mercado, 90
      5.2.2 Tipos de pesquisa quantitativa de mercado, 90
      5.2.3 Pesquisa de vendas, 90
      5.2.4 Pesquisa de consumidor, 91
      5.2.5 Pesquisa de produto/serviço, 91
      5.2.6 Pesquisa de propaganda, 91
      5.2.7 Pesquisa de concorrência, 92
      5.2.8 Tipos de pesquisa qualitativa de mercado, 92

5.3 PREVISÃO DE VENDAS, 94
      5.3.1 Fatores de cálculo da previsão de vendas, 95
      5.3.2 Objetivos da previsão de vendas, 97
      5.3.3 Como é feita a previsão de vendas, 97

5.4 DETERMINAÇÃO DAS COTAS DE VENDAS, 98
      5.4.1 Objetivos da determinação de cotas de venda, 98

QUESTÕES PARA REVISÃO, 99

REFERÊNCIA, 101

Capítulo 6
DISTRIBUIÇÃO E ENTREGA, 103

INTRODUÇÃO, 103

6.1 CONCEITO DE DISTRIBUIÇÃO, 104
      6.1.1 Agentes × distribuidores, 104

6.2 INTERMEDIÁRIOS, 105

6.3 CANAIS DE DISTRIBUIÇÃO, 106
    6.3.1 Funções e objetivos dos canais de distribuição, 106
    6.3.2 Variedade de componentes dos canais de distribuição, 106

6.4 UTILIDADE DE TEMPO E DE LUGAR, 108

6.5 PONTO DE VENDA, 109
    6.5.1 Ponto de serviço, 109
    6.5.2 Critérios de avaliação e escolha dos canais de distribuição, 109

6.6 SISTEMAS DE DISTRIBUIÇÃO, 110

6.7 CRITÉRIOS PARA DEFINIÇÃO DO SISTEMA DE DISTRIBUIÇÃO, 115

QUESTÕES PARA REVISÃO, 116

REFERÊNCIA, 118

Capítulo 7
PROPAGANDA E PROMOÇÃO DE VENDAS, 119

INTRODUÇÃO, 119

7.1 INFORMAÇÃO, 119

7.2 COMUNICAÇÃO, 120

7.3 PROPAGANDA, 122
    7.3.1 Veículos de propaganda, 123
    7.3.2 Agências de propaganda, 124
    7.3.3 Divulgação, 125

7.4 PROMOÇÃO DE VENDAS, 126
    7.4.1 Objetivos da promoção de vendas, 127
    7.4.2 Promoção de vendas dirigida aos canais de distribuição, 128
    7.4.3 Promoção de vendas dirigida ao consumidor final, 128

7.5 RELAÇÕES PÚBLICAS, 130
    7.5.1 Tipos de relações públicas, 130
    7.5.2 Técnicas de relações públicas, 130

7.6 *STAKEHOLDERS*, 131

QUESTÕES PARA REVISÃO, 134

REFERÊNCIAS, 136

Capítulo 8
ORGANIZAÇÃO DA FORÇA DE VENDAS, 137

INTRODUÇÃO, 138

8.1 O PAPEL DO LÍDER DE EQUIPE DE VENDAS, 138

8.2 RECRUTAMENTO E SELEÇÃO DA FORÇA DE VENDAS, 139
    8.2.1 Recrutamento, 140
    8.2.2 Seleção, 141
    8.2.3 Integração dos novos colaboradores, 142

8.3 TREINAMENTO DA FORÇA DE VENDAS, 142
  8.3.1 Levantamento de necessidades de treinamento, 143
  8.3.2 Conteúdo do treinamento, 144
  8.3.3 Técnicas de treinamento, 146
  8.3.4 Avaliação do programa de treinamento, 147
  8.3.5 Tendências no treinamento, 149

8.4 REMUNERAÇÃO DA FORÇA DE VENDAS, 150
  8.4.1 Sistemas de remuneração, 150

8.5 AVALIAÇÃO DO DESEMPENHO DA FORÇA DE VENDAS, 153
  8.5.1 Objetivos da avaliação do desempenho de vendedores, 153
  8.5.2 Critérios para avaliação do desempenho de vendedores, 153

QUESTÕES PARA REVISÃO, 157

REFERÊNCIAS, 159

Capítulo 9
O RELACIONAMENTO COM O CLIENTE, 161

INTRODUÇÃO, 161

9.1 ATENDIMENTO AO CONSUMIDOR, 162

9.2 PÓS-VENDA, 163

9.3 CONFIABILIDADE, 163

9.4 PRONTIDÃO E AGILIDADE, 164

9.5 COMUNICAÇÃO, 164

9.6 MÍDIAS SOCIAIS, 165

9.7 *CUSTOMER RELATIONSHIP MANAGEMENT*, 166

9.8 *BUSINESS INTELLIGENCE*, 169

QUESTÕES PARA REVISÃO, 171

REFERÊNCIAS, 172

BIBLIOGRAFIA, 173

ÍNDICE ALFABÉTICO, 175

1 GESTÃO DE VENDAS: CONCEITUAÇÃO E AMPLITUDE

> **O QUE VEREMOS ADIANTE**
>
> - Empresas.
> - Tipos de empresa.
> - Qual é o nosso negócio?
> - Empresas e seus recursos.
> - Empresas e suas competências.
> - Conceito de Gestão de Vendas (GV).
> - Quem é o gestor de vendas?
> - Estrutura organizacional da Gestão de Vendas (GV).

Para que existe uma empresa? Para produzir? Para prestar algum serviço? Para oferecer empregos ao público em geral? Para fazer filantropia? Para obter lucros e compensar o capital utilizado e o esforço aplicado? Qual é, afinal, a finalidade de uma empresa? Qual é o negócio da empresa? Esse é o ponto de partida para qualquer discussão.

INTRODUÇÃO

O mundo de hoje é constituído de organizações. Todas as necessidades humanas – desde roupas, alimentos, habitação, transporte, lazer etc. – somente são satisfeitas por meio das organizações. As organizações produzem produtos ou serviços indispensáveis ao ser humano. Assim, o homem depende das organizações para a satisfação de suas necessidades fundamentais. Na realidade, as pessoas vivem a maior parte de seu tempo dentro das organizações. As organizações são constituídas de pessoas e de recursos que interagem para alcançar determinados objetivos e resultados. Existe uma enorme diversidade de organizações: a igreja, o exército, os hospitais, o comércio, as indústrias, os bancos, as financeiras, as entidades filantrópicas, os clubes, os *shopping centers* etc.

Entre as organizações avultam as empresas como um dos principais tipos de organização. As empresas constituem um tipo especial de organização, que está voltada para a produção de bens ou serviços e para a colocação dessa produção no mercado. No fundo, a atividade de cada empresa – qualquer que seja seu negócio – é, fundamentalmente, produzir algo e oferecer ao mercado o resultado dessa produção. Em outras palavras, criar, produzir, entregar valor e capturar parte dele como retorno do seu investimento. Isto é, lucro. Na verdade, o lucro não é exatamente um objetivo, mas uma consequência desejável e imprescindível da excelência do negócio.

1.1 EMPRESAS

Empresas são organizações constituídas de recursos e de pessoas dotadas de competências. Com essas dotações, as empresas são destinadas a alcançar determinados objetivos e resultados. Toda empresa almeja um objetivo ou resultado imediato: produzir algo para satisfazer necessidades do mercado. À medida que as necessidades do mercado modificam-se, também deve ser mudado aquilo que a empresa produz. É por meio do resultado das operações da empresa – o produto ou serviço que ela produz – que se efetua o comércio. Em outras palavras, é graças às empresas que existe o comércio da forma como o conhecemos atualmente. Cada empresa se dedica a um negócio específico. Negócio é um intercâmbio, uma troca efetuada formalmente, por meio de um pedido ou de um contrato. Para tanto, a empresa precisa produzir algo e ter uma clientela que tenha interesse em adquiri-la. A fim de integrar os interesses da empresa que produz algo com os interesses da clientela que deseja comprar, existe a atividade de vendas. Assim, vendas constitui a intermediação entre a oferta por parte do produtor com a procura por parte da clientela.

1.2 TIPOS DE EMPRESA

As empresas são entidades extremamente diversas entre si, heterogêneas e altamente diferenciadas. A rigor, não existem duas empresas semelhantes. Cada empresa é uma empresa especial: possui um tamanho, uma estrutura organizacional específica, uma cultura própria e singular, características individualizadas, pessoas, produtos ou serviços, mercados, resultados etc. Para facilitar a compreensão dessa enorme variedade de formas e tamanhos, existem classificações de empresas. As empresas podem ser classificadas de acordo com o tipo de produção e quanto à sua propriedade. Vejamos rapidamente cada uma dessas duas classificações de empresa.

1.2.1 Classificação quanto ao tipo de produção

Quanto ao que produzem, as empresas podem ser classificadas em:

- **Empresas primárias ou extrativas**: são as empresas que se dedicam à extração de matérias-primas básicas da natureza. Sua produção consiste na exploração da natureza. É o caso das empresas que se dedicam à agricultura, pesca, mineração, prospecção e extração de petróleo etc. O produto das empresas extrativas constitui o insumo básico que as empresas secundárias utilizam.

- **Empresas secundárias ou transformadoras**: são as empresas que se dedicam ao processamento e à transformação de insumos ou matérias-primas em produtos acabados. Sua produção consiste em bens ou mercadorias. É o caso das indústrias em geral, sejam elas produtoras de bens de consumo ou de bens de produção. O produto das empresas secundárias pode ser destinado ao consumo – por parte do mercado consumidor – ou à produção – como insumo básico ou matéria-prima para as demais empresas.

- **Empresas terciárias ou prestadoras de serviços**: são as empresas que se dedicam à produção ou prestação de serviços especializados. Sua produção consiste em uma incrível variedade de atividades. É o caso do comércio em geral (lojas, supermercados, *shopping centers* etc.), bancos e financeiras, serviços de comunicações (imprensa, rádio, televisão, telefonia etc.); empresas de propaganda, de consultoria ou assessoria (legal, contábil, projetos, organizacional, engenharia, treinamento etc.); escolas (desde a educação fundamental até a universitária), hospitais etc.

Em cada empresa, a atividade de venda é basicamente diferente: produto, serviço, mercado, finalidade são extremamente variados.

1.2.2 Classificação quanto à propriedade

Quanto à sua propriedade, as empresas podem ser classificadas em:

- **Empresas públicas**: segundo a Constituição Federal de 1988, empresa pública é considerada Pessoa Jurídica e de Direito Privado, constituída por capital exclusivamente público. A denominação "pública" vem justamente da origem do capital, exclusivamente público. Já empresas estatais podem ser públicas ou de economia mista, na qual o Estado tem o controle acionário, mas com existência do capital privado, como é o caso da Petrobras. Ainda, segundo o artigo 173 da CF de 1988, "Ressalvados os casos previstos nesta Constituição, a exploração direta de atividade econômica pelo Estado só será permitida quando necessária aos imperativos da segurança nacional ou a relevante interesse coletivo, conforme definidos em lei".

Considerando empresas públicas, ou seja, capital 100% de origem público, podemos citar a Caixa Econômica Federal, o Banco Central (BACEN) e o Banco Nacional de Desenvolvimento Econômico e Social (BNDES). Esses serviços públicos cobrem serviços bancários e de financiamento.

Outras empresas, como a Cia do Metropolitano do São Paulo (METRÔ), a Petrobras, o Banco do Brasil, dentre outras, são consideradas estatais de economia mista e constituem o chamado setor público de nossa economia.

- **Empresas privadas**: são empresas cuja propriedade é de particulares, isto é, da iniciativa privada. Seu objetivo fundamental é produzir bens (ou produtos) ou prestar serviços especializados, a fim de obter lucro para remunerar o capital investido pelos proprietários ou acionistas.
- **Organizações não governamentais (ONGs)**: são as chamadas organizações do Terceiro Setor e que estão proliferando nos dias de hoje. Entidades como Greenpeace, Fundação Roberto Marinho, Fundação Ayrton Senna, Fundação Bradesco, Cruz Vermelha etc. são organizações que ganham a cada dia uma força maior nos destinos das comunidades e do próprio país. Em geral, são organizações filantrópicas, de ajuda, congraçamento, conjunção de ideias e recursos que atuam nos mais diversos tipos de assunto na busca de soluções inovadoras para os problemas da atualidade.

As duas classificações de empresas – quanto ao tipo de produção e quanto à propriedade – podem ser aglutinadas, como apresentado no Quadro 1.1.

Quadro 1.1 Classificação das empresas

Tipos de empresa	Empresas públicas	Empresas privadas
Primárias ou extrativas	Prospecção e extração de petróleo (Petrobras)*	Agricultura em geral Mineração em geral
Secundárias ou transformadoras	Redefinição de petróleo (Petrobras)	Indústrias em geral
Terciárias ou prestadoras de serviços	Distribuição de combustível (postos de gasolina) Petrobras Bancos estatais Escolas públicas	Comércio em geral Empresas de propaganda Consultorias em geral Bancos particulares Escolhas particulares

* Apesar de ser uma empresa com regime de economia mista, ou seja, uma sociedade composta por capital privado e público, o Estado detém a maior parte das ações com direito a voto. Podemos considerá-la como uma estatal.

Acesse conteúdo sobre **Ganhar dinheiro não basta** na seção *Tendências em GV 1.1*

As classificações quanto ao tipo de produção e quanto à propriedade servem para indicar as principais características das empresas e as profundas diferenças entre elas. De um lado, servem para comparar as empresas naquilo que elas têm de semelhante e também naquilo em que são diferentes. Isso é importante para se avaliar e comparar a experiência das empresas, quando elas são bem-sucedidas ou malsucedidas. No primeiro caso, para descobrir suas virtudes e tentar imitá-las, aproveitando seus modelos bem-sucedidos. No segundo caso, para descobrir seus defeitos e, então, tentar evitá-los, aproveitando o aprendizado alheio.

Aumente seus conhecimentos sobre **Por que classificar as empresas?** na seção *Saiba mais GV 1.1*

1.3 QUAL É O NOSSO NEGÓCIO?

A primeira definição que uma empresa deve fazer é exatamente esta: em qual negócio nós estamos? As demais definições "seguem a reboque". Quem é nosso cliente? Quais são suas características e necessidades? O que é de valor para nosso cliente? Como podemos agregar valor ao cliente? Se essas definições não forem corretas, claras e objetivas, o negócio vagará a esmo e a empresa caminhará sem rumo, ao léu.

Para definir o negócio da empresa, é fundamental saber quem é o cliente, o que ele deseja, o que tem valor para ele e como a empresa pode criar e agregar valor para entregá-lo ao cliente. Isso requer muita reflexão, pois se a empresa oferece qualquer coisa que ela sabe fazer ao cliente, provavelmente não chamará sua atenção nem despertará nele o mínimo desejo de comprar.

Aumente seus conhecimentos sobre **Qual é nosso negócio?** na seção *Saiba mais GV 1.2*

1.4 EMPRESAS E SEUS RECURSOS

As empresas não existem ao acaso; elas perseguem objetivos. De um ponto de vista amplo, o objetivo é o próprio destino da empresa. Mais especificamente, o objetivo constitui uma meta a ser alcançada e, para alcançá-la, existem vários meios. É o que se chama de equifinalidade: os objetivos organizacionais podem ser alcançados de várias maneiras diferentes. Algumas maneiras de chegar lá podem ser adequadas, e outras não. O segredo é encontrar o caminho certo para alcançar metas e objetivos e entregar resultados espetaculares.

Quanto ao objetivo final que perseguem, as empresas podem ser classificadas em: lucrativas e não lucrativas.

- **Empresas lucrativas**: são as empresas cujo objetivo final é o lucro. O desempenho dessas empresas costuma ser avaliado em função do lucro obtido em cada exercício anual. O lucro constitui o excedente entre a receita obtida e a despesa efetuada em determinada operação. O lucro representa a remuneração do empreendedor que assume os riscos do negócio.
- **Empresas não lucrativas**: são as empresas cujo objetivo final é a prestação de algum serviço de utilidade pública. O lucro é secundário, tanto que seu desempenho é avaliado em função do serviço público prestado à comunidade.

Para alcançar esses objetivos finais ou mediatos (lucro ou prestação de algum serviço de utilidade pública), as empresas definem objetivos de curto, médio e longo prazos. Os objetivos imediatos – de curto prazo – quase sempre são o volume mensal de produção e de vendas. Assim, produzir e vender representam as atividades imediatas básicas de quase todos os tipos de empresa. Os objetivos de médio prazo quase sempre são os volumes anual de produção e de vendas, enquanto os objetivos de longo prazo residem na maior participação da empresa no mercado.

As empresas são organizações sociais que utilizam recursos para atingir seus objetivos. Os recursos são meios dos quais empresas se valem para realizar suas operações. Os recursos são insumos que a empresa obtém do ambiente e que lhe permitem produzir seus produtos ou serviços. Há uma multiplicidade de recursos empresariais. Recursos são máquinas, equipamentos, matérias-primas, dinheiro, pessoas etc., porém, para efeito didático, abordamos cinco recursos empresariais básicos:

1. **Recursos materiais**: também chamados recursos físicos. São edifícios, prédios, terrenos, instalações, máquinas, equipamentos, matérias-primas, materiais etc. São os recursos necessários para as operações cotidianas da empresa, isto é, para a produção de bens ou de serviços.
2. **Recursos financeiros**: referem-se ao dinheiro sob a forma de capital, créditos, empréstimos, financiamentos, receitas e toda forma de numerário disponível. Os recursos financeiros garantem os meios para a aquisição de todos os demais recursos empresariais.
3. **Recursos humanos**: são as pessoas que participam de empresa, qualquer que seja seu nível hierárquico ou sua atividade profissional. São os funcionários da empresa, distribuídos desde o diretor-presidente até o mais humilde dos operários. Constituem o único recurso vivo e inteligente das empresas, capaz de manipular e utilizar todos os demais recursos empresariais, face a habilidades, conhecimentos e experiências que as pessoas trazem para a organização.

4. **Recursos mercadológicos**: constituem os meios pelos quais a empresa localiza, entra em contato e influencia seus clientes ou usuários. Envolvem todas as atividades de análise e pesquisa de mercado, previsão de vendas, organização de vendas, promoção e propaganda, desenvolvimento de P/S etc. Não fossem os recursos mercadológicos, de nada adiantariam os demais recursos da empresa, pois se esta fosse despojada de seus clientes ou usuários, perderia fatalmente sua própria razão de existir. Os recursos mercadológicos são também chamados recursos comerciais, quando envolvem apenas as atividades diretamente relacionadas com as operações de vendas. Correspondem ao termo **marketing**, utilizado pelos norte-americanos.

5. **Recursos administrativos**: constituem todos os meios pelos quais as atividades empresariais são planejadas, organizadas, dirigidas e controladas a fim de atingir os objetivos propostos. Incluem todos os processos de tomada de decisão, coordenação e integração da empresa. Correspondem ao termo *management*, utilizado pelos norte-americanos.

Cada um dos recursos empresariais constitui uma área de especialidade da Administração. Na empresa, cada um dos recursos empresariais é administrado por determinada área da empresa. Os recursos materiais ou físicos são administrados pela área de produção ou de operações (gestão da produção). Os recursos financeiros são administrados pela área financeira (gestão financeira); os recursos humanos, pela área de pessoal (gestão de recursos humanos ou de talentos); os recursos mercadológicos, pela área de marketing ou de comercialização (gestão de marketing). Enfim, os recursos administrativos são geridos pela presidência ou direção-geral (administração geral). O Quadro 1.2 permite uma visão resumida da administração dos recursos empresariais.

Quadro 1.2 Recursos empresariais e respectivas áreas da empresa

Recursos empresariais	Especialidades da Administração	Área de especialização na empresa
Físicos ou materiais	Administração da Produção	Produção ou Operações
Financeiros	Administração Financeira	Finanças
Humanos	Administração de Recursos Humanos	Recursos Humanos
Mercadológicos	Administração de Marketing	Marketing
Administrativos	Administração Geral	Presidência ou Diretoria-geral

O Quadro 1.2 pode ser transformado em um organograma em que cada área da empresa é dirigida por um diretor correspondente. Vejamos como ficam as coisas em um organograma bem resumido. O diretor-presidente coordena o trabalho de quatro diretores: o diretor industrial (que cuida da produção ou das operações), o diretor financeiro (que cuida das finanças), o diretor de recursos humanos (que cuida das pessoas) e o diretor de marketing (que cuida da comercialização dos bens/serviços).

Figura 1.1 Estrutura organizacional básica de uma empresa.

Definidos os recursos empresariais e as diversas áreas da empresa, poderemos focalizar o conceito de Gestão de Vendas (GV).

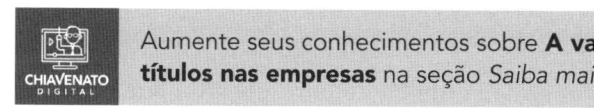

Aumente seus conhecimentos sobre **A variedade de títulos nas empresas** na seção *Saiba mais GV 1.3*

1.5 EMPRESAS E SUAS COMPETÊNCIAS

Os recursos empresariais são importantes e imprescindíveis. Contudo, na sua maioria, eles são inertes, passivos e sem vida própria, como os recursos materiais e financeiros. Eles precisam de alguma forma de inteligência humana para serem ativados, aplicados e integrados aos processos produtivos da empresa. Em outras palavras, a empresa precisa criar e construir competências capazes de aplicar rentavelmente seus recursos. Assim, não basta ter os melhores ou maiores recursos; é preciso ter competências para torná-los eficazes e rentáveis. E o que são competências? Representam aquilo que a empresa sabe fazer melhor do que as outras concorrentes. Nesse caso, as competências constituem a vantagem competitiva que faz com que elas sejam líderes no mercado, que criam e inovam e vão disparadas na frente das demais, sendo imitadas e copiadas pelas outras.

Em geral, as empresas bem-sucedidas apresentam quatro níveis de competências:[1]

1. **Competências organizacionais**: são as competências essenciais (*core competences*) que a empresa, como uma totalidade, possui frente aos seus concorrentes. São elas que fazem a empresa ser a preferida no mercado em algum aspecto peculiar. Existem empresas que têm o melhor produto, ou o mais barato, ou o de melhor qualidade ou o mais durável. Ou que têm o melhor processo de produção ou a melhor estrutura de vendas. Ou, ainda, imagem e reputação no mercado. São aqueles aspectos que distanciam a empresa das demais.

2. **Competências funcionais**: são as competências específicas de cada área da empresa. Assim, a área de marketing tem suas competências próprias – lidar com o mercado, clientela, concorrentes – enquanto a área de finanças tem as suas – como lidar com

o capital financeiro e com os acionistas do negócio – e a área de produção e operações desenvolve as suas – excelência operacional quanto à produção dos produtos e prestação de serviços – e a área de recursos humanos – lidar e desenvolver o capital humano da empresa. No conjunto, essas competências funcionais devem estar estreitamente conjugadas e interligadas no sentido de produzir resultados alavancadores para a empresa.

3. **Competências gerenciais**: são as competências dos executivos ou gestores que ocupam posições de comando na organização; envolvem presidente, diretores, gerentes e supervisores. Englobam competências de liderança, comunicação, motivação, construção de equipes, gestão de conflitos, foco em resultados etc.
4. **Competências individuais**: são as competências dos colaboradores que trabalham no nível de execução da empresa. Em geral, envolvem a capacidade de aprender, aprender sempre, aplicar o conhecimento obtido, relacionamento interpessoal, espírito de equipe, iniciativa própria, foco em objetivos e resultados, espírito empreendedor etc.

A conjunção dessas competências proporciona um efeito multiplicador que denominamos sinergia. Sinergia (do grego *sin* = juntos + *ergos* = esforço) significa ato ou esforço coletivo.

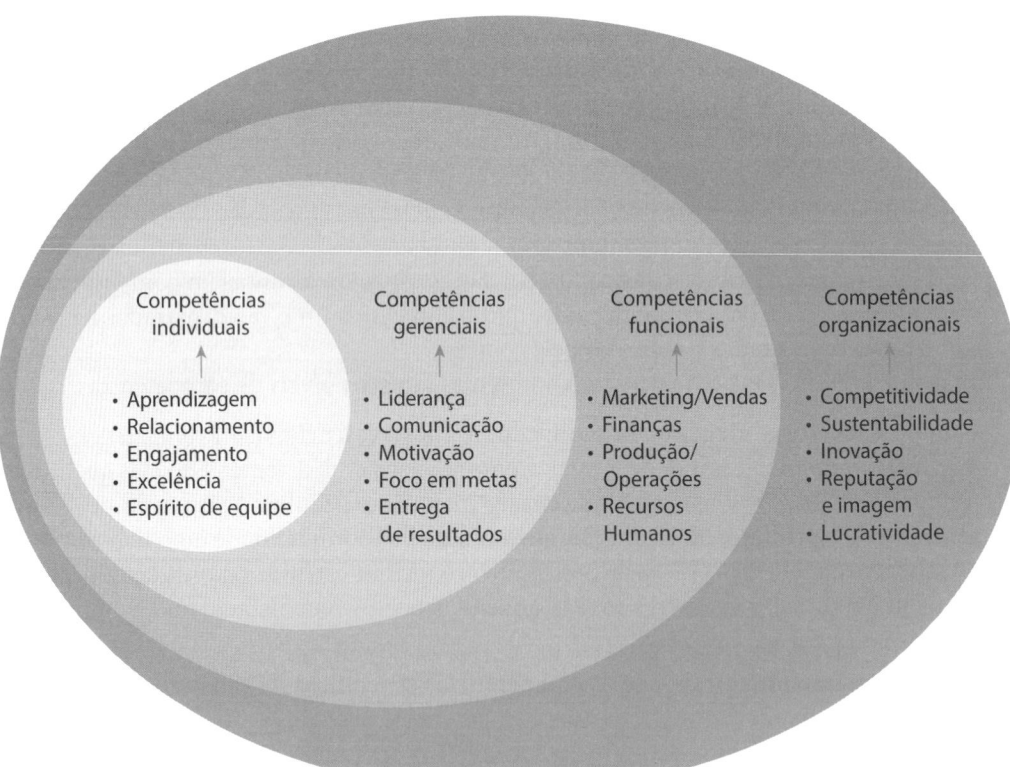

Figura 1.2 O poder das competências.

1.6 CONCEITO DE GESTÃO DE VENDAS

A GV envolve planejamento, organização, direção e controle das atividades de vendas, inclusive recrutamento, seleção, treinamento, remuneração, previsão de vendas, definição de cotas e zonas de vendas, na medida em que essas atividades aplicam-se diretamente ao pessoal de vendas.

Quadro 1.3 O leque de atividades da GV

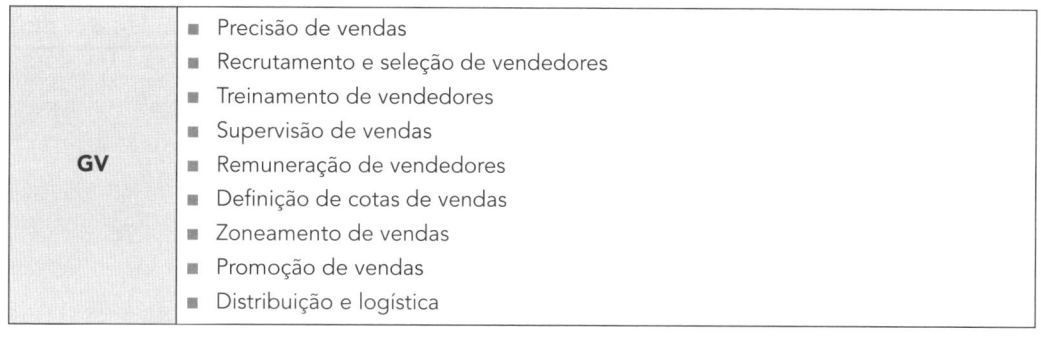

GV	<ul><li>Precisão de vendas</li><li>Recrutamento e seleção de vendedores</li><li>Treinamento de vendedores</li><li>Supervisão de vendas</li><li>Remuneração de vendedores</li><li>Definição de cotas de vendas</li><li>Zoneamento de vendas</li><li>Promoção de vendas</li><li>Distribuição e logística</li></ul>

Muitas empresas incluem na GV atividades de promoção de vendas, propaganda e distribuição e logística. Assim, o conceito e a abrangência da GV dependem muito da empresa, do seu tamanho, dos P/S que ela produz, do mercado que ela cobre e de sua organização e cultura interna.

> **SAIBA MAIS** — Conceito e abrangência da GV
>
> Ao consideramos que o termo gestão vem do ato de gerir, administrar ou gerenciar; a GV, assim como outras atividades de gestão na Administração, tem como principais responsabilidades quatro funções básicas. Sua primeira função é a do planejamento, haja vista nenhuma gestão poder atuar no improviso. Com base nos objetivos a serem alcançados, deve-se determinar, antecipadamente, os caminhos para que se possa atingi-los. Um próximo passo é organizar os recursos, integrá-los e estrutura-los, para que se possa trilhar o caminho para o atingimento do planejamento. Uma gestão não se faz sem uma boa equipe. Aqui entra a função da direção, que deve atuar com e para as pessoas, desde o recrutamento e a seleção de profissionais que tenham as competências para a função, até a liderança da equipe, o que gera um ambiente motivador. Por fim, mas não menos importante, a GV deve exercer a atividade de controle, ou seja, possuir indicadores e padrões de desempenho para que possam retroalimentar o sistema, propiciando os ajustes necessários e fortalecendo pontos fortes.
>
> Nesta obra, adotamos o conceito mais amplo da GV para incluir uma visão abrangente de mercado, promoção de vendas e propaganda, bem como distribuição e logística para proporcionar uma compreensão ampliada da GV, mesmo sabendo que nem sempre essas atividades estejam subordinadas à GV. Na realidade, promoção de vendas, propaganda e distribuição costumam pertencer à área de marketing.

A GV pode ser entendida como um processo sistêmico que começa com a previsão de vendas que se espera realizar e a organização de vendas adequada à realização dessa previsão de vendas com foco na clientela e no mercado, bem como pós-venda. Como meios auxiliares para facilitar e incrementar as vendas, estão a promoção de vendas e propaganda e a distribuição dos P/S, bem como todas as demais áreas do marketing. Assim, a previsão de vendas funciona como base para organizar o esquema de vendas, a fim de atender a clientela que existe no mercado. A promoção de vendas e a propaganda visam comunicar ao mercado, e mais especificamente à clientela, as características e as vantagens do produto/serviço (P/S) a ser vendido. A distribuição e a logística se encarregam de fazer fluir o P/S desde a empresa produtora até o consumidor final. A Figura 1.3 mostra a GV como um processo sistêmico.

Figura 1.3 A GV como um processo sistêmico.

SAIBA MAIS — **O que significa vender?**

Vender é uma ciência, uma técnica ou uma arte? Provavelmente seja tudo isso. É preciso estudar, saber aplicar técnicas e conceitos e produzir um trabalho criativo e inovador. Vender realmente deve ser entendido como uma ciência (com princípios e conceitos), uma técnica (uma maneira especial de fazer) e uma arte (algo criativo e inovador capaz de encantar as pessoas). Na prática, vender é entregar valor e fazer valer a pena o investimento feito pelo comprador – algo que ele pretender realizar novamente.

1.7 QUEM É O GESTOR DE VENDAS?

Em termos mais amplos, o presidente ou diretor-geral da empresa é o responsável final por todas as operações relacionadas com marketing, vendas, produção e operações, finanças e recursos humanos da empresa perante os *stakeholders*. O gestor de vendas pode estar situado em três diferentes níveis de abrangência:

1. **Como diretor de vendas**: responsável pelas operações de vendas da empresa como um todo. Pode ser chamado de diretor comercial, a depender das operações da empresa. Em geral, lidera um conjunto de vários departamentos de vendas, como departamento de produtos farmacêuticos, departamento de produtos veterinários, departamento de produtos químicos. Reporta-se ao presidente ou diretor-geral da empresa.
2. **Como gerente de vendas**: responsável pelas operações de vendas de um departamento específico. Reporta-se, geralmente, a um diretor de marketing ou diretor comercial ou, ainda, diretor de vendas, a depender das operações da empresa.
3. **Como supervisor de vendas**: responsável pelas operações de vendas de uma equipe de vendedores de um ou mais produtos, respondendo a um gerente de vendas.

Quadro 1.4 Possíveis posições de um gestor de vendas

Posição	Nível	Abrangência	Responsabilidade
Diretor de vendas	Estratégico e corporativo	Organizacional	Por todos os departamentos de vendas da empresa
Gerente de vendas	Tático	Departamental	Pelo departamento de vendas da empresa
Supervisor de vendas	Operacional	Operacional	Pela equipe de vendas de um departamento de vendas

Em qualquer uma dessas situações, o gestor de vendas assume a posição de colocar no mercado os produtos ou serviços da empresa. Ele é o responsável pelo sucesso na entrega ao cliente daquilo que faz sentido para o negócio: seu produto ou serviço. Desse modo, o sucesso da empresa depende substancialmente da eficiência e eficácia do trabalho do gestor de vendas.

1.8 ESTRUTURA ORGANIZACIONAL DA GESTÃO DE VENDAS

A estrutura organizacional representa a maneira pela qual os órgãos e os cargos são dispostos e arranjados para seu funcionamento conjugado e articulado em direção aos objetivos propostos. A estrutura organizacional define quais órgãos (como divisões, departamentos, seções etc.) e quais cargos (como diretores, gerentes, supervisores) são necessários para a empresa funcionar a contento. No fundo, a estrutura organizacional representa a plataforma intangível que proporciona conectividade entre os órgãos e as pessoas dentro da empresa.

Para discutirmos a estrutura organizacional da GV, precisamos partir da estrutura organizacional da área de marketing, já que a GV está quase sempre subordinada a ela. Obviamente, a área de marketing varia de uma empresa para outra, pois ela depende do produto ou serviço que a empresa produz e comercializa e do mercado que a empresa abrange. O produto pode ser um bem de consumo durável, um bem de consumo perecível ou, ainda, um bem de produção. O mercado abrangido pode ser local, regional, estadual, nacional ou internacional. O mercado externo envolve exportação. Assim, cada empresa estrutura sua área de marketing a depender do P/S que comercializa e do mercado que pretende abranger. Para proporcionar uma ideia genérica da área de marketing, damos, na Figura 1.4, o exemplo de uma empresa fictícia.

Figura 1.4 Estrutura organizacional tradicional da área de marketing.

A estrutura organizacional pode obedecer a vários critérios de departamentalização, de acordo com os objetivos da empresa. Departamentalização ou divisionalização é a maneira pela qual uma empresa separa seus departamentos ou suas divisões para constituir sua estrutura organizacional.[2] Na realidade, a departamentalização ou divisionalização é a forma pela qual a empresa divide o trabalho e especializa seus órgãos para poder alcançar seus objetivos da maneira mais eficaz. A GV, como qualquer outro órgão da empresa, também é departamentalizada ou divisionalizada.

Existem vários tipos de departamentalização: a departamentalização funcional, a departamentalização por produtos ou serviços, a departamentalização regional, a departamentalização por clientela e a departamentalização mista, que procura combinar características de cada tipo. Vejamos os vários tipos de departamentalização que o órgão da AV pode assumir.[3]

1.8.1 Departamentalização funcional

A departamentalização funcional é a divisão de trabalho por funções ou por atividades. Cada órgão se especializa em determinada atividade ou função e só executa essa atividade ou função. Quando a GV está departamentalizada por funções, costuma ter a estrutura organizacional apresentada na Figura 1.5.

Figura 1.5 Departamentalização por funções da GV.

A departamentalização funcional constitui uma forma introversiva da empresa se estruturar: ela está voltada para dentro de si e com a preocupação voltada para seus próprios órgãos internos e para seu próprio funcionamento. Na departamentalização funcional, cada órgão se especializa em determinada atividade específica.

Sua vantagem é definir exatamente o que cada órgão deve fazer e qual é seu objetivo na organização. Ao reunir especialistas em um único órgão, esse tipo de departamentalização permite o intercâmbio de ideias e experiências de profissionais de um mesmo campo de especialização.

Porém, a departamentalização funcional apresenta uma forte desvantagem: ao se especializar, cada órgão fica focado em sua própria atividade e passa a ignorar os objetivos dos demais órgãos e do conjunto da organização, exigindo da direção da empresa um grande esforço de coordenação dos órgãos envolvidos para evitar dispersão de esforços.

A departamentalização funcional é o tipo de estrutura organizacional mais utilizado nas empresas devido à sua simplicidade e facilidade de implantação.

1.8.2 Departamentalização por produtos

A departamentalização por produtos é o tipo utilizado por empresas que trabalham com vários produtos, cada qual exigindo uma administração específica em diferentes mercados. Na departamentalização por produtos, a ênfase é colocada em cada um dos produtos e em sua comercialização. É o caso, por exemplo, de um laboratório químico hipotético retratado no organograma da Figura 1.6.

Figura 1.6 Departamentalização por produtos da GV.

A vantagem da departamentalização por produtos é que cada órgão da GV concentra-se totalmente na administração de um produto específico ou grupo específico de produtos, reunindo profissionais de diferentes especialidades. Em vez de se preocupar com o funcionamento de cada órgão de sua estrutura, a empresa está voltada para cada produto ou cada linha de produtos. A estrutura organizacional é que se ajusta ao produto. Ela passa a ser um meio para a comercialização do produto.

Outra vantagem é fazer com que cada órgão da GV se especialize na administração do seu produto, o que proporciona uma perfeita identificação dos resultados nas vendas e facilita a definição de responsabilidades. Por outro lado, quando a empresa tem vários produtos ou linhas de produtos, cada órgão passa a concorrer e competir com os outros quanto aos resultados de vendas, trazendo competição sadia e construtiva.

Todavia, a departamentalização por produtos pode trazer algumas desvantagens. Cada órgão da GV se especializa na administração do seu produto, esquecendo-se dos demais produtos comercializados pela empresa. Outra desvantagem é a duplicidade de alguns órgãos: quando a empresa tem vários departamentos de produtos, cada um deles deve ter uma seção de vendas, uma seção de propaganda, uma seção de promoção etc. A solução seria a criação de alguns órgãos de *staff* e assessoria para atenderem aos diversos departamentos de produtos.

SAIBA MAIS **Departamentalização por produtos**

A departamentalização por produtos foi implantada com grande sucesso na General Motors, a GM norte-americana, por volta de 1920 e ali perdura até os nossos dias. Na época, com a aquisição de diversas fábricas de automóveis, a solução para a expansão da empresa – que já foi a maior empresa do mundo durante décadas – foi a criação de inúmeras divisões autônomas e independentes, como: divisão Chevrolet, Pontiac, Cadillac, Delco-Remy etc. Cada divisão tinha seus próprios órgãos de engenharia, manufatura, finanças e comercialização, e sua administração era descentralizada. Ao descentralizar a empresa para se concentrar nos diferentes produtos, a direção obteve elevado grau de eficiência e de eficácia nas operações e nas vendas, o que a elevou rapidamente à condição de maior empresa do mundo moderno durante mais de três décadas. A ideia era fazer competição entre seus próprios produtos e reduzir a competição externa.

A departamentalização por produtos ou por serviços também pode ser utilizada por empresas de serviços, como bancos (departamento de cobrança, câmbio, contas-correntes pessoa física, contas-correntes pessoa jurídica etc.); escolas (curso de Ensino Fundamental, de Ensino Médio, de nível universitário, de pós-graduação, cursos de música, de violão, de piano, de canto etc.); lojas (departamento de moda feminina, de roupas masculinas, de brinquedos, de perfumaria, de limpeza etc.); seguradoras (departamento de seguros de vida, de acidentes pessoais, de incêndio, de roubo, de lucros cessantes etc.) e todas as empresas que lidam com serviços diferenciados.

1.8.3 Departamentalização regional

A departamentalização regional, também denominada departamentalização por localização geográfica, é utilizada por empresas que cobrem extensa área territorial. Cada região geográfica passa a ser administrada de forma específica, como se fora um mercado diferenciado, com seus clientes e suas necessidades próprias. A empresa se organiza em função dos mercados regionais que pretende abranger e servir. É o caso da maioria dos bancos nacionais, das grandes cadeias de lojas, dos grandes supermercados etc.

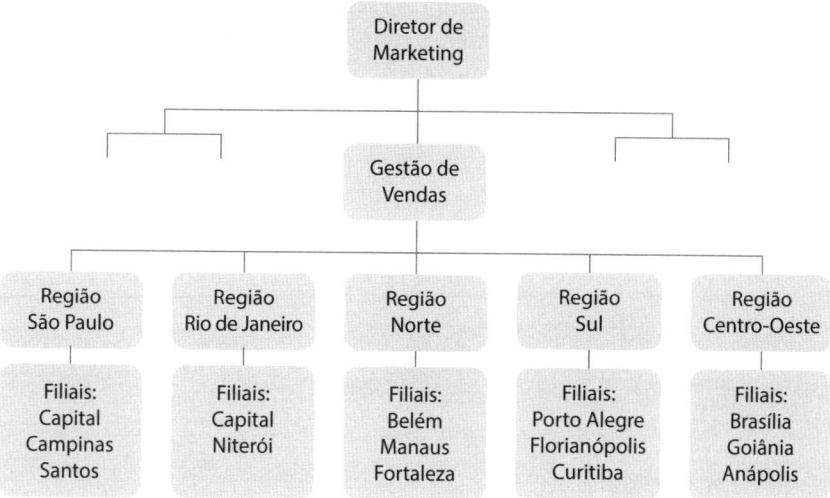

Figura 1.7 Departamentalização regional da GV.

A departamentalização regional ou geográfica pode ser utilizada a nível urbano (por bairros), estadual (por cidades), nacional (por estados) ou internacional (por países). A departamentalização regional constitui uma abordagem extrovertida da estrutura de uma empresa: a estrutura da empresa se amolda ao mercado territorial ao qual pretende dar cobertura. Demonstra a preocupação da empresa com relação ao seu mercado e às diferentes características regionais.

A principal vantagem da departamentalização regional é a aproximação da empresa com seu mercado, no sentido de melhor explorá-lo e servi-lo, bem como a descentralização de suas operações.

A departamentalização regional pode apresentar algumas desvantagens, como a duplicação de órgãos em cada região, o custo operacional elevado e as dificuldades de comunicação rápida e eficiente. Cada departamento regional precisa ter uma seção de vendas, uma seção de almoxarifado, uma seção de pessoal, uma seção de finanças para poder funcionar adequadamente.

1.8.4 Departamentalização por clientela

A departamentalização por clientela é aquela voltada para diferentes tipos de clientes, consumidores ou usuários. A empresa se amolda ao mercado de clientes e sua própria organização é estruturada tendo em vista os diferentes tipos de clientes a serem tratados de maneira individualizada e diferenciada.

 SAIBA MAIS **Departamentalização por clientes**

Surgiu com o advento das chamadas lojas de departamentos, como a Sears Roebuck, quando se implantou no Brasil. Posteriormente, a maior parte das lojas de departamentos passou a utilizar a departamentalização por clientela, como as Casas Bahia, Lojas Americanas etc.

Nesse tipo de departamentalização, a empresa segrega seus clientes de acordo com certas características, como gênero (departamento masculino, departamento feminino), idade (departamento infantil, departamento juvenil), poder aquisitivo (departamento cliente classes A, B ou C).

Figura 1.8 Departamentalização por clientes da GV.

A principal vantagem da departamentalização por clientes reside em sua adequação aos diferentes segmentos do mercado consumidor, no sentido de atender às suas diferentes necessidades e características. É a departamentalização típica das empresas orientadas para o mercado consumidor, às quais o norte-americano dá o nome de *marketing minded*.

A desvantagem da departamentalização por clientela reside na duplicação de órgãos para cada departamento, o que eleva seus custos operacionais. Cada departamento de cliente (masculino, feminino, infantil, por exemplo) precisa ter uma seção de vendas, almoxarifado, finanças, pessoal etc. Isso geralmente significa que se a empresa tem três departamentos de clientes, precisa agrupar também as seções de almoxarifado, finanças e pessoal para evitar a duplicação.

1.8.5 Escolha de alternativas de departamentalização

Obviamente, cada empresa escolhe o tipo de departamentalização mais adequada às suas necessidades e conveniências. Muitas vezes, a departamentalização escolhida é do tipo misto, para atender às características funcionais, regionais, de P/S ou de clientela. Tudo é possível. Algumas empresas adotam um tipo de departamentalização e, posteriormente, o modificam por meio de uma reorganização interna, para se adaptar às mudanças do mercado, do produto ou de estratégia empresarial. Contudo, de qualquer forma, a estrutura organizacional adotada pela empresa significa a maneira pela qual se organiza para poder alcançar os objetivos e resultados almejados. Por isso, é importante saber interpretar a estrutura organizacional e as alternativas de departamentalização, para conhecer o funcionamento e as metas de uma empresa. O departamento de vendas deve ser estruturado cuidadosamente para poder funcionar de maneira eficiente. Esse deve ser o primeiro passo para fazer valer a GV. Afinal, a estrutura organizacional funciona como a plataforma que sustenta o sistema empresarial.

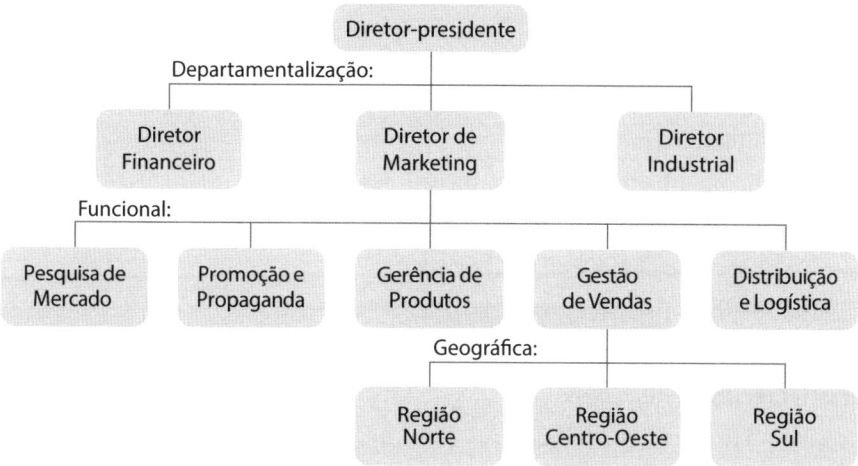

Figura 1.9 Diferentes alternativas de departamentalização.

Reflita sobre **Como organizar uma empresa?** na seção *Para reflexão GV 1.1*

A GV é a área que faz a intermediação entre a empresa e o cliente. É a área que entrega valor ao cliente quando este percebe que seu investimento em dinheiro lhe traz um retorno ou ganho superior. É a área que encanta e fideliza o cliente quando este se sente plenamente satisfeito com a compra que decidiu fazer. É a área que traz prestígio e reputação no mercado graças ao tratamento e à consultoria ao cliente. Enfim, a GV proporciona sucesso ao negócio à medida que promove as saídas de seus produtos ou serviços e garante as respectivas entradas de faturamento e de fundos provenientes das vendas.

QUESTÕES PARA REVISÃO

1. O que são organizações?
2. Qual é o papel das organizações no mundo moderno?
3. Conceitue empresa.
4. Quais são as possíveis classificações de empresas?
5. O que são empresas primárias ou extrativas?
6. O que são empresas secundárias ou transformadoras?
7. O que são empresas terciárias ou prestadoras de serviço?
8. O que são empresas públicas?
9. O que são empresas privadas?

10. O que é lucro?
11. Caracterize uma empresa lucrativa.
12. Caracterize uma empresa não lucrativa.
13. O que é um objetivo final ou mediato?
14. O que é um objetivo imediato?
15. Qual é o principal objetivo imediato das empresas?
16. O que são recursos empresariais?
17. Quais são os recursos empresariais básicos?
18. Conceitue recursos físicos ou materiais.
19. Conceitue recursos financeiros.
20. Conceitue recursos humanos.
21. Conceitue recursos mercadológicos.
22. Conceitue recursos administrativos.
23. Conceitue competências e vantagem competitiva.
24. Explique algumas competências organizacionais.
25. Explique as competências da área de marketing.
26. Explique as competências gerenciais.
27. Explique as competências individuais.
28. Atribua a cada um dos recursos empresariais básicos uma especialidade da gestão.
29. Atribua a cada um dos recursos empresariais básicos uma área da empresa.
30. Elabore um organograma básico com as diversas áreas da empresa.
31. O que significa marketing?
32. Qual é a diferença entre um diretor de marketing e um diretor comercial?
33. Elabore um organograma básico da área de marketing.
34. Conceitue Administração de Vendas (AV).
35. Qual é a abrangência do conceito restrito de GV?
36. Qual é a abrangência do conceito amplo da GV?
37. Descreva a AV como um processo sistêmico.
38. Elabore uma estrutura organizacional da GV.
39. O que significa departamentalização ou divisionalização?
40. Conceitue departamentalização funcional.
41. Quais são as vantagens e desvantagens da departamentalização funcional?
42. Conceitue departamentalização por produtos ou serviços.
43. Quais são as suas principais características?
44. Quais são as vantagens e restrições da departamentalização por produtos ou serviços?
45. Conceitue departamentalização geográfica ou regional.
46. Quais são suas principais características?

47. Quais são suas vantagens e limitações?
48. Conceitue departamentalização por clientela.
49. Quais são suas vantagens e limitações?
50. Quais são suas principais características?
51. O que é departamentalização mista?
52. Como as empresas escolhem o tipo de departamentalização?
53. Por que se deve conhecer a estrutura organizacional de uma empresa?

REFERÊNCIAS

1. CHIAVENATO, I. *Gestão de pessoas:* o novo papel da gestão do talento humano. 5. ed. São Paulo: Atlas, 2020.
2. CHIAVENATO, I. *Introdução à Teoria Geral da Administração*: uma visão abrangente da moderna administração das organizações. 10. ed. São Paulo: Atlas, 2020.
3. CHIAVENATO, I. *Teoria Geral da Administração* – volume 1. 8. ed. São Paulo: Atlas, 2021.

2 MARKETING: COMO A PLATAFORMA DE VENDAS

O QUE VEREMOS ADIANTE

- Conceito de marketing.
- Foco no cliente.
- Composto de marketing.
- Preço.
- Diferenciação.
- Posicionamento.
- O marketing na era digital.

Vender é parte integrante de um conjunto de atividades e processos organizacionais, que buscam intensificar cada vez mais o relacionamento entre organização e sua clientela. Vender – e vender bem – significa colocar toda a organização a serviço do cliente, antes, durante e depois do processo de venda propriamente dito. Isso tem um significado importante: a ação de vender deve ter toda a organização como retaguarda e apoio ao processo de satisfazer e encantar o cliente. Isso significa que, desde o presidente da empresa até seu mais humilde funcionário, todos devem estar dispostos a colaborar e contribuir para que o cliente seja o foco principal na complexa articulação organizacional.

INTRODUÇÃO

Vender constitui um intrincado processo de localizar o cliente, conhecê-lo bem, abordá-lo, servi-lo e persuadi-lo a fechar um negócio. Para tanto, é necessário saber quem é o cliente, onde ele está, do que ele necessita e quanto está disposto a pagar pelo que pretende adquirir. Mais do que isso, vender é oferecer um produto ou serviço que tenha valor significativo para o cliente, isto é, que lhe seja útil e vantajoso para que tome a decisão de comprá-lo, pesando os custos e os benefícios de sua decisão, ou seja, o investimento na compra e o retorno a obter desse investimento. Além disso, o ato da venda apoia-se em um produto ou serviço planejado, concebido e criado pela empresa como possível solução para atender aos problemas e às necessidades do cliente. E, para que a venda seja eficiente e eficaz, torna-se necessária uma complexa conjugação de esforços para que o cliente sinta-se confortável e seguro em sua decisão de comprar e esteja plenamente satisfeito com essa decisão, a ponto de repeti-la várias vezes. Todos esses esforços conjugados envolvem definição de preços competitivos para que o cliente aceite trocar seu dinheiro pelo produto; promoção e propaganda para divulgar e promover o produto; distribuição do produto para que este chegue prontamente às mãos do cliente; e um sem-número de outras providências. Estamos obviamente falando de esforços de marketing. Venda é parte integrante e importante do complexo de marketing da empresa. Na verdade, a venda bem-sucedida representa o estágio mais importante, crítico e definitivo das ações de marketing. De fato, a venda significa o sucesso de todas as ações integradas de marketing da empresa. O marketing somente é bem-sucedido quando as vendas acompanham ou superam seus objetivos desejados. Nesse sentido, o cliente precisa ser tratado como um rei. Assim, viva sua majestade, o cliente!

> Aumente seus conhecimentos sobre **A empresa é um conjunto de processos básicos** na seção *Saiba mais* GV 2.1

2.1 CONCEITO DE MARKETING

Vender não constitui uma ação isolada ou separada das demais atividades da organização. A venda é parte integrante de um conjunto maior a que denominamos marketing. Marketing (do inglês *market* = mercado) constitui uma filosofia de gestão que reconhece que o ponto focal de toda atividade da empresa está no consumidor: aquele que compra os produtos ou serviços da empresa.[1] O marketing tem como foco o mercado e põe o cliente no centro das atenções e atividades da empresa; é a *client focused* ou *client centered*, no jargão norte-americano. O conceito de marketing envolve ações como coordenadas para vender, divulgar, propagar, promover, distribuir, definir preço, construir marca, atender o cliente e, mais do que isso, encantá-lo e fidelizá-lo. Na verdade, marketing constitui um conjunto integrado de todas essas ações focadas no mercado e no cliente. Embora muitas atividades de marketing estejam diretamente relacionadas com o contínuo fluxo de bens e serviços que vão do produtor para o consumidor, o processo de marketing começa com a cuidadosa análise dos clientes antes mesmo de o produto ser criado, projetado ou manufaturado, para que seja o mais adequado possível às suas expectativas. Todas as atividades de marketing são feitas em resposta aos mutáveis desejos, necessidades e expectativas do público consumidor. Em muitos casos, o marketing busca criar um produto ou serviço inovador que venha a criar uma necessidade ainda não identificada do consumidor. Assim, o marketing começa com a pesquisa e a análise do mercado e do comportamento do consumidor para definir a estratégia competitiva por meio do produto, sua distribuição, promoção e do preço para conquistar o mercado a partir da conquista do consumidor. A covenda é parte fundamental desse esforço integrado e conjugado. O importante é construir relacionamentos duradouros e estáveis com o cliente para alcançar sua fidelização no longo prazo. O chamado marketing de relacionamento é feito exatamente para isso.

Capítulo 2 – Marketing: como a plataforma de vendas

> **SAIBA MAIS** — **Conceitos de marketing**
>
> - É tão básico que não pode ser considerado uma função separada. É o negócio como um todo visto do ponto de vista de seu resultado final, isto é, do ponto de vista do consumidor. O sucesso da empresa não é determinado pelo produto, mas pelo consumidor.[2]
> - É o processo social e gerencial pelo qual indivíduos e grupos obtêm o que necessitam e desejam por meio da criação, oferta e troca de produtos de valor com outros.[3]
> - Consiste de todas as atividades pelas quais a empresa se adapta a seu ambiente – de maneira criativa e rentável.[4]

Para Kotler, a definição de marketing fundamenta-se nos seguintes conceitos centrais: necessidades, desejos e demandas, produtos, valor, custo e satisfação, troca, transações e relacionamentos, como na Figura 2.1.[5]

Necessidades, desejos e demandas	→	Produtos	→	Valor, custo e satisfação	→	Trocas, transações e relacionamentos	→	Mercados	→	Marketing
Do que as pessoas necessitam		Algo que possa ser oferecido para satisfazer um desejo ou uma necessidade		A relação entre custo e benefício para o consumidor		Relação de ganhar-ganhar a partir da obtenção de algo desejado mediante uma contrapartida		Consumidores potenciais dispostos a uma troca que satisfaça seu desejo ou sua necessidade		Trabalho com o mercado para realizar trocas potenciais para satisfazer desejos e necessidades

Figura 2.1 Conceitos centrais de marketing.[6]

Esses conceitos centrais funcionam em um fluxo contínuo, tal como um processo que vai desde a pesquisa de necessidades, desejos e demandas, desenvolvimento do produto ou serviço até a sua chegada ao mercado. Quando a empresa consegue identificar as necessidades dos consumidores, desenvolver produtos apropriados a preços adequados para distribuí-los e promovê-los com eficácia, a venda será muito mais fácil. E quando isso tudo acontece, o produtor fica sobrecarregado de pedidos, pois conseguiu projetar o produto certo. É preciso ter um alvo bem definido e trabalhar para atendê-lo da melhor maneira possível, oferecendo o produto ou serviço certo para suas necessidades e desejos por um preço adequado.

Quadro 2.1 Composto de marketing

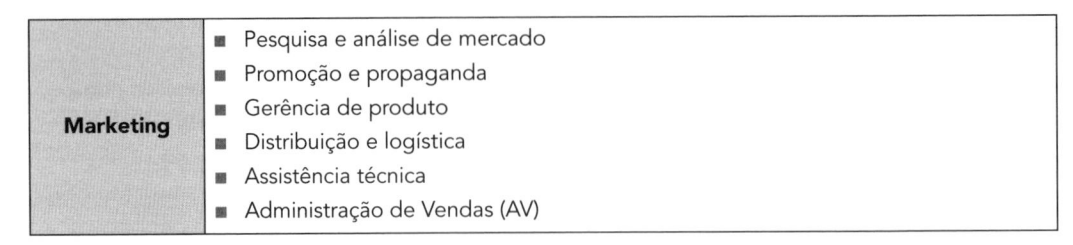

Marketing	<ul><li>Pesquisa e análise de mercado</li><li>Promoção e propaganda</li><li>Gerência de produto</li><li>Distribuição e logística</li><li>Assistência técnica</li><li>Administração de Vendas (AV)</li></ul>

É o marketing que analisa as relações de oferta e procura ao buscar balanceá-las a favor da empresa em detrimento dos concorrentes. Assim, o marketing tem o olho no produto/serviço (P/S), no cliente, no mercado, na concorrência. Isso significa um olhar abrangente, que envolve todos os diferentes aspectos desse intenso processo de relacionamentos e de trocas (Figura 2.2).

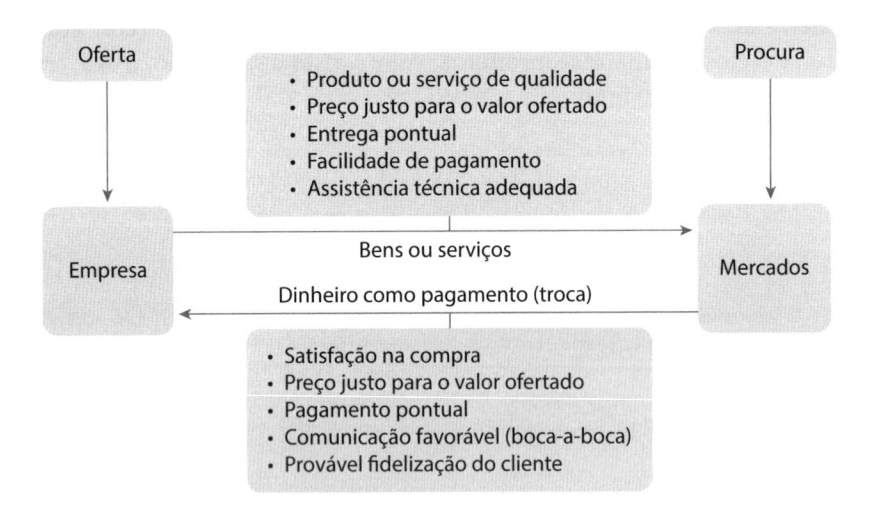

Oferta
- Produto ou serviço de qualidade
- Preço justo para o valor ofertado
- Entrega pontual
- Facilidade de pagamento
- Assistência técnica adequada

Empresa → Bens ou serviços → **Mercados**
Empresa ← Dinheiro como pagamento (troca) ← **Mercados**

Procura
- Satisfação na compra
- Preço justo para o valor ofertado
- Pagamento pontual
- Comunicação favorável (boca-a-boca)
- Provável fidelização do cliente

Figura 2.2 Relacionamento e troca.[7]

2.1.1 Administração de marketing

Segundo Kotler, a Administração de Marketing é o processo de planejamento e execução da concepção, preço, promoção e distribuição de bens, serviços e ideias para criar trocas com grupos-alvo que satisfaçam os consumidores e os objetivos organizacionais. Sua definição reconhece que a Administração de Marketing é um processo que envolve análise, planejamento, implementação e controle relacionados a bens, serviços e ideias, que se fundamenta na noção de troca e cuja meta é produzir satisfação para as partes envolvidas. Para Kotler, a definição de Administração de Marketing pode ser vista sob três diferentes ângulos que se completam mutuamente:[8]

1. É o processo pelo qual uma organização se relaciona criativa, produtiva e rentavelmente com o mercado.

2. É a arte de criar e satisfazer consumidores visando ao lucro.
3. Consiste em levar os bens e serviços certos para as pessoas certas, nos locais adequados e no tempo preciso, adotando as comunicações e as ferramentas de promoção corretas.

Dessa maneira, a Gestão de Marketing constitui um esforço consciente e planejado para atingir ou ultrapassar as mudanças de resultados desejados em relação aos mercados-alvo. Obviamente, os esforços de marketing devem atender simultaneamente aos interesses da organização, dos clientes e da sociedade.

Assim, a Administração de Marketing precisa basear-se em um planejamento cujas decisões principais são:

- **Definição do mercado-alvo**: qual é o nicho de mercado escolhido.
- **Posicionamento de mercado**: como se posicionar nesse nicho de mercado.
- **Desenvolvimento do produto**: como adequar o produto às exigências da clientela.
- **Preço**: como definir um preço que seja vantajoso tanto para o cliente quanto para a empresa.
- **Canais de distribuição**: quais são os canais intermediários para distribuir o produto até o cliente.
- **Distribuição física**: como entregar o produto ao cliente.
- **Comunicação**: quais são os canais de comunicação com o cliente.
- **Promoção**: como intensificar as vendas por meio de promoções.
- **Venda**: todas as decisões anteriores devem incrementar as vendas.

2.1.2 Venda

A parte decisiva para tais relacionamentos e intercâmbios é a venda. Contudo, a venda não é a parte final ou conclusiva, pois atualmente as empresas preocupam-se mais com a pós-venda, a assistência técnica e o atendimento contínuo ao consumidor quando este necessita de esclarecimentos ou informações sobre o produto ou serviço comprado. A satisfação do cliente não se limita apenas à venda, mas antes, durante e após a venda, para garantir o pleno atendimento às suas expectativas. O cliente deve estar seguro de que, após comprar o produto, ele terá a garantia necessária, a assistência técnica adequada e a certeza de que o produto atenderá plenamente às suas necessidades.

> **SAIBA MAIS** **O que é venda?**
>
> Vender é o ato de induzir alguém a trocar algo – como dinheiro – por mercadorias ou serviços. Para os autores de marketing, venda significa o encontro bem-sucedido do agente de oferta com o agente de procura.[9] Juntar a oferta com a procura é o principal desafio do marketing. E essa é a função central da venda: colocar o produto da empresa nas mãos do cliente satisfeito com o valor adquirido.

O tradicional conceito de vendas assume que os consumidores, se deixados sozinhos, não comprarão suficientemente os produtos da organização. Assim, a organização deve empregar um esforço agressivo de vendas e de promoção, salienta Kotler.[10] Esse conceito pressupõe que consumidores típicos mostram inércia ou resistência e, assim, devem ser persuadidos a comprar mais e que a empresa precisa dispor de um verdadeiro arsenal de ferramentas eficazes de vendas e promoção para estimular mais as compras. Daí a importância da venda. Contudo, o ideal seria o contrário: que as pessoas estivessem sempre estimuladas a comprar, por si mesmas, em função da satisfação de terem comprado antes com pleno sucesso e satisfação.

2.2 FOCO NO CLIENTE

O marketing veio substituir o tradicional foco empresarial concentrado no produto pelo foco no cliente. Antigamente, as empresas centravam todos os seus esforços no produto, em sua concepção, desenvolvimento, especificações, produção, acabamento, embalagem, preço etc. Esse esforço interiorizado e concentrado continua até hoje, mas agora subordinado a um esforço maior: focalizar o cliente que utilizará o produto, e não somente o produto em si. É como se a empresa se sentisse no lugar do cliente. É o movimento da exteriorização e da empatia. Trata-se de entender e interpretar o cliente para saber a maneira como ele pensa, decide, compra e como vai se sentir utilizando o produto. Isso significa olhar mais para a frente e focar o produto em função de quem vai utilizá-lo e consumi-lo. Dentro dessa visão, o cliente é o rei e deve ser tratado como tal. Das decisões de compra do cliente depende o sucesso da empresa, de sua competitividade – ir além da concorrência – e de sua sustentabilidade –, ganhando sucesso financeiro e longevidade. O processo de vender está se tornando fundamental para que o cliente esteja satisfeito com a compra e fortemente inclinado a repeti-la sempre que necessário. A decisão de comprar está cada vez mais com o cliente, e não mais com a empresa. Ele é o tomador de decisões e a compreensão de seu comportamento é vital para o sucesso de qualquer venda. O cliente é o comprador e o foco nele está sendo cada vez mais intensificado.

PARA REFLEXÃO

Onde estamos?

Qual é nosso negócio? Qual é nosso produto? Quem é o nosso cliente? Quais são nossos concorrentes e o que eles oferecem para disputar nosso cliente? O que devermos fazer para vender nosso produto ao nosso cliente? Indagações como estas exigem respostas claras e definidas. Vender a esmo não conduz a nada. É preciso saber exatamente o que fazer, por que, quando e como. O planejamento é fundamental para o sucesso de qualquer venda. Planejar significa preparar-se previamente com toda informação disponível para saber exatamente as necessidades, as preferências, as expectativas e os desejos do cliente.

2.3 COMPOSTO DE MARKETING

De modo geral, marketing é o processo de planejar e executar concepção, preço, promoção e distribuição de ideias, bens e serviços para criar intercâmbios que satisfaçam objetivos individuais e organizacionais. O marketing está intimamente relacionado com as transações de bens, de serviços, de ideias e valores que acontecem no mundo inteiro a todo instante.

Para tanto, o marketing parte dos objetivos estratégicos da empresa, dos objetivos específicos de marketing e do conhecimento do mercado para definir um composto de atividades ligadas a produto, preço, promoção e propaganda, distribuição e venda. É o que chamamos de composto de marketing (Figura 2.3).

Quais são os principais objetivos estratégicos da empresa? Eles variam de uma empresa para outra, mas quase sempre estão ao redor de:

- aumento da sua posição no mercado;
- ganhar a confiança e preferência do consumidor;
- construir imagem e reputação no mercado;
- criar condições de lucratividade e no retorno aos acionistas;
- incrementar sua competitividade no mercado;
- adquirir e manter sustentabilidades financeira, social e ambiental.

Figura 2.3 Composto de marketing.

2.3.1 Marketing *mix*

Marketing *mix* – ou composto de marketing – significa a combinação específica e única de atividades que determinada empresa utiliza para proporcionar satisfação ao mercado em geral e ao cliente em particular. O marketing *mix* está orientado para proporcionar informação confiável para o mercado, enquanto as vendas proporcionam informação de retorno para a empresa.

O composto de marketing é constituído de produto, preço, promoção e propaganda, distribuição (*place*) e venda. Todos esses aspectos do marketing *mix* serão abordados na sequência. A composição de cada um desses aspectos depende do tipo de produto ou serviço oferecido, do tipo de cliente e do mercado. Produtos de primeira necessidade requerem menores investimentos em termos de promoção e propaganda. Quando se trata de produtos com elevada competição, o aparato comercial para convencer o público se torna muito maior, e algumas empresas incluem o pós-venda em seu composto mercadológico.

PARA REFLEXÃO

Qual é o mais importante?

No composto de marketing, todos os seus elementos constituintes são importantes, pois ele funciona como uma cadeia de valor. Nessa complicada e delicada cadeia, se um dos elementos é frágil, todo o sistema sentirá essa fragilidade. Já dissemos que uma corrente é tão frágil quanto o mais fraco de seus elos. A mesma coisa acontece aqui. Todos os elementos são importantes e, quando funcionam bem, cada um deles facilita os demais e os torna melhores. É o efeito sinergístico que abordamos anteriormente: um efeito em que os elementos mais do que somam, isto é, um efeito multiplicador graças à forte solidariedade entre os elementos de marketing.

2.4 PREÇO

Preço é um conceito que expressa a relação de troca de um bem por outro. Em termos mais práticos, representa a proporção de dinheiro que se dá em troca de determinada mercadoria. Na verdade, o preço constitui a expressão monetária do valor de um bem ou serviço. O preço tem papel importante no composto de marketing e na satisfação das necessidades e desejos do consumidor. O preço pode receber várias denominações, como aluguel, tarifa, taxa, juro, pedágio, tributo, prêmio, honorário, gorjeta etc. No entanto, todos esses nomes refletem uma coisa: aquilo que o cliente paga por determinado produto ou serviço.

Toda transação pode ser vista como um intercâmbio de algo de valor – geralmente dinheiro (preço) – para obter um pacote de satisfação (produto) em troca. A chave determinante do preço de um produto reside na compreensão do valor que o consumidor percebe no produto e quanto lhe é favorável pagar por ele. E esse valor resulta de suas percepções da satisfação total proporcionada pelo produto e do pacote total de utilidades que ele lhe parece oferecer. Por essa razão, o preço é formado no mercado pelo jogo da oferta e da procura, muito embora dependa de fatores internos inerentes à empresa, como os custos de criação, produção e distribuição. Tanto assim, que se o preço não cobrir esses custos internos, a empresa precisará deixar de produzir o produto para não sofrer possíveis perdas e prejuízos. Nesse caso, retirará o produto do mercado e diminuir seu portfólio, sua oferta no mercado e consequente faturamento, deixando espaço aberto para a concorrência "deitar e rolar".

Do ponto de vista do mercado, as quantidades de venda de um produto variam no sentido inverso ao do preço: quanto mais baixo o preço de um produto no mercado, tanto maior a procura. Quando os preços são altos, a retração da procura pode levar ao efeito de substituição, quando o consumidor substitui o produto caro por outro mais barato. Além disso, existem produtos cuja procura aumenta sensivelmente com a queda dos preços – é o fenômeno da elasticidade-preço da procura –, enquanto outros produtos conseguem manter uma demanda inalterada mesmo com preços mais baixos. Todos esses aspectos dependem, obviamente, da perspectiva do mercado consumidor.

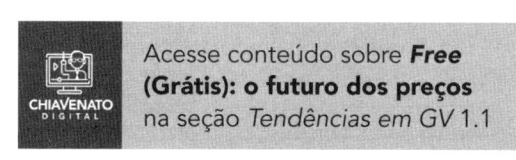

> Acesse conteúdo sobre **Free (Grátis): o futuro dos preços** na seção *Tendências em GV 1.1*

> **SAIBA MAIS** — **Olho no consumidor**
>
> Defina preços de acordo com o que o consumidor possa pagar, não necessariamente de acordo com os custos. Os consumidores não conhecem os custos ou a lucratividade de um produto. O negócio, todavia, não pode restringir seu *mark up* àquilo que o consumidor possa achar razoável. É vital conhecer os custos de produzir um produto ou serviço para o consumidor e também os preços dos concorrentes. Contudo, é melhor definir o preço com base na percepção de valor do consumidor.

Para o cliente, o preço de um produto ou serviço representa sua interpretação de venda expressa em termos monetários em relação ao valor de utilidade do produto: sua capacidade de satisfazer aos desejos e às necessidades do comprador. Assim, o preço precisa ser justo, ou seja, congruente com suas percepções pessoais de investimento em dinheiro. Se o cliente julga que o preço é muito elevado, ele resiste a comprar o produto. Se o preço é considerado baixo, conduz a uma barganha que se fundamenta na dúvida sobre sua qualidade. Para muitos produtos, é mais aceitável oferecer uma faixa de preço em vez de um preço único, exato e definitivo. Tudo isso precisa ser considerado com muita atenção.

O preço tem importância vital na economia, pois sua função é racionalizar e alocar recursos para um uso mais eficiente. Assim, o preço ajuda a distribuir recursos escassos quando a demanda por um bem ou serviço se torna maior. Contudo, se o preço tem grande importância para a economia, sua importância é decisiva para a empresa, pois ele define o que a empresa pode balancear entre receitas e despesas para produzir lucratividade. O preço do produto tem forte efeito sobre as vendas, o que também precisa ser considerado pela empresa.

> Aumente seus conhecimentos sobre **Conceito de preço** na seção *Saiba mais GV 2.2*

2.4.1 Definição do preço de um produto

Um dos aspectos mais importantes de um produto é a definição de seu preço para o consumidor final. É claro que o preço deve compensar todos os custos envolvidos em sua criação e produção e prover a empresa de uma margem de lucro adequada para manter sua sustentabilidade financeira. Assim, o preço é o demarcador de duas condições importantes: de um lado, lucratividade para a empresa, e de outro lado, atratividade do preço para o cliente.

Os objetivos da determinação de preço podem ser os seguintes:[11]

- **Objetivos de vendas**: o preço pode aumentar ou reduzir as vendas. Uma das alternativas para aumentar as vendas de um produto é reduzir seu preço por meio de uma promoção. Todavia, quando se eleva o preço de um produto em relação ao concorrente, sem qualquer ação no sentido de diferenciá-lo da concorrência, o resultado pode ser uma redução nas vendas.
- **Objetivos de lucros**: o preço pode aumentar ou reduzir o lucro da empresa. Em geral, a empresa define o preço com uma margem sobre o custo do produto. Essa margem é que permite uma fatia de lucratividade.
- **Objetivos competitivos**: o preço pode aumentar a competitividade da empresa frente aos concorrentes. O preço tem um forte apelo ao cliente e sua tendência é preferir um produto equivalente aos demais com um preço menor. Daí a necessidade de pesquisar preços de produtos concorrentes.

2.4.2 Política de preços

Políticas são regras genéricas para balizar as decisões da empresa quanto aos seus objetivos. Assim, políticas são linhas básicas que ajudam os membros da empresa a tomar suas decisões cotidianas. As políticas de preço decorrem dos objetivos da empresa e podem sofrer ajustamentos constantes ou periódicos relacionados com a demanda, com possíveis alterações ou mudanças nos produtos ou, ainda, do ciclo de vida dos produtos.

Além disso, a gestão de preços pode sofrer ajustes em função de:

- **Vendas feitas em diferentes quantidades**: quanto maior for o volume de vendas, menor se torna o preço unitário.
- **Vendas feitas sob diferentes políticas de crédito**: quanto mais próxima a data de pagamento, menor será o preço ou tanto maior será o desconto ao cliente.
- **Vendas feitas a diferentes tipos de intermediários que desempenham diferentes funções**: quanto mais próximo do cliente, menor será o preço.
- **Vendas feitas a consumidores em diferentes locais geográficos**: quanto mais próximo o cliente, menor será o preço.

Além disso, o preço pode sofrer descontos em função dos seguintes aspectos:

- **Descontos por quantidade**: servem para incentivar compradores a comprar mais do que as quantidades normais de compras. Quanto maior é a quantidade, tanto menores serão os custos de expedição e transporte.
- **Descontos por pagamento à vista**: servem para incentivar o pagamento imediato e abastecer imediatamente o caixa da empresa.
- **Descontos por compensação**: são também denominados descontos funcionais, quando os intermediários pelo desempenho de várias atividades acessórias de marketing, a depender de sua sequência no sistema de distribuição, recebem descontos adicionais. Servem para compensar os intermediários pelos serviços que proporcionam ao cliente.
- **Descontos promocionais**: são oferecidos como pagamento aos intermediários por atividades promocionais. Os produtos necessitam de esforços promocionais locais na forma de propaganda ou *displays* nos locais de vendas. Esse custo deve ser compensado por descontos.
- **Descontos sazonais**: quando a demanda pelos produtos é altamente sazonal, como sorvetes, aparelhos de ar-condicionado etc. Trata-se de antecipar compras que seriam feitas em épocas distantes.

2.4.3 Leasing

O *leasing* (ou arrendamento) pode ser considerado um modo de gestão de preço que assume uma forma completamente diferente. Por meio do *leasing*, o usuário do produto não é proprietário, mas o aluga ou arrenda de alguma empresa intermediária. O *leasing* oferece vantagens tanto para o produtor quanto para o usuário e é utilizado quando o produto é altamente técnico e de alto custo, como equipamentos industriais, computadores de grande porte, aviões comerciais, copiadoras e equipamentos de escritório. O *leasing* é preferido no uso de equipamentos de tecnologia inovadora, cujos modelos são rápida e constantemente modificados por modelos novos, garantindo ao arrendatário a atualização periódica dos modelos sem qualquer custo adicional. Ao contrário da compra normal, o *leasing* significa um aluguel por um período específico de determinada quantidade de produtos.

> Aumente seus conhecimentos sobre **Comércio** na seção *Saiba mais GV 2.3*

2.5 DIFERENCIAÇÃO

Um produto ou serviço pode ser genérico ou diferenciado. O produto genérico é exatamente igual aos produtos concorrentes em termos de características, qualidade e preço. Significa um produto a mais em um mercado de vários produtos equivalentes em termos de características, qualidade e preço. Assim, deixa de ser competitivo e passa a ser apenas *commodity*, um produto comum. Por sua vez, o produto diferenciado é aquele que sobressai em relação aos demais em algumas características relevantes, como características, qualidade e preço, atraindo maior atenção e desejo. É o caso de uma roupa de grife, um carro importado, um perfume francês, por exemplo.

Muitas empresas localizam e escolhem seu mercado-alvo para nele colocar um produto por um preço capaz de proporcionar um retorno de lucro razoável. O problema está em se a empresa cobrar um preço mais elevado, a concorrência pode entrar nesse mercado com preços mais baixos. Se o produto não for diferenciado, é provável que os clientes darão preferência a produtos de preço mais baixo. A saída é diferenciar o produto em relação aos concorrentes para que o cliente perceba nele um valor extra que o torne mais valioso que o dos concorrentes.

Todavia, nem todas as diferenças são realmente diferenciadoras. A empresa deve definir cuidadosamente as maneiras pelas quais poderá distinguir e diferenciar seus produtos dos concorrentes na mente dos consumidores. Cada diferença tem o potencial de gerar custos ou benefícios para a empresa. Isso depende da estratégia de diferenciação adotada.

Kotler assevera que diferenciação é o ato de desenhar um conjunto de diferenças significativas para distinguir a oferta da empresa das ofertas dos concorrentes. Para ele, a diferenciação significa escolher uma diferença que atenda aos seguintes critérios:[12]

- **Importância**: a diferença deve oferecer um benefício altamente valorizado para um número suficiente de compradores.
- **Distintividade**: quando a diferença não é oferecida pelos concorrentes, ela pode ser oferecida pela empresa de maneira mais distintiva. Um número maior de unidades em uma caixa ou algumas gramas a mais pode distinguir um produto de outro.
- **Superioridade**: a diferença deve ser superior a outras maneiras de obter o mesmo benefício. Um produto mais intensivo pode se mostrar superior a outro.
- **Comunicabilidade**: a diferença é comunicável, visível e perceptível aos compradores. Quanto maior é a visibilidade da diferença, mais o produto será preferido.
- **Previsibilidade**: a diferença não deve ser facilmente copiada pelos concorrentes. Em geral, a concorrência deve levar tempo para poder imitar as características do produto.
- **Disponibilidade**: o comprador dispõe de dinheiro para pagar pela diferença. É a adequação do produto ao preço pago pelo cliente.
- **Rentabilidade**: a empresa deve se certificar de que a diferença é rentável. A diferença deve proporcionar um diferencial de retorno.

Em função disso, Kotler sugere quatro maneiras de diferenciar a oferta do produto de uma empresa. Para ele, a empresa pode criar valor oferecendo:[13]

- **Algo que seja melhor**: isto é, melhorando um produto já existente ou inovando para oferecer um produto melhor que os demais.
- **Algo que seja mais novo**: isto é, desenvolver uma solução que não existia antes. Essa alternativa envolve maior risco do que uma melhoria simples pelo custo da inovação, mas oferece a chance de maiores ganhos.
- **Algo que seja mais rápido**: isto é, reduzindo o tempo de desempenho ou de entrega no uso ou na compra de um produto ou serviço. Tempo é dinheiro para o cliente.

- **Algo que seja mais barato**: isto é, um produto que exija menos dinheiro para comprar. A empresa precisa constantemente reduzir custos na produção do produto.

Contudo, a diferenciação vai além da simples oferta do produto ou serviço. Ela envolve muito mais iniciativas. Treacy e Wiersema definiram três estratégias que conduzem à diferenciação e à liderança de mercado:[14]

1. **Excelência operacional**: está em oferecer aos consumidores produtos e serviços confiáveis a preços competitivos e rapidamente disponíveis no mercado. Os autores citam Dell Computer, Walmart, Federal Express e American Airlines como exemplos de excelência operacional. Isso significa adotar preço competitivo, confiabilidade no produto e facilidades e disponibilidade no mercado no local certo e no tempo certo.

2. **Intimidade com o consumidor**: a empresa deve conhecer intimamente os clientes e estar capacitada para responder rapidamente às suas necessidades específicas. Os autores citam Kraft, Ciba-Geigy e Home Depot como empresas que têm intimidade com o cliente. Isso significa abrir canais diretos de comunicação com o cliente, e a mídia social está no meio disso tudo.

3. **Liderança em termos de produto**: a empresa deve oferecer aos clientes produtos e serviços inovadores que aumentem a utilidade e superem o desempenho dos produtos concorrentes. É o caso da Nike, da Sony e da Apple. Isso significa inovação constante no produto oferecido ao mercado para disponibilizar sempre algo novo e inovador.

> Aumente seus conhecimentos sobre **Como diferenciar o produto** na seção *Saiba mais GV 2.4*

2.6 POSICIONAMENTO

Al Ries e Jack Trout,[15] criadores do conceito de posicionamento, dizem que este começa com um produto, uma mercadoria, um serviço, uma empresa, uma instituição e até mesmo uma pessoa. Entretanto, posicionamento não é o que você faz para um produto. Posicionamento é o que você faz para a mente do comprador potencial. Você posiciona o produto na mente desse comprador potencial. Para esses autores, os produtos atuais têm uma posição nas mentes dos consumidores: a Coca-Cola é considerada a maior empresa de refrigerantes do mundo, o Porsche é considerado um dos melhores carros esportes do mundo, o que faz com que seja difícil para um concorrente remover essas marcas de suas respectivas posições. Tais imagens estão na cabeça do consumidor, e não apenas nos produtos oferecidos. São imagens mentais e não apenas físicas.

Para Kotler,[16] posicionamento representa o ato de desenvolver a oferta e a imagem da empresa de forma que ocupem um lugar distinto e valorizado nas mentes dos consumidores-alvo. Daí a necessidade de propaganda para criar uma imagem mental do produto na mente do consumidor. A Coca-Cola faz propaganda e promoção o tempo todo exatamente para manter seu produto nas preferências dos consumidores.

Wind propõe sete estratégias de posicionamento:[17]

1. **Posicionamento por atributo**: é o caso da Disneylândia, que se anuncia como o maior parque de diversões do mundo, o que significa benefícios e mais opções de entretenimento em um único local.
2. **Posicionamento por benefício**: quando a empresa oferece benefícios adicionais ou não ofertados pelos concorrentes, como assistência técnica constante e presente.
3. **Posicionamento por uso ou aplicação**: quando a empresa oferece mais facilidade no uso, rapidez nas soluções e tranquilidade na utilização. É a facilidade na utilização do produto.
4. **Posicionamento por usuário**: quando a empresa identifica o produto com determinado tipo ou categoria de usuário. É a adequação do produto às características do consumidor.
5. **Posicionamento por concorrente**: quando a empresa anuncia que tem maior variedade ou mais características do que os produtos concorrentes. É a variedade de opções disponíveis ao consumidor.
6. **Posicionamento por preço ou qualidade**: quando a empresa anuncia maior valor para o dinheiro do cliente. É a relação entre qualidade e preço do produto.

> Aumente seus conhecimentos sobre **Posicionamento** na seção *Saiba mais GV 2.5*

Todas essas ações de marketing visam colocar a imagem da empresa e do produto na cabeça do consumidor para que a venda se torne possível e efetiva. A eficiência e a eficácia da venda dependem disso. O vendedor, por sua vez, precisa saber disso com toda clareza e objetividade.

2.7 O MARKETING NA ERA DIGITAL

Podemos considerar que, de forma bastante objetiva, as diversas atividades que envolvem o marketing buscam ofertar o produto certo para o consumidor certo. Até pouco tempo atrás, o grande desafio dos profissionais de marketing também estava em estar fisicamente no local certo, pois não adiantava possuir uma boa oferta e o produto ou serviço certo se estivesse atuando em lugar errado. Ocorre que o tempo do analógico ficou para trás, no que conhecemos como Era Industrial. Atualmente, com o avanço da tecnologia, estamos na sociedade do conhecimento e na Era Digital. Dados da Federação Brasileira de Bancos (Febraban) de 2020 revelaram que as transações bancárias pelos canais digitais já respondiam por 74% de todas as transações bancárias. Dados da International Telecommunications Union (ITU),[18] agência da Organização das Nações Unidas (ONU), responsável pelos assuntos relacionados às tecnologias de informação e comunicação, estimava que, no final de 2019, 51% da população mundial, ou seja, mais de 4 bilhões de pessoas, já estavam usando a *web*. Segundo a pesquisa da ITU, em 2019, apesar de 51% da população mundial utilizar a internet, seu uso, proporcionalmente ao total, aumentava para 70% entre os jovens de 15 a 24 anos. Dados do *site Meio&Mensagem*[19] revelaram que, em 2020, devido à pandemia de

Covid-19 que assolou o planeta, o *e-commerce* cresceu 41% no Brasil, com 194 milhões de pedidos e um volume de vendas de R$ 87,4 bilhões.

Esses números são importantes para referenciar a mudança que está ocorrendo no comportamento do consumidor e, claro, na forma de se fazer o marketing. Muito provavelmente, seu cliente estará *on-line* neste momento e ele pode estar onde você se localiza agora ou em qualquer outro local do país e ou do planeta. O marketing nesse ambiente digital possibilita, portanto, que você esteja nos mesmos canais de seu cliente, podendo ser visto e ter possibilidades de que tenha cada vez mais informações sobre seus produtos e serviços, podendo, assim, comprar e ser atendido com maior rapidez. Os conceitos de marketing não se alteram. O marketing digital é o marketing, mas que nesse novo ambiente proporciona o desenvolvimento de novas estratégias a partir das plataformas digitais e seus instrumentos.

Entre as diversas plataformas/tecnologias digitais disponíveis, podemos citar *sites*, *hotsites*, *e-commerces*, *landing pages*, portais, *blogs*, *e-mail*, realidade virtual, realidade aumentada, tecnologias *mobile*, como *Bluetooth*, aplicativos (*apps*), SMS etc.; redes sociais; plataformas digitais de busca; vídeos; *smart TVs*, entre outras. Essas plataformas, quando combinadas, são utilizadas para o desenvolvimento de estratégias digitais de marketing, entre as quais marketing de conteúdo, marketing de influência, *e-mail* marketing, *mobile* marketing, *inboud* marketing, *social media marketing, social media optimization, seach engine marketing, search engine optimization* etc.[20]

Devemos também considerar para o desenvolvimento da estratégia do marketing digital a utilização da inteligência artificial (IA) e o uso ético e responsável da enorme base de dados disponibilizada pelos bilhões de usuários que utilizam a *web* diariamente, conhecida como *Big Data*, cujos dados ali armazenados podem ser transformados em informações preciosas sobre o comportamento do consumidor.

QUESTÕES PARA REVISÃO

1. Defina marketing.
2. Qual é a posição de vendas no conceito de marketing?
3. Explique composto de marketing.
4. O que significa fidelização do cliente?
5. Explique foco no cliente.
6. Quais são os significados de preço?
7. Quais são os objetivos na determinação do preço?
8. Explique a política de preços.
9. Qual é o significado de descontos?
10. Quais são os tipos de descontos?
11. Explique *leasing*.
12. O que é diferenciação?
13. Explique os critérios de diferenciação.
14. Quais são as maneiras de diferenciar um produto em relação à concorrência?
15. Quais estratégias conduzem à diferenciação e à liderança de mercado?

16. O que significa posicionamento para Ries e Trout?

17. O que significa posicionamento para Kotler?

18. Quais são as estratégias de posicionamento para Wind?

REFERÊNCIAS

1. SCHEWE, C. D.; SMITH, R. M. *Marketing*: concepts and applications. New York: McGraw-Hill, 1980. p. 56.
2. DRUCKER, P. F. *Management*: tasks, responsibilities, practices. New York: Harper & Row, 1973. p. 64-65.
3. KOTLER, P. *Administração de marketing*: análise, planejamento, implementação e controle. São Paulo: Atlas, 1996. p. 25.
4. COREY, R. *Small business marketing*. New York: Wiley, 2013.
5. KOTLER, P. *Administração de marketing, op. cit.*, p. 25.
6. Adaptado de: KOTLER, P. *Administração de marketing, op. cit.*, p. 25.
7. Adaptado de: KOTLER, P. *Administração de marketing, op. cit.*, p. 28.
8. KOTLER, P. *Administração de marketing, op. cit.*, p. 30.
9. SANDRONI, P. (org.). *Dicionário de economia*. São Paulo: Best Seller, 1989. p. 326.
10. KOTLER, P. *Administração de marketing, op. cit.*, p. 33.
11. SCHEWE, C. D.; SMITH, R. M. *Marketing, op. cit.*, p. 324.
12. KOTLER, P. *Administração de Marketing, op. cit.*, p. 269.
13. KOTLER, P. *Administração de Marketing, op. cit.*, p. 258.
14. TREACY, M.; WIERSEMA, F. *A disciplina dos líderes de mercado*. Rio de Janeiro: Campus, 2001.
15. RIES, A.; TROUT, J. *Positioning*: the battle for your mind. New York: Warner Books, 1982.
16. KOTLER, P. *Administração de marketing, op. cit.*, p. 270.
17. WIND, Y. *Product policy*: methods and strategy. Massachusetts: Addison-Wesley, 1982. p. 79-81.
18. ITU. *Data and analytics*: taking the pulse of the information society. Disponível em https://www.itu.int/itu-d/sites/statistics/. Acesso em: 18 fev. 2022.
19. MEIO & MENSAGEM. E-commerce cresce 41% no Brasil em 2020. 26 mar. 2021. Disponível em: https://www.meioemensagem.com.br/home/marketing/2021/03/26/e-commerce-cresce-41-no-brasil-em-2020.html. Acesso em: 21 set. 2021.
20. GABRIEL, M.; KISO, R. *Marketing na Era Digital*: conceitos, plataformas e estratégias. 2. ed. São Paulo: Atlas, 2021.

3 MERCADO: A ARENA DA COMPETIÇÃO

> **O QUE VEREMOS ADIANTE**
> - Uma breve história do comércio.
> - O mundo de hoje.
> - Mercado.
> - Análise do mercado.
> - Clientela.
> - Concorrência.

Quão antiga é a função de vender? Provavelmente, ela vem desde a Antiguidade. Os antigos fenícios aprenderam a produzir tecidos e outros produtos. Depois, aprenderam a fazer barcos capazes de transportar a grandes distâncias. Mais tarde, juntaram essas duas competências a uma terceira: inventaram o comércio internacional. A história mostra que vender é um ato quase tão antigo quanto a própria humanidade. Hoje, todas as pessoas precisam comprar algo a todo momento, e as empresas precisam saber vender. Venda é algo que acontece em todos os momentos, em todos os lugares do mundo, com todas as pessoas – mesmo as mais jovens. Saber vender é fundamental para saciar necessidades e aspirações das pessoas, para o bem da sociedade e para o sucesso das empresas.

INTRODUÇÃO

Nações, organizações, grupos e pessoas são entidades que não vivem isoladamente tampouco são autônomas ou autossuficientes. Pelo contrário, essas entidades sociais dependem umas das outras para viver e sobreviver. Neste mundo globalizado, dinâmico, mutável e complexo, essas entidades vendem os produtos ou serviços que sabem produzir e compram os produtos e serviços que não conseguem produzir daquelas que os produzem. Daí a complexa interdependência delas. Elas dependem umas das outras para poder atender às suas necessidades básicas. E dessa interdependência surge o intercâmbio, o qual decorre das trocas entre essas entidades: as vendas que cada uma faz às outras. Desse intercâmbio decorre o comércio.

Assim, pessoas, grupos, organizações, sociedades, países – enfim, todas as entidades sociais – dependem umas das outras para satisfazer suas necessidades básicas. Cada entidade não é capaz de produzir todas as coisas – sejam bens ou serviços – de que necessitam. Assim, precisam obtê-las de outras entidades que as vendem; dessa interdependência surge o intercâmbio por meio das vendas. Olhar para fora e para o mercado representa uma necessidade fundamental para o alcance do sucesso empresarial. Mais do que isso, focar o mercado e o cliente constituem os ingredientes básicos da vantagem competitiva das empresas. Afinal, nenhuma empresa existe para produzir algo para ela mesma, a não ser para oferecer algo ao mercado ou ao cliente.

3.1 UMA BREVE HISTÓRIA DO COMÉRCIO

O comércio é decorrência dessa interdependência que acabou de ser ressaltada. Consiste nas trocas entre as entidades, por meio das quais umas vendem e outras compram bens ou serviços. Essas trocas são dinâmicas e constantes, pois dependem de mecanismos de mercado, como a oferta e a procura, e, principalmente, da concorrência entre elas. Nenhuma empresa está sozinha neste mundo. Esses mecanismos de mercado serão tratados a seguir.

O comércio remonta à pré-história. Existe desde quando um indivíduo possuía algo que ultrapassava suas necessidades cotidianas e que cujo excedente poderia vender a outro em troca de coisas de que necessitava. O simples fato de um homem das cavernas ter uma cabra a mais e necessitar de um machado levou-o a trocar o excedente de leite por um pedaço de pedra polida. As trocas inicialmente eram feitas por meio das coisas ou mercadorias, conhecidas como escambo.

Depois, inventou-se o padrão de troca, isto é, determinado tipo de pedra ou mercadoria utilizada para efetuar as trocas: cada coisa ou mercadoria valia tantas pedras ou coisas parecidas. Com a invenção da moeda – como padrão de troca –, surgiu a condição básica para o aparecimento do comércio, pois a moeda facilitava as trocas e simplificava as contas. Inicialmente, o comércio era feito dentro das pequenas vilas e cidades e em determinados locais públicos. Logo ultrapassou as fronteiras das incipientes nações. Com os fenícios, que utilizavam o transporte marítimo por meio de barcos, o comércio expandiu-se para outros mares e continentes. Ao final da Idade Média, surgiu o período das grandes descobertas marítimas e, consequentemente, a expansão do comércio para os países orientais, como a Índia, a China, o Japão etc. O descobrimento das Américas ampliou o horizonte dos negócios. Com a invenção do navio a vapor, as trocas tornaram-se mais rápidas, mesmo entre comerciantes distantes entre si. E a estrada de ferro facilitou a distribuição das mercadorias.

O século 20 trouxe uma revolução nos transportes, com o automóvel e o avião, e uma revolução nas comunicações, com a invenção do rádio, do telefone, da televisão e do celular, sem omitir a internet. Os transportes e as comunicações trouxeram um incrível desenvolvimento do comércio, tornando-o um fenômeno mundial.[1]

Acesse conteúdo sobre **A tecnologia e o comércio** na seção *Tendências em GV* 3.1

3.2 O MUNDO DE HOJE

O comércio é uma decorrência da economia global industrializada, altamente complexa e interdependente. O mundo se caracteriza hoje por uma profunda interdependência e por um intenso intercâmbio entre as entidades – sejam elas pessoas, grupos sociais, organizações, empresas, cidades, países ou continentes. Vivemos praticamente em uma aldeia global onde as trocas de bens, serviços, capitais e ideias são efetuadas de maneira constante e incessante entre entidades fisicamente distantes. A globalização faz com que esse intenso intercâmbio seja planetário, e não simplesmente regional.

Sob o aspecto macroeconômico, o comércio apresenta quatro utilidades ou funções principais:

1. **Utilidade de local**: o comércio leva produtos e serviços dos centros de produção para os lugares de consumo ou para onde sejam escassos. É a superação do obstáculo geográfico.
2. **Utilidade de tempo**: o comércio compra e guarda produtos e serviços de forma que estejam disponíveis para o consumidor na época em que este deles necessite, independentemente do momento e da época em que são produzidos ou fabricados.
3. **Utilidade de quantidade**: o comércio agrupa as quantidades segundo as necessidades do consumidor, sejam estas pequenas ou grandes. É a superação do obstáculo de tipo quantitativo.
4. **Utilidade de qualidade**: o comércio adapta produtos e serviços à preferência do consumidor, com a relação a uma qualidade melhor ou pior, mas adequada a cada um. É a superação do obstáculo de tipo qualitativo.

Assim, o comércio – independentemente da produção de bens ou de serviços – proporciona enormes vantagens por meio dessas quatro funções ou utilidades. De um lado, temos a atividade produtiva, por intermédio da qual as empresas produzem bens ou serviços. De outro lado, temos a atividade comercial, por meio da qual as empresas colocam esses bens ou serviços no mercado consumidor.

A história mostra que a antiga economia doméstica, dentro de cada vila, feudo ou cidade, expandiu-se gradativamente para regiões maiores, alcançando países e continentes. A economia doméstica passou para nacional, transformando-se em internacional, multinacional e, hoje, vivemos a fase da economia global.

O comércio constitui a última fase do processo de circulação econômica que vai do produtor de produtos ou serviços até o consumidor final desses produtos ou serviços, onde quer que ambos estejam localizados. Se não existissem o comércio e os comerciantes, os produtores de bens e de serviços teriam de sair em busca dos consumidores para colocar seus produtos e serviços no mercado. E isso nem sempre faz parte do seu negócio. Para um produtor vender seus produtos, precisa fazer algo que nem sempre sabe fazer bem. Ele sabe produzir, mas nem sempre sabe vender. Produzir e vender são duas competências diferentes.

É por meio do comércio que existem as vendas. A venda é um ato pessoal ou impessoal de ajudar ou persuadir um cliente em perspectiva a respeito da compra de dado produto ou serviço. Existe venda quando o vendedor obtém o compromisso do comprador de comprar determinado produto ou serviço.

Aumente seus conhecimentos sobre **Consumo** na seção *Saiba mais GV 3.1*

3.3 MERCADO

As empresas não existem no vácuo nem são absolutas ou autossuficientes. Elas estão inseridas em um meio ambiente do qual fazem parte e do qual dependem para funcionar e existir. O ambiente é tudo o que está fora e ao redor de uma empresa; é onde as empresas obtêm seus recursos e insumos e é onde colocam o resultado de suas operações: seus produtos ou serviços. O ambiente, portanto, fornece os recursos e insumos de que as empresas necessitam e é o ambiente que adquire os produtos ou serviços que as empresas produzem. É no ambiente que existem os mercados.

3.3.1 Características do mercado

O mercado envolve transações entre vendedores (aqueles que oferecem bens ou serviços) e compradores (aqueles que procuram bens ou serviços), isto é, entre a oferta e a procura de bens ou de serviços. De acordo com a oferta e a procura, o mercado pode se apresentar em três situações (Figura 3.1):

1. **Situação de oferta**: quando a oferta é maior do que a procura. Nessa situação, os preços tendem a baixar devido à competição entre os vendedores, pois a oferta de bens ou serviços é maior do que a procura por eles.
2. **Situação de equilíbrio**: quando a oferta é igual à procura. Nessa situação, os preços tendem a se estabilizar.
3. **Situação de procura**: quando a procura é maior do que a oferta. Nessa situação, os preços tendem a subir devido à competição entre os compradores, pois a procura por bens ou serviços é maior do que a oferta existente.

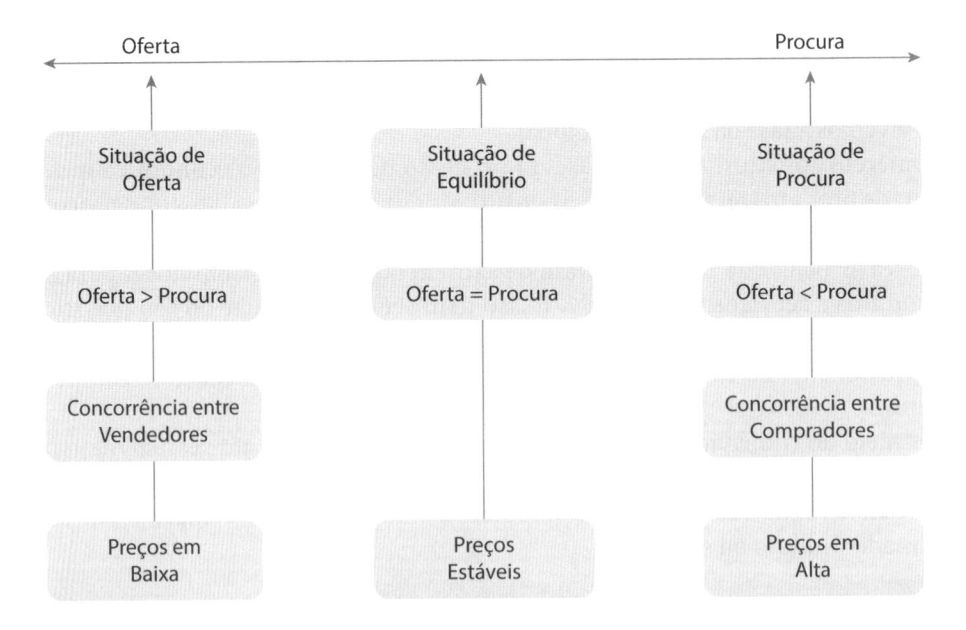

Figura 3.1 As situações de mercado.

A Figura 3.1 pode ser representada sinteticamente da maneira apresentada na Figura 3.2.

Oferta ← → Procura

- Excesso de vendedores
- Escassez de compradores
- Abaixamento dos preços
- Concorrência entre vendedores

- Excesso de compradores
- Escassez de vendedores
- Elevação dos preços
- Concorrência entre compradores

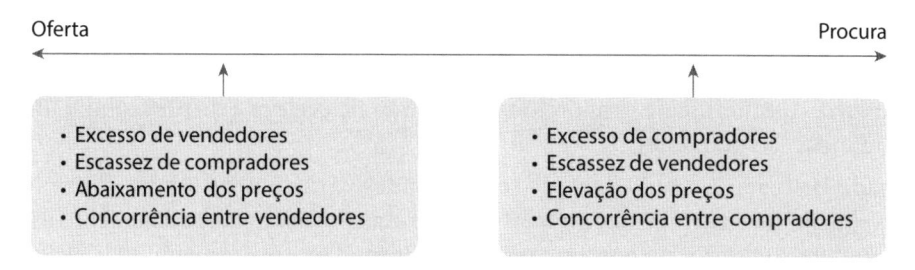

Figura 3.2 As duas situações extremas do mercado.

As empresas que atuam em mercados em situação de oferta enfrentam muitas outras empresas que pretendem colocar produtos ou serviços idênticos no mesmo mercado. A concorrência é feita entre empresas vendedoras de seus produtos ou serviços. Como há excesso de empresas vendendo seus produtos e escassez de clientes ou consumidores para comprar todo o volume de produtos ofertados, ocorre uma redução de preços como forma natural de concorrência. Nesse caso, as empresas diminuem suas margens de lucro ou então reduzem seus custos de produção para oferecer os produtos a um preço menor do que dos concorrentes. Ao mesmo tempo, as empresas precisam reforçar sua organização de vendas, intensificar a propaganda dos produtos e oferecer promoções de vendas – tudo para vencer a concorrência das outras empresas.

Por outro lado, as empresas que atuam em mercados em situação de procura enfrentam um problema inverso. Não há concorrência de outras empresas vendedoras do mesmo produto ou serviço. Ao contrário, existe a concorrência entre os clientes e os consumidores para comprar os produtos que não são suficientes para atender a todos os compradores. Como há escassez de produtos e excesso de compradores, a empresa pode elevar sua margem de lucro, aumentando os preços do produto, reduzindo sua organização de vendas e diminuindo as despesas de promoção e propaganda. Tudo isso deve ser feito com cuidado para não desgastar a imagem da empresa e para evitar a entrada de outras empresas no mercado.

Assim, em todo mercado existem os vendedores (que oferecem bens ou serviços) e os compradores (que procuram bens ou serviços). Contudo, existem também os concorrentes, que oferecem os mesmos bens ou serviços aos compradores. Para a abordagem deste livro, os vendedores são as empresas, enquanto os compradores são os clientes, consumidores ou usuários. Os concorrentes são as empresas que competem entre si disputando o mesmo mercado consumidor ou comprador.

3.3.2 Tipos de mercado

Dentro dessa abordagem, o mercado pode ser classificado conforme seu dinamismo em: mercado estável e mercado instável.[2]

- **Mercado estável**: é o mercado que sofre poucas variações ao longo do tempo. É um mercado conservador e tranquilo, que mantém o *status quo*, e no qual as empresas quase não modificam seus produtos ou serviços, os consumidores quase não mudam suas necessidades e seus hábitos de compra, e dificilmente os concorrentes alteram seus produtos e estratégias. Em outras palavras, as empresas vendem sempre os mesmos produtos ou serviços, os consumidores quase nunca mudam, e os concorrentes são sempre os mesmos e fazem sempre os mesmos produtos ou serviços. É um mercado que permite previsões no longo prazo, com programações fáceis e oferta de bens ou serviços com ciclo de vida duradouro. A estabilidade proporciona certo grau de certeza e de previsibilidade, já que as mudanças são pequenas.

- **Mercado instável**: é o mercado que sofre grandes variações no tempo. É um mercado mutável, agitado e turbulento, no qual as empresas precisam constantemente modificar seus produtos ou serviços, pois os consumidores mudam rapidamente suas necessidades e seus hábitos de compra, enquanto os concorrentes alteram seus produtos, serviços e estratégias a cada momento. Como essas mudanças ocorrem rapidamente, sem que se saiba exatamente o que está acontecendo, torna-se um mercado mutável e imprevisível, sujeito a modificações bruscas, rápidas e radicais. Os bens ou serviços ofertados têm um ciclo de vida extremamente curto e rápido. A mudança e a inovação são imprescindíveis para se atuar nesse tipo de mercado.

Na realidade, o mercado estável e o mercado instável constituem extremos de um *continuum*. Entre esses dois extremos há uma enorme variedade de situações intermediárias, conforme mostra a Figura 3.3.

```
┌─────────────────────┐                    ┌─────────────────────┐
│  Mercado estável    │                    │  Mercado instável   │
└──────────┬──────────┘                    └──────────┬──────────┘
           │         ←──────────────────→             │
           ▼                                          ▼
┌─────────────────────┐                    ┌─────────────────────┐
│ Permanência de:     │                    │ Mudanças de:        │
│ • Produtos/serviços │                    │ • Produtos/serviços │
│ • Clientes/consumidores│                 │ • Clientes/consumidores│
│ • Concorrentes      │                    │ • Concorrentes      │
└─────────────────────┘                    └─────────────────────┘
```

Figura 3.3 O *continuum* estabilidade-instabilidade do mercado.

Além da classificação quanto ao seu dinamismo, o mercado também pode ser classificado, conforme seu grau de diversidade, em mercado homogêneo.[3]

- **Mercado homogêneo**: é o mercado constituído de empresas cujos produtos ou serviços apresentam características semelhantes, em que os consumidores também se assemelham quanto às suas características, assim como os concorrentes. A homogeneidade consiste no fato de que, para a empresa vendedora, todos os clientes podem ser tratados da mesma maneira, pois têm necessidades semelhantes, e todos os concorrentes adotam estratégias iguais. A homogeneidade do mercado permite que a empresa adote uma única postura com relação à totalidade de seus clientes e de seus concorrentes.

- **Mercado heterogêneo**: é o mercado constituído de empresas que vendem produtos ou serviços variados e diferentes, consumidores com distintas características e necessidades, e concorrentes que desenvolvem estratégias diferenciadas e variadas. A heterogeneidade do mercado exige diferentes posturas com relação aos clientes e concorrentes e à oferta de linhas diferenciadas de produtos e serviços.

Da mesma forma, o mercado homogêneo e o mercado heterogêneo constituem dois extremos de um *continuum*, dentro do qual podem existir vários graus intermediários, como na Figura 3.4.

```
Mercado homogêneo                          Mercado heterogêneo
        ↓                                           ↓
Uniformidade de:                          Variedade de:
• Produtos/serviços                       • Produtos/serviços
• Clientes/consumidores                   • Clientes/consumidores
• Concorrentes                            • Concorrentes
```

Figura 3.4 O *continuum* homogeneidade-heterogeneidade do mercado.

Na realidade, a estabilidade e a instabilidade constituem dois extremos de um *continuum* que pode apresentar várias características intermediárias entre os extremos. Da mesma forma, a homogeneidade e a heterogeneidade também constituem dois extremos, entre os quais ocorrem várias gradações intermediárias. Em outras palavras, não existe um mercado totalmente estável ou totalmente instável, mas situações intermediárias entre esses extremos. Do mesmo modo, podemos nos referir ao mercado totalmente homogêneo ou totalmente heterogêneo.

Juntando-se essas classificações de mercado, isto é, os dois *continuum* de mercado, pode-se obter a matriz representada no Quadro 3.1.[4]

Quadro 3.1 Os *continuum* do mercado: estabilidade × instabilidade e homogeneidade × heterogeneidade

Tipos de mercado	Mercado estável	Mercado instável
Mercado heterogêneo	3 Os produtos/serviços (P/S), os clientes/consumidores e os concorrentes são diferenciados e quase não apresentam mudanças e alterações A empresa deve ter várias posturas para o mercado, que devem ser mantidas ao longo do tempo	4 Os P/S, os clientes/consumidores e os concorrentes são diferenciados e constantemente apresentam mudanças e alterações A empresa deve ter várias posturas para o mercado, que devem ser mudadas frequentemente
Mercado homogêneo	1 Os P/S, os clientes/consumidores e os concorrentes são uniformes e quase não apresentam mudanças e alterações A empresa tem uma só postura para o mercado, que pode ser mantida ou inalterada	2 Os P/S, os clientes/consumidores e os concorrentes são uniformes e constantemente sofrem mudanças e alterações A empresa tem uma só postura para o mercado, que deve ser alterada frequentemente

A maior simplicidade ocorre no quadrante 1, em que o mercado é estável e homogêneo: o mercado é conservador e facilmente previsível, mas, ao mesmo tempo, é relativamente uniforme, exigindo estratégias simples e de longo prazo. A maior complexidade está no quadrante 4, em que o mercado é instável e heterogêneo: o mercado é mutável e turbulento, sujeito a frequentes alterações e, ao mesmo tempo, é diversificado, exigindo estratégias diferenciadas e complexas, que devem ser constantemente alteradas e modificadas. Assim, trabalhar em uma empresa do tipo 1 é muito mais fácil do que trabalhar em uma empresa que atua no mercado do tipo 4. Os quadrantes 2 e 3 refletem situações de complexidade intermediária.

3.3.3 Entendendo as forças do mercado

O mercado caracteriza-se por ser um complexo sistema aberto, constituído por inúmeras forças competitivas que se revezam continuamente de maneira dinâmica, provocando mudanças e transformações. Michael Porter concebeu um modelo de cinco forças competitivas que existem no microambiente (ao qual denomina indústria) de cada empresa e que devem ser estudadas para elaborar uma estratégia eficiente. Essas cinco forças condicionam a capacidade de cada empresa de servir aos seus clientes e obter lucros. Qualquer mudança em uma delas requer uma avaliação do mercado. Vejamos as cinco forças.[5]

1. **Ameaça de novos entrantes**: o novo entrante é uma empresa que ingressa no setor de negócios e traz ameaças às empresas existentes, por trazer capacidade de produção adicional, forçando as demais a serem mais eficazes e aprenderem a concorrer em novas dimensões. Para enfrentar essa ameaça, as empresas da indústria utilizam mecanismos de defesa:
   a. **Economias de escala**: as economias de escala permitem que, enquanto a quantidade de um produto fabricado aumenta, os custos de fabricação de cada unidade diminua. Assim, o novo entrante enfrenta o desafio frente às economias de escala dos concorrentes já existentes.
   b. **Diferenciação de produto**: as empresas existentes diferenciam o produto para torná-lo único e exclusivo para que o cliente o valorize mais. O novo entrante precisa alocar muitos recursos para superar a fidelidade do cliente.
   c. **Requisitos de capital**: para um novo entrante poder ingressar no setor, precisará dispor de maior capital e recursos.
   d. **Custos de mudança**: entre os quais se destacam custos de aquisição de equipamentos auxiliares ou retreinamento de pessoal. Quando os custos de mudança são elevados, o novo entrante enfrenta desafios maiores.
   e. **Acesso aos canais de distribuição**: com meios eficazes de distribuição dos produtos e um forte relacionamento com distribuidores, a fim de gerar maiores custos de mudanças para os novos entrantes.
2. **Poder de barganha dos fornecedores**: um grupo de fornecedores é considerado poderoso quando:
   a. é constituído por um pequeno número de grandes fornecedores altamente concentrados;
   b. não há produtos substitutos satisfatórios para o setor;
   c. não são considerados clientes importantes para o grupo fornecedor;

d. os artigos do fornecedor são essenciais ao êxito do comprador no mercado;
   e. os fornecedores representam uma ameaça ao se integrar para a frente no setor dos compradores (um produtor de roupas pode optar por operar seus próprios canais de varejo).
3. **Poder de barganha dos compradores**: o cliente (ou grupo de compradores) tem poder quando:
   a. está adquirindo grande parte do total da produção do setor;
   b. o produto adquirido responde por uma parcela significativa dos custos do comprador;
   c. os produtos da indústria não são diferenciados ou padronizados;
   d. o comprador pode apresentar uma ameaça concreta de integração para trás. A indústria automobilística está oferecendo um serviço de vendas nacionais *on-line* para oferecer serviços adicionais ao cliente.
4. **Ameaça de produtos substitutos**: produtos substitutos são diferentes bens ou serviços que vêm de fora do setor e desempenham as mesmas funções de um produto fabricado no setor. É o caso de recipientes plásticos no lugar de potes de vidro ou sacos de papel em vez de sacos plásticos.
5. **Intensidade da rivalidade entre os concorrentes**: em cada setor há empresas que concorrem ativa e vigorosamente para alcançar competitividade estratégica. Os fatores que influenciam a intensidade da rivalidade entre as empresas são:
   a. concorrentes numerosos ou igualmente equilibrados;
   b. crescimento lento do setor;
   c. custos fixos elevados;
   d. capacidade aumentada em grandes incrementos;
   e. concorrentes divergentes, em termos de metas e estratégias;
   f. apostas estratégicas elevadas;
   g. barreiras de saída elevadas que envolvem ativos especializados (vinculados a um negócio específico), custos fixos de saída (como custos trabalhistas), inter-relacionamentos estratégicos (relações de dependência recíproca entre um negócio envolvendo várias áreas da empresa, como operações compartilhadas), barreiras emocionais (como lealdade aos funcionários) e limitações sociais e governamentais (preocupação com demissões).

Em suma, a gestão do conhecimento estratégico a respeito do ambiente que cerca a empresa é fundamental para o sucesso organizacional. Ela se baseia profundamente no diagnóstico estratégico externo. Ao planejar e prever vendas, a empresa precisa analisar possíveis novos entrantes, o poder de barganha dos fornecedores, a ameaça de produtos substitutivos e a intensidade da rivalidade da concorrência. Todos esses aspectos externos são importantes para o sucesso da Gestão de Vendas (GV). De acordo com esse modelo, compradores, produtos substitutivos, fornecedores e novas empresas potenciais dentro de uma indústria são as forças que contribuem para o nível de rivalidade entre as firmas da indústria, conforme a Figura 3.5.

```
                    Novos entrantes
                         │
                    Ameaça de
                　 novos entrantes
                         ▼
           Poder de                    Poder de
         negociação dos              negociação dos
         fornecedores    Concorrentes  compradores
Fornecedores ─────────►  no mercado  ◄───────── Compradores
                          ↻
                        Intensidade
                       da rivalidade
                         ▲
                    Ameaça de
                    substitutos
                         │
                      Produtos
```

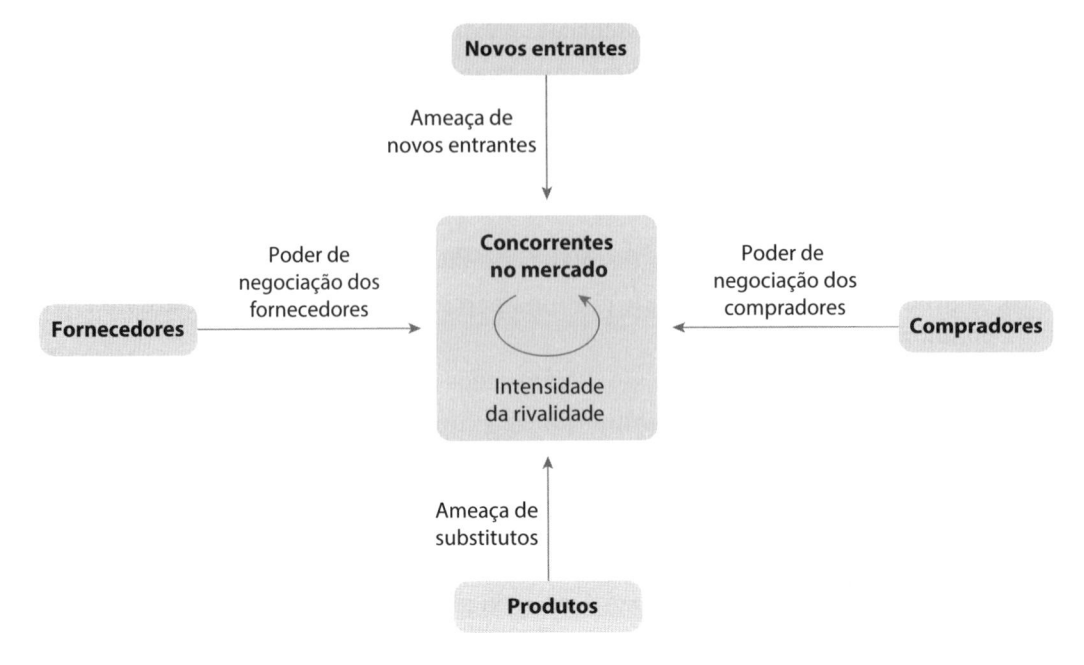

Figura 3.5 As cinco forças competitivas de Porter.[6]

Para entender as forças positivas e negativas, que favorecem ou dificultam as ações da empresa e coexistem no mercado, o modelo de Porter é fundamental para alcançar uma ideia abrangente da situação em que a empresa se encontra. O modelo de Porter sugere que, no sentido de desenvolver estratégias organizacionais eficazes, o gestor deve compreender e reagir àquelas forças dentro de uma indústria para determinar o nível de competitividade da organização nesse espaço. O termo **mercado** utilizado por ele refere-se aos clientes e consumidores, enquanto o termo **indústria** refere-se ao mercado de concorrentes.

Compreendendo as forças que determinam a competitividade dentro de uma indústria, o gestor pode desenvolver estratégias que tornam sua empresa mais competitiva. Para Porter, existem três estratégias genéricas para tornar uma empresa mais competitiva: diferenciação, liderança de custo e focalização.[7]

1. **Diferenciação**: é uma estratégia que procura tornar a empresa mais competitiva pelo desenvolvimento de um produto que o cliente perceba como diferente dos demais produtos oferecidos pelos concorrentes. Produtos podem ser oferecidos aos consumidores como diferentes porque são únicos em termos de qualidade, desenho ou nível de serviço após a venda. Produtos como o tênis Nike Air, por exemplo, são visualizados como diferentes devido à sua tecnologia de construção e ao amortecimento por ar, enquanto os automóveis Honda, devido à sua elevada qualidade e confiabilidade.

2. **Liderança de custo**: é uma estratégia que focaliza tornar a empresa mais competitiva por meio da fabricação de produtos mais baratos do que os dos concorrentes. A lógica dessa estratégia é, ao produzir produtos mais baratos que os dos concorrentes, a empresa pode oferecer aos clientes produtos a preço menor que os concorrentes e aumentar sua participação na indústria. Por essa razão, muitas empresas automatizam ou robotizam

seus sistemas de produção para aumentar a produtividade e obter liderança de custo, oferecendo produtos de igual qualidade, porém mais baratos.

3. **Focalização**: é uma estratégia que procura tornar a empresa mais competitiva por concentrar-se em um particular e específico nicho de consumidores. Publicadores de magazines geralmente usam uma estratégia focalizadora para oferecer produtos a clientes específicos. A Avon tem um foco dirigido especificamente para as donas de casa. Os produtos *diet* ou *light* focalizam o consumidor preocupado com a saúde e a estética pessoal.

Esse é o trabalho do gestor nos novos tempos: conduzir a empresa como um todo organizado e com foco no negócio e em seus resultados, privilegiar objetivos organizacionais com visão e ação estratégicas, construir equipes de elevado desempenho, tocar os processos organizacionais em sintonia mútua para obter efeitos sinergísticos, criar, agregar, entregar e capturar valor para a organização, assumir responsabilidades no sentido de garantir sustentabilidade financeira, social e ambiental para a organização, mudar e inovar sempre. É muito? Certamente, essas são as exigências dos novos tempos. A figura do gestor ficou bem maior, e nós precisamos ampliá-la cada vez mais.[8]

Aumente seus conhecimentos sobre **Mercado** na seção *Saiba mais GV 3.2*

3.4 ANÁLISE DO MERCADO

Como o mercado é vasto, difuso, complexo e mutável, a empresa precisa conhecê-lo e interpretá-lo adequadamente. Para facilitar sua análise, é comum as empresas adotarem dois tipos de abordagem para conhecer o mercado: análise ambiental (ou análise de mercado) e pesquisa de mercado. No fundo, ambas procuram obter informação relevante a respeito de seu entorno, compreendê-lo melhor e desenvolver sua inteligência de negócio para definir os rumos a tomar.

3.4.1 Análise ambiental

A análise ambiental é uma abordagem mais ampla e abrangente do ambiente que circunda a empresa. É também denominada análise situacional, pois utiliza uma sequência de fora (ambiente) para dentro (empresa), que envolve:

- **As forças do macroambiente**: o ambiente geral comum a todas as demais empresas, envolvendo variáveis econômicas, legais, políticas, sociais, culturais, tecnológicas e demográficas que se interpenetram e influenciam-se mutuamente, afetando todo o mercado.
- **Os atores do microambiente**: o ambiente mais próximo e imediato de cada empresa, envolvendo fornecedores (de entradas), clientes e consumidores (de saídas), distribuidores, concorrentes (de entradas e de saídas) e órgãos reguladores. É o ambiente específico de cada empresa e onde ela pretende estabelecer seu domínio. É o palco no qual a empresa desempenha seu papel e efetua suas vendas.

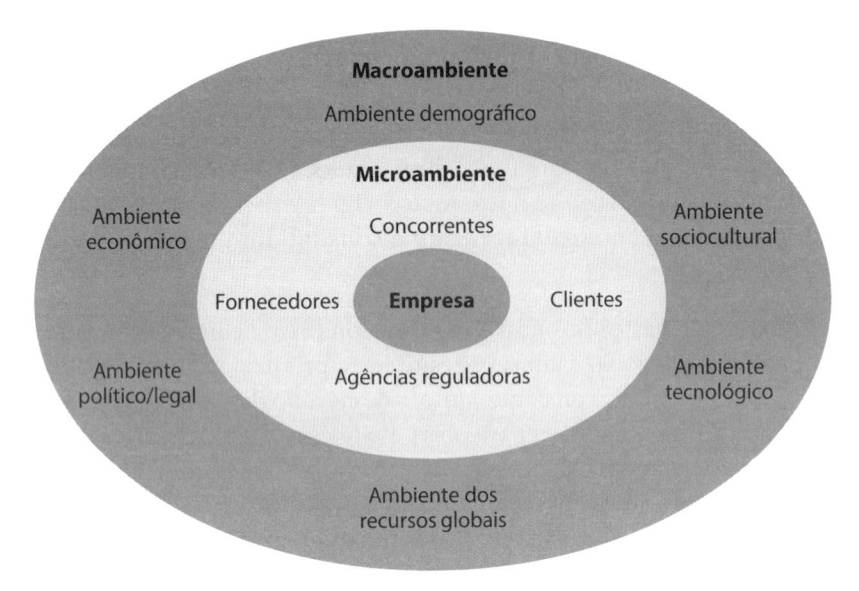

Figura 3.6 O macroambiente e o setor de negócios da organização.⁹

A partir dessa abordagem externa, em geral, a empresa utiliza a análise SWOT (*strenghts, weaknesses, opportunities* e *threats*) para avaliar suas forças e fragilidades internas e compará-las com as oportunidades e ameaças externas. É uma análise de adequação daquilo que se tem na empresa com o que existe fora dela.

Quadro 3.2 Exemplo de análise SWOT

		Análise ambiental	
		Ameaças	**Oportunidades**
Análise organizacional	Pontos fortes	A empresa tem pontos fortes como: ■ Excelentes produtos ■ Excelente gestão ■ Excelente clientela No entanto, enfrenta ameaças ambientais como: ■ Depressão econômica ■ Elevada concorrência ■ Alto índice de inadimplência	A empresa tem pontos fortes como: ■ Excelentes produtos ■ Excelente gestão ■ Excelente clientela Além disso, aproveita oportunidades ambientais como: ■ Crescimento econômico ■ Baixa concorrência ■ Baixo índice de inadimplência
	Pontos fracos	A empresa tem pontos fracos como: ■ Produtos de baixa qualidade ■ Gestão medíocre ■ Clientela pouco confiável Além disso, enfrenta ameaças ambientais como: ■ Depressão econômica ■ Elevada concorrência ■ Alto índice de inadimplência	A empresa tem pontos fracos como: ■ Produtos de baixa qualidade ■ Gestão medíocre ■ Clientela pouco confiável Contudo, defronta-se com oportunidades ambientais como: ■ Crescimento econômico ■ Baixa concorrência ■ Baixo índice de inadimplência

Em geral, as empresas reúnem periodicamente seus principais executivos para montar juntos e discutir a análise SWOT, bem como avaliar rumos e alternativas para tentar ajustar a empresa às novas e mutáveis condições do ambiente que a cerca. O propósito é identificar seus pontos fortes (suas forças que precisam ser alavancadas) e pontos fracos (suas fragilidades que precisam ser corrigidas e melhoradas), ao mesmo tempo em que identifica as oportunidades ambientais (que precisam ser rapidamente aproveitadas) e as ameaças provindas do ambiente (que precisam ser minimizadas ou neutralizadas). Assim, a empresa tem melhores condições para definir suas estratégias no sentido de garantir sua competitividade e sustentabilidade ao longo do tempo, bem como prever melhor suas vendas futuras.

3.4.2 Cenários

Dentro de uma sequência incessante e cada vez mais rápida, o ambiente muda, a sociedade muda e o mercado muda de maneira imprevisível. Como os objetivos empresariais estão situados no futuro e no longo prazo, o mundo de amanhã será, com certeza, muito diferente do mundo de hoje, em que as decisões são tomadas. Corre-se o risco de, ao basear essas decisões em dados atuais, elas se tornarem totalmente ultrapassadas e obsoletas quando chegar o amanhã. Assim, o desafio é construir cenários para evitar surpresas desagradáveis.

Constroem-se cenários como apoio na tomada de decisões em um mundo de mudanças e incertezas. O planejamento do cenário consiste em fazer opções, hoje, com a intenção de torná-las viáveis no futuro. A construção de cenários é uma metodologia para ordenar a percepção sobre ambientes alternativos futuros nos quais as decisões de hoje serão cumpridas. Quanto mais o ambiente se torna mutável e turbulento e a organização muda e inova, tanto mais importantes serão os cenários para o processo decisório da organização.[10]

A palavra vem do termo inglês *cenarium,* que significa o roteiro para produzir um filme ou uma peça teatral. Cenários são histórias sobre a maneira como os contextos – sejam gerais ou específicos, como o contexto do mundo de negócios – poderão se desdobrar e se transformar no futuro. Essas histórias ajudam no reconhecimento dos aspectos mutantes do ambiente atual e constituem um método para conceber os diferentes caminhos que poderão existir no amanhã para descobrir os movimentos mais adequados ao longo daqueles caminhos possíveis.[11] Um cenário pode ser tanto exploratório quanto extrapolatório, no sentido de buscar uma imagem plausível do futuro. Afinal, um cenário lida com dois mundos: o mundo real e o mundo das percepções. É uma simulação: uma busca incessante de oportunidades para serem aproveitadas e de ameaças para serem neutralizadas no futuro.

> **SAIBA MAIS** A Apple[12]
>
> A Apple costuma ser associada a grandes revoluções. Do PC ao iPad, a empresa leva os créditos pela mudança na forma como as pessoas consomem tecnologia e comunicam-se. Ela chegou a ser avaliada em 624 bilhões de dólares e tornou-se a empresa com o maior valor de mercado de todos os tempos. O recorde anterior era da Microsoft, que alcançou 616 bilhões de dólares em 1999. Esse valor é equivalente à soma da Microsoft, Google, Facebook, HP, Dell, Yahoo!, Adobe e LinkedIn juntas. O gigantismo da empresa é o maior fenômeno empresarial até agora. Se ela fosse um país, a Apple

seria o 20° do mundo, à frente de economias como as da Suécia e da Argentina. E qual é a razão de tanto sucesso? Os produtos? Porém, por trás deles, existe uma empresa capaz de inovar e surpreender o mercado. Os produtos são a consequência do negócio.

Horizonte temporal

Diagnóstico estratégico externo
O que há no ambiente
A organização identifica o que ela poderia escolher para fazer

Construção de cenários
O que teremos no ambiente e na empresa no futuro

Busca de oportunidades a serem aproveitadas e de ameaças a serem neutralizadas no futuro

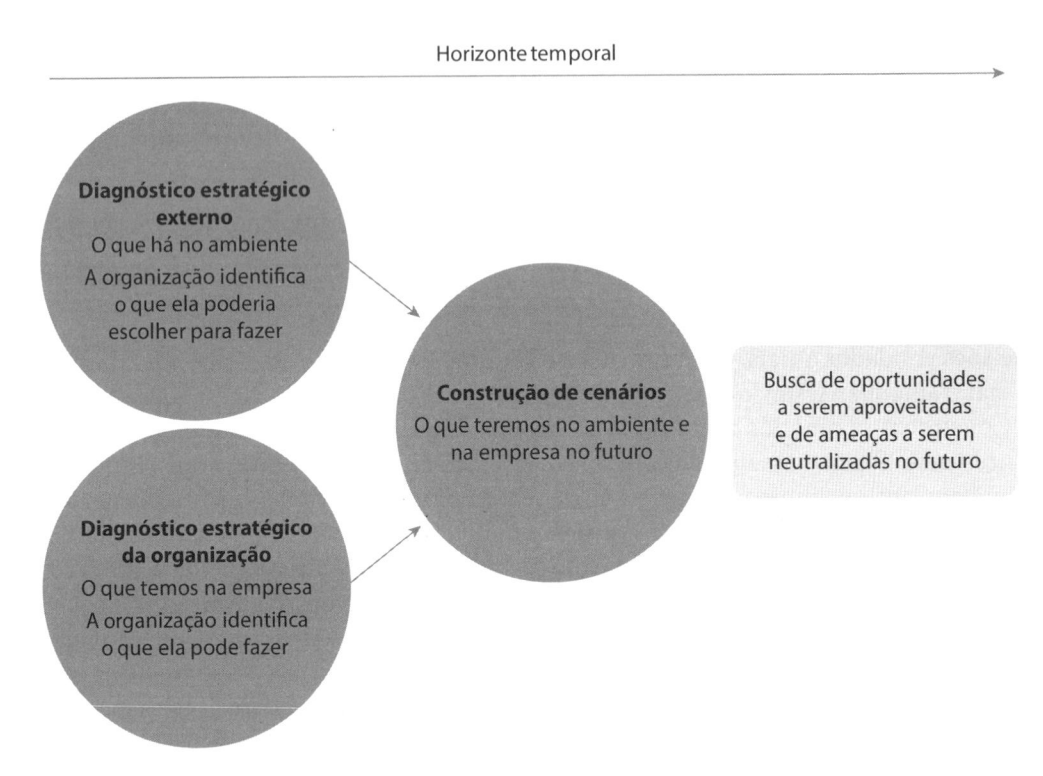

Diagnóstico estratégico da organização
O que temos na empresa
A organização identifica o que ela pode fazer

Figura 3.7 As bases da construção de cenários.[13]

Em tese, a gestão do conhecimento estratégico procura agregar valor ao negócio por meio de vários aspectos:

- Apoiar da melhor maneira possível o processo de tomada de decisão estratégica com informações de qualidade a respeito do entorno da empresa. A qualidade da informação se traduz em:
  - **Integridade**: nível de qualidade com que os dados são mantidos na fonte de informação.
  - **Acuracidade**: nível de qualidade com que os dados da fonte representam a realidade.
  - **Completude**: indica o quanto de todos os dados necessários para atender à demanda está presente na fonte.
- Permitir à organização perceber oportunidades e ameaças às suas operações, detectando problemas ou tendências.
- Dotar a organização de inteligência competitiva, isto é, ter o pulso do mercado – atual e prospectivo – bem monitorado. A inteligência competitiva é a habilidade para

transformar a imensa massa de dados operacionais que correm nas veias da empresa diariamente em informações consistentes que agreguem valor ao negócio.[14]

Concepção estratégica — Missão, Visão → Intenção estratégica → Identificação dos objetivos

Gestão do conhecimento estratégico — Análise e diagnóstico ambiental, Análise e diagnóstico organizacional → Construção de cenários

Figura 3.8 A inteligência do negócio.[15]

Tudo isso faz parte do *Business Intelligence* (BI), a inteligência do negócio, que consiste em avaliar continuamente as condições ambientais que cercam a empresa. É uma espécie de radar que indica o que acontece ao redor. No Capítulo 9, voltaremos a esse assunto.

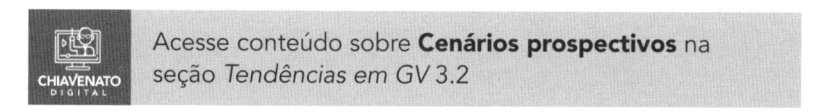

> Acesse conteúdo sobre **Cenários prospectivos** na seção *Tendências em GV 3.2*

3.4.3 Pesquisa de mercado

A pesquisa de mercado é indispensável para uma análise acurada de seus clientes. É mais específica e focada em relação à análise ambiental. A busca de informação sobre o mercado de clientes deve ser sistemática, ou seja, deve ser um processo permanente e contínuo, planejado e bem organizado. Os métodos de obtenção de informação devem ser objetivos e a informação a ser obtida pela pesquisa de mercado deve ter um propósito bem definido: ajudar a empresa a tomar decisões acuradas. Mas que tipos de decisão? A pesquisa de mercado, em geral, tem dois estágios: o exploratório e o conclusivo. O primeiro é investigativo e decorre da obtenção de dados e informações a serem analisados. O segundo é chegar a conclusões a respeito dos dados e informações analisados. Muitas vezes, a exploração de dados e informações pode proporcionar conclusões completamente diferentes e disparatadas.

Em geral, o processo de pesquisa segue estes passos:

- Definição do problema a ser pesquisado.
- Planejamento da pesquisa.
- Desenho do questionário de pesquisa.
- Seleção da amostra.
- Colheita de dados.

- Processamento e análise dos dados coletados.
- Redação do relatório.
- Seguimento ou acompanhamento (*follow-up*).

Fase exploratória – Análise da situação

1. Definição do problema
   - Detecção dos sintomas
   - Definição do problema
   - Definição dos objetivos da pesquisa

2. Planejamento da pesquisa
   - Estudo dados primários
   - Estudo dados secundários
   - Observações

3. Desenho do questionário
   - Questões a perguntar
   - Esclarecimentos a fazer
   - Indagações básicas

4. Seleção da amostra
   - Identificação da população a pesquisar
   - Seleção de amostras

5. Colheita de dados
   - Metodologia de coleta
   - Coleta de dados

6. Processamento e análise de dados
   - Edição dos dados colhidos
   - Processamento dos dados
   - Análise dos dados

7. Preparação do relatório
   - Relatório detalhado
   - Sumário do relatório
   - Conclusões finais

8. Seguimento (*follow-up*)
   - Tomada de decisões
   - Acompanhamento dos resultados

Fase conclusiva – Conhecimento da situação

Figura 3.9 O processo de pesquisa de mercado.

Por meio da pesquisa de mercado, a empresa pode conhecer e interpretar aspectos fundamentais como:

- Quem é o nosso cliente?
- Como é o nosso cliente?
- Quais são as necessidades e expectativas do cliente?
- O que é de valor para o cliente?
- Como satisfazer suas necessidades e expectativas?
- Quais são nossos concorrentes?
- O que fazem nossos concorrentes?
- Como ultrapassar nossos concorrentes?

A metodologia utilizada na pesquisa de mercado envolve um aparato de técnicas de pesquisa para compreender o comportamento dos clientes e os mercados e avaliar as práticas de marketing adotadas. As principais ferramentas, segundo Kotler, são:[16]

- **Observação em lojas**: com o uso de folhas de monitoramento, pranchetas e equipamentos de vídeo para estudar o comportamento dos clientes nas lojas.
- **Observações domiciliares**: por meio de pesquisadores que visitam as casas dos consumidores para estudar o comportamento doméstico em relação aos seus produtos.
- **Pesquisa de grupos de foco**: a empresa reúne grupos de foco para conversar sobre determinado produto ou serviço sob a orientação de um moderador. Seis a dez pessoas passam algumas horas respondendo às perguntas do moderador e aos comentários uns dos outros. A sessão geralmente é filmada para ser analisada posteriormente.
- **Questionários e levantamentos**: permitem obter informações mais representativas por meio de entrevistas de amostras da população-alvo, pessoalmente, por telefone ou correio eletrônico. Com base em técnicas estatísticas, é possível chegar a conclusões importantes.
- **Técnica de entrevista em profundidade**: também denominada pesquisa motivacional, para descobrir motivações inconscientes dos clientes.
- *Data mining*: utiliza técnicas estatísticas para identificar no conteúdo de grandes bancos de dados novos segmentos ou novas tendências ainda não exploradas.

A pesquisa de mercado é a base para a tomada de decisão em marketing. Ela assegura que as decisões sejam baseadas em dados e fatos colhidos, e não apenas em opiniões sem fundamento.

> Acesse conteúdo sobre **Megadados (Big Data)** na seção *Tendências em GV* 3.3

Essas informações permitem a configuração do produto, serviço ou ideia mais adequado para o cliente e acima das características oferecidas pelos concorrentes. A busca de vantagem competitiva – aquilo que pode colocar o P/S/ideia, além daqueles oferecidos pelos concorrentes – está na base dessas informações.

> Reflita sobre **Cadê o cliente?** na seção *Para reflexão GV 3.1*

3.4.4 Segmentação de mercado

Não existem dois clientes exatamente iguais e é extremamente difícil – senão impossível – satisfazer todos os consumidores de uma única e mesma maneira. Nem todos gostam da mesma comida, do mesmo carro, do mesmo celular ou da mesma roupa. Para atender às diversas necessidades no mercado, torna-se necessário dividi-lo e concentrar os esforços em grupos menores – ou segmentos, cada qual com suas particularidades. É o tipo do marketing um a um para poder concentrar o foco. Consumidores dentro de cada segmento tendem a ter similaridades que podem ser baseadas em características pessoais, comportamento de compras ou aspectos psicológicos. Com isso, a empresa apela para segmentos do público consumidor e desenvolve diferentes compostos de marketing que melhor se ajustam às necessidades e aos desejos de cada segmento de mercado. O marketing de segmentação é uma estratégia em que o mercado total é constituído de partes menores cujos elementos apresentam características comuns. A segmentação de marketing decompõe o mercado heterogêneo em pequenos segmentos homogêneos. Os elementos de cada segmento são mais similares em termos de desejos, necessidades ou comportamento e um programa de marketing separado é desenvolvido para melhor ajustar-se a cada segmento de necessidades e desejos. Nesse sentido, a segmentação de marketing é a abordagem oposta ao marketing de agregação.

Quando o mercado é heterogêneo, surge a necessidade de dividi-lo e fragmentá-lo em segmentos para melhor compreendê-lo. A essa divisão e fragmentação se dá o nome de segmentação de mercado. A segmentação permite que cada segmento do mercado possa ser trabalhado de modo diferente e personalizado pela empresa, merecendo uma atenção especial. Cada segmento de mercado é um submercado constituído de um tipo de clientes ou consumidores bastante parecidos e homogêneos e que reagem de forma semelhante aos P/S da empresa. Cada submercado tende a ser um grupamento homogêneo de consumidores em função de características que seus membros têm em comum.

Os fatores considerados na segmentação de mercado são baseados nas características pessoais dos consumidores. As principais bases de segmentação de mercado são:

- **Quanto às características do consumidor**
  - **Segmentação demográfica**: envolve as características que proporcionam o perfil do consumidor, como idade, gênero, renda, estado civil (casados, solteiros, separados etc.), educação, residência, nível socioeconômico (classes A, B, C e D) e que determinam seu comportamento de compra. É a divisão do mercado pelo perfil demográfico da clientela e a segmentação mais utilizada.
  - **Segmentação geográfica**: divide o mercado de acordo com a localidade do consumidor que possa afetar suas necessidades e desejos de compra. Constitui a área territorial de venda do P/S. Refere-se aos pontos de distribuição do P/S a ser comercializado. A empresa que utiliza a segmentação geográfica efetua as vendas de maneira diferente em cada segmento territorial. Assim, por exemplo, o frete é cobrado para a região Norte do país, enquanto o transporte é gratuito dentro da própria região onde está localizada a empresa, por envolver pouco custo. Ou, então, as vendas para as regiões mais distantes somente são aceitas quando ultrapassarem um valor mínimo que compense os custos de transporte.
- **Quanto ao comportamento de compra do consumidor**
  - **Segmentação pelo uso do produto**: identifica como as pessoas utilizam ou consomem o produto. Essa informação permite criar programas de marketing que orientam o consumidor a utilizar o produto.
  - **Segmentação pelo benefício percebido pelos clientes**: identifica os desejos e as necessidades do consumidor e transforma essa informação em programas de marketing que criam e enfatizam a satisfação de tais desejos.
  - **Segmentação pelo estilo de vida**: identifica como os consumidores passam seu tempo em atividades, as coisas que os circundam e que têm grande importância e interesse para eles, bem como seus sentimentos a respeito deles próprios e do mundo que os rodeia.

A segmentação do mercado permite definir a quem será feita a oferta do P/S da empresa ou a que tipos de clientes a empresa se orientará. Ou, ainda, como a empresa tratará cada diferente parcela do mercado. Para cada segmento, a empresa adota um esquema diferente e apropriado de GV.

Kotler afirma que, após a identificação de um segmento distinto, a questão é se ele deve ser gerenciado como parte da organização existente ou se justifica a constituição de um negócio à parte para formar um segmento estratégico.[17]

A empresa geralmente segmenta seu mercado quando ela não tem recursos suficientes para atendê-lo em sua totalidade e também quando os consumidores formam grupos heterogêneos. Quando há muita concorrência, a empresa deve procurar fazer ofertas para segmentos cujas necessidades não são satisfeitas por ofertas do mercado de massa.

No fundo, marketing significa essencialmente um complexo processo de tomada de decisão e resolução de problemas. O processo de resolução de problemas busca a solução para os problemas, enquanto tomar decisão significa a escolha da melhor alternativa de solução. A informação obtida por meio da pesquisa e análise de mercado representa o insumo vital para uma tomada de decisão eficaz por parte da empresa.

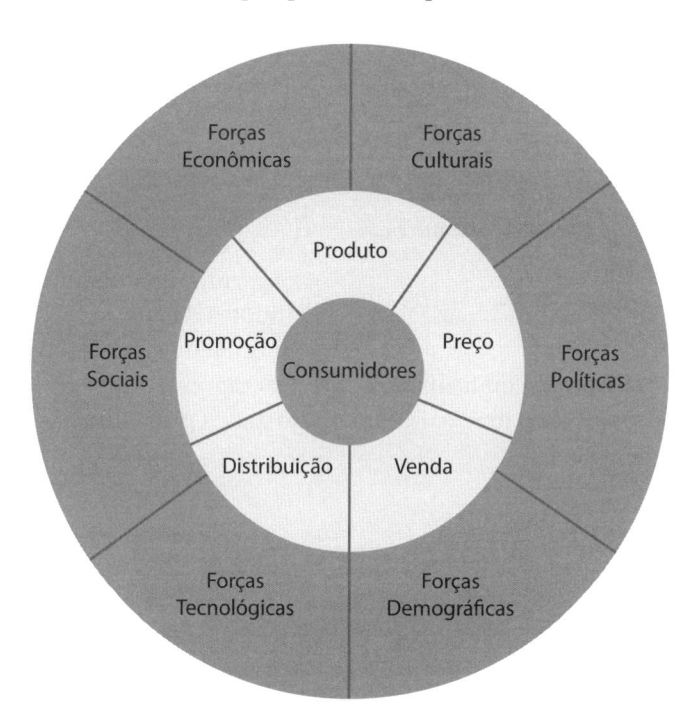

Figura 3.10 O composto de marketing e o envolvimento do cliente.

3.5 CLIENTELA

A clientela representa o conjunto dos consumidores ou usuários dos produtos ou serviços que a empresa coloca no mercado. São as entidades – pessoas, grupos, organizações, nações – tomadoras dos resultados –, sejam produtos ou serviços –, das operações da empresa e que, portanto, asseguram o sucesso desta. Constituem o alvo principal de toda atividade empresarial. Sem a clientela, de nada valeria o esforço da empresa, que seria inútil. É a clientela que permite a colocação adequada dos produtos ou serviços produzidos pela empresa. Nesse sentido, constitui um patrimônio valioso que a empresa constrói ao longo do tempo e que não pode perder sob hipótese alguma. O conjunto dos clientes constitui um dos principais componentes do capital intelectual de uma empresa. Trata-se de um capital intangível e invisível, mas que tem um valor incrível para a empresa moderna.

A clientela é constituída pelo conjunto dos clientes da empresa, que podem ser empresas ou pessoas. Quando empresas, são denominados clientes industriais ou comerciais. Quando pessoas, são denominadas clientes finais ou consumidores finais. Os clientes são denominados consumidores quando consomem os produtos produzidos. São denominados usuários quando utilizam os serviços prestados pela empresa. Isso significa que, quando a empresa é produtora de bens (como produtos ou mercadorias), seus clientes são consumidores desses bens. Quando a empresa é prestadora de serviços, seus clientes são usuários desses serviços.

Quadro 3.3 Tipos de clientes

Tipos de clientes	▪ Consumidores de produtos (bens ou mercadorias) ▪ Usuários de serviços

Aumente seus conhecimentos sobre **Manutenção dos clientes atuais** na seção *Saiba mais* GV 3.3

Os clientes reais são aqueles que efetivamente já consomem ou utilizam os P/S da empresa. São os clientes reais que compram ou consomem atualmente os produtos da empresa.

Os clientes potenciais são aqueles que, embora ainda não consumam ou utilizem os P/S da empresa, têm todas as condições para fazê-lo. Os clientes potenciais precisam ser conquistados pela empresa para poderem ser incluídos em sua clientela.

Quadro 3.4 Tipos de clientes

Tipos de clientes	▪ Clientes reais (compradores frequentes ou habituais) ▪ Clientes potenciais (que têm condições de comprar, mas que ainda não compraram, por alguma razão).

Muitas empresas buscam manter os clientes atuais e conquistar clientes potenciais. Isso faz parte do seu crescimento e da sua maior participação no mercado. Na verdade, são duas estratégias diferentes que precisam ser conjugadas: de um lado, fidelizar os clientes atuais; e, de outro, conquistar clientes potenciais, mesmo que estejam fiéis aos produtos de outras empresas.

O conjunto de clientes da empresa constitui seu mercado consumidor. Vimos que o mercado pode ser estudado do ponto de vista de sua homogeneidade *versus* heterogeneidade e de sua estabilidade *versus* instabilidade. Vamos adaptar essa abordagem do mercado (como visto anteriormente) ao mercado consumidor.

Quadro 3.5 O mercado consumidor

Tipos de clientela	Clientela estável	Clientela instável
Clientela heterogênea	1 Os clientes são uniformes e quase nunca mudam seus hábitos de compra A empresa pode adotar uma só postura para todos os clientes e mantê-la inalterada ao longo do tempo	2 Os clientes são uniformes e constantemente mudam seus hábitos de compra A empresa pode adotar uma só postura para todos os clientes e alterá-la frequentemente ao longo do tempo
Clientela homogênea	3 Os clientes são diferenciados e quase nunca mudam seus hábitos de compra A empresa pode adotar uma só postura para todos os clientes e mantê-la inalterada ao longo do tempo	4 Os clientes são diferenciados e constantemente mudam seus hábitos de compra A empresa pode adotar várias posturas diferentes e alterá-las frequentemente ao longo do tempo

> Aumente seus conhecimentos sobre **O cliente é o rei do pedaço** na seção *Saiba mais GV 3.4*

Mas como as empresas podem conhecer e saber qual é sua clientela? Isso pode ser feito por meio do cadastro de clientes e do banco de dados sobre cada cliente.

3.5.1 Cadastro de clientes

O cadastro de clientes é um arquivo, virtual ou não, em que devem constar todos os clientes reais da empresa, bem como as informações básicas a respeito de cada um deles de acordo com as necessidades de informação da empresa. Esse arquivo pode ser transformado em um banco de dados à medida que possa acumular todos os dados a respeito das vendas efetuadas e os pagamentos realizados por clientes, individualmente. Endereço, perfil social, hábitos e periodicidade de compra, predileções, tudo é importante para conhecer melhor cada cliente, e, nesse sentido, poder oferecer tudo aquilo que ele costuma procurar.

Assim, as informações contidas no banco de dados são muito importantes para:

- Conhecimento dos hábitos de compra dos clientes.
- Conhecimento do perfil dos clientes e de suas necessidades e preferências.
- Definição dos meios a serem utilizados para promover os P/S junto aos clientes.
- Planejamento das vendas e cronograma de contatos por meio dos vendedores.
- Definição das políticas de vendas e de cobrança que a empresa poderá adotar em relação aos seus clientes. Uma política de vendas estabelece como a empresa venderá seus P/S, para qual clientela e em que condições de pagamento.

3.5.2 Classificação da clientela

A clientela pode ser classificada de diferentes maneiras, de acordo com as necessidades e conveniências da empresa. Os clientes reais e os clientes potenciais podem ser tratados separadamente como duas classes distintas de clientes. Os clientes industriais e comerciais, bem como os clientes ou consumidores finais, poderão ser classificados separadamente. Por outro lado, a empresa pode utilizar a segmentação de mercado como forma de classificação de sua clientela. Se for adotada a segmentação geográfica, os clientes poderão ser classificados por regiões, por cidades e até por bairros. Se for adotada a segmentação demográfica, os clientes poderão ser classificados de acordo com os fatores demográficos escolhidos, como a idade, o gênero, a renda familiar ou renda *per capita*, estado civil etc.

O cadastro de clientes – o banco de dados sobre a clientela – e as vendas passadas constituem um importante instrumento para se avaliar cada cliente e, sobretudo, para prever vendas em função do passado.

3.5.3 Relacionamento com a clientela

Foi dito anteriormente que o marketing de relacionamento está em voga. Isso significa que as empresas estão intensificando seus relacionamentos com os clientes. Para tanto, as empresas estão utilizando a tecnologia da informação (TI) para desenvolver técnicas de gestão da clientela. Entre os *softwares* utilizados sobressai o *Consumer Relationship Management* (CRM) para fortalecer os laços com os clientes.

> Aumente seus conhecimentos sobre **CRM** na seção *Saiba mais GV 3.5*

3.5.4 Satisfação dos clientes

A maioria das empresas dedica mais atenção à participação no mercado do que à satisfação dos clientes, alega Kotler. Para ele, a participação no mercado é um indicador retrospectivo, pois se refere ao passado, enquanto a satisfação dos clientes é um indicador prospectivo. Se o nível de satisfação começar a cair, em breve haverá o desgaste da participação no mercado. Dessa maneira, as empresas precisam monitorar continuamente o nível de satisfação dos clientes, pois quanto mais alta a satisfação dos clientes, tanto maior será o grau de retenção. Para Kotler, as razões são as seguintes:[18]

- A perda de um cliente custa muito caro. A conquista de novos clientes pode custar de cinco a dez vezes mais do que a satisfação e a retenção dos atuais clientes.
- As empresas perdem de 10% a 20% de seus clientes por ano, em média.
- Uma redução de 5% no índice de perda de clientes pode aumentar os lucros em algo entre 25% a 85%, dependendo do setor de atividade.
- A rentabilidade dos clientes tende a aumentar ao longo do ciclo de vida dos clientes retidos.
- Não basta ter 80% de clientes satisfeitos ou muito satisfeitos quando o concorrente já alcança 90% e está perseguindo o objetivo de atingir 95%.

> Aumente seus conhecimentos sobre **É preciso divulgar o nível de satisfação dos clientes** na seção *Saiba mais* GV 3.6

Entretanto, o objetivo não deve ser apenas de manter os clientes satisfeitos. Isso é pouco. Mais do que isso, é preciso mantê-los sempre encantados e surpresos. As empresas excelentes pretendem superar e ultrapassar as expectativas dos clientes em vez de apenas satisfazê-los. Quando conseguem isso, a excelência se transforma em padrão de conduta. Acontece que os clientes estão cada vez mais exigentes. É preciso sempre encontrar outros meios alternativos para satisfazê-los.[19] Além disso, a satisfação dos clientes é condição necessária, mas não suficiente. A satisfação deve conduzir à retenção dos clientes, cujos índices podem ser enganosos quando resultam do hábito ou da falta de alternativas de compra. A retenção, a fidelização e o comprometimento dos clientes deve ser o alvo principal. Diz Kotler que os clientes fiéis geralmente pagam entre 7% a 10% a mais do que a média dos demais clientes. Vale a pena fidelizá-los.

> Aumente seus conhecimentos sobre **Conquista do cliente** na seção *Saiba mais* GV 3.7

3.5.5 Relações públicas

Segundo a Associação Brasileira de Relações Públicas (ABRP), relações públicas é a atividade e o esforço deliberado, planejado e contínuo para estabelecer e manter a compreensão mútua entre uma instituição pública ou privada e os grupos de pessoas a que esteja direta ou indiretamente ligada. Para tanto, existe para oferecer uma variedade de funções no sentido de manter o equilíbrio entre a empresa e os públicos com os quais ela interage. Seu objetivo é o equilíbrio entre a identidade e a imagem da empresa no mercado com foco na imagem institucional e nas relações com a opinião pública.

Em nosso contexto, é um conjunto de processos para manter e incrementar relacionamentos com os clientes. Envolvem uma caixa de ferramentas para atrair a atenção e criar um ambiente favorável com os clientes:[20]

- Publicações em revistas, jornais, TV, internet etc.
  - Eventos diversos.
  - Notícias em revistas, jornais, TV, internet, mídias sociais etc.
  - Assuntos da comunidade.
  - Mídia de identidade.
  - *Lobby* e ações de presença.
  - Investimentos sociais.

3.6 A CONCORRÊNCIA

A concorrência é constituída pelas empresas que produzem produtos ou serviços similares ou que disputam o mesmo mercado ou a mesma clientela. As empresas concorrentes competem entre si para conquistar o mesmo mercado consumidor. Um cliente potencial para uma empresa concorrente pode ser um cliente real para outra. Da mesma forma como existem clientes reais e potenciais, também existem concorrentes reais e potenciais.

Concorrentes reais são as empresas que estão competindo e disputando o mercado e a clientela de uma empresa. Concorrentes potenciais são as empresas que, embora não estejam competindo e disputando o mercado e a clientela de determinada empresa, têm todas as condições para tanto, faltando apenas uma decisão nesse sentido. Geralmente, os concorrentes potenciais estão produzindo P/S similares diferentes, mas que poderiam ser transformados em P/S similares e concorrentes.

Como será apresentado adiante, a Administração de Vendas (AV) procura aumentar cada vez mais a clientela e reduzir os efeitos da concorrência. Conhecer a clientela, seus desejos e suas necessidades constitui um grande passo para isso.

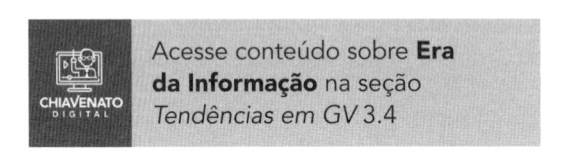

> Acesse conteúdo sobre **Era da Informação** na seção *Tendências em GV 3.4*

O atual desafio no varejo é como conquistar os consumidores que estão se tornando cada vez mais digitais, multicanais e globais. Podemos chamá-los de neoconsumidores, pois têm informação na ponta dos dedos, esperam conveniência e exigem rapidez na resposta às suas demandas. E o neoconsumidor não pode ser entendido apenas um fenômeno de "juventude". Em vez disso, todas as idades, todas as classes sociais, todos os níveis de educação fazem parte da tendência neoconsumidor – em parte graças ao advento da capacidade de tecnologia dos *smartphones* e *tablets*, entre outras ferramentas tecnológicas que não param de surgir e se aprimorar. As exigências são claras para o varejo: os varejistas são desafiados a entender profundamente como seus clientes vivem e transformam suas vidas e a serem ágeis em todos os sentidos.

Identificar os usos existentes e emergentes da tecnologia como uma ferramenta para ajudar a satisfazer essas demandas, mesmo reconhecendo a rápida evolução da tecnologia, exigirá contínua mudança e adaptação do varejo.

QUESTÕES PARA REVISÃO

1. O que é interdependência?
2. O que é intercâmbio?
3. Defina comércio.
4. Como surgiu o comércio?
5. Descreva o comércio no mundo de hoje.
6. Quais são as utilidades ou funções do comércio sob o aspecto macroeconômico?
7. O que significa utilidade de local?
8. O que significa utilidade de tempo?
9. O que significa utilidade de qualidade?
10. O que significa utilidade de quantidade?
11. Qual é a diferença entre atividade produtiva e atividade comercial?
12. Defina ambiente.
13. Defina mercado.

14. Como surgiu a palavra **mercado**?
15. Descreva o mercado no espaço e no tempo.
16. Caracterize a situação de oferta.
17. Caracterize a situação de procura.
18. Caracterize a situação de equilíbrio.
19. Quais são as características de um mercado estável?
20. Quais são as características de um mercado instável?
21. Quais são as características de um mercado homogêneo?
22. Quais são as características de um mercado heterogêneo?
23. Quais são as características de um mercado estável e homogêneo?
24. Quais são as características de um mercado instável e homogêneo?
25. Quais são as características de um mercado estável e heterogêneo?
26. Quais são as características de um mercado instável e heterogêneo?
27. Conceitue segmentação de mercado.
28. Quais são os principais fatores de segmentação do mercado?
29. O que é segmentação geográfica?
30. Explique a segmentação geográfica por regiões, cidades ou bairros.
31. O que é segmentação demográfica?
32. Explique a segmentação demográfica pelo sexo.
33. Explique a segmentação demográfica pela idade.
34. Explique a segmentação demográfica pela renda familiar ou pela renda *per capita*.
35. O que é poder aquisitivo?
36. Em que classes se pode segmentar pela renda familiar ou *per capita*?
37. Explique a segmentação demográfica pelo estado civil.
38. Para que se faz a segmentação de mercado?
39. Conceitue clientela.
40. O que são clientes reais?
41. O que são clientes potenciais?
42. O que é cadastro de clientes?
43. Quais são as informações básicas de um cadastro de clientes?
44. O que é um banco de dados sobre clientes?
45. Quais são os principais dados que deverão compor o banco de dados?
46. Em que o cadastro de clientes e o banco de dados podem ajudar na definição da política de vendas e de cobrança da empresa?
47. O que é classificação da clientela?
48. Como pode ser a classificação da clientela?
49. Conceitue concorrência.

50. O que são concorrentes reais?
51. O que são concorrentes potenciais?
52. Qual é a relação da GV com a clientela e com a concorrência?
53. O que são concorrentes potenciais?
54. Qual é a relação da GV com a clientela e com a concorrência?

REFERÊNCIAS

1. CHIAVENATO, I. *História da Administração*. São Paulo: Saraiva, 2007.
2. CHIAVENATO, I. *Administração*: teoria, processo e prática. Barueri: Manole, 2014.
3. CHIAVENATO, I. *Administração*: teoria, processo e prática, *op. cit.*
4. CHIAVENATO, I. *Administração*: teoria, processo e prática, *op. cit.*
5. PORTER, M. E. *Estratégia competitiva*: técnicas para análise de indústrias e da concorrência. Rio de Janeiro: Campus, 1996. p. 22.
6. PORTER, M. E. *Estratégia competitiva*: técnicas para análise de indústrias e da concorrência, *op. cit.*, p. 23.
7. PORTER, M. E. *Estratégia competitiva*: técnicas para análise de indústrias e da concorrência, *op. cit.*, p. 49-58.
8. CHIAVENATO, I. *Administração nos novos tempos*: os novos horizontes em administração. 4. ed. São Paulo: Atlas, 2020. p. 325-353.
9. CHIAVENATO, I.; SAPIRO, A. *Planejamento Estratégico*: da intenção aos resultados. 4. ed. São Paulo: Atlas, 2020.
10. LINDGREN, M.; BANDHOLD, H. *Scenario planning*: the link between future and strategy. New York: Plagrave Macmillan, 2009.
11. CHIAVENATO, I.; SAPIRO, A. *Planejamento Estratégico*: da intenção aos resultados, *op. cit.*
12. Do tamanho de um país. *Exame*, Visão Global. ed. 1024, 19 set. 2012, p. 94.
13. CHIAVENATO, I.; SAPIRO, A. *Planejamento Estratégico*: da intenção aos resultados, *op. cit.*
14. TEIXEIRA FILHO, J. *Gerenciando conhecimento*. Rio de Janeiro: Senac, 2001. p. 57.
15. CHIAVENATO, I.; SAPIRO, A. *Planejamento Estratégico*: da intenção aos resultados, *op. cit.*
16. KOTLER, P. *Marketing de A a Z*: 80 conceitos que todo profissional precisa saber. Rio de Janeiro: Campus, 2003. p. 170-172.
17. KOTLER, P. *Marketing de A a Z*: 80 conceitos que todo profissional precisa saber, *op. cit.*, p. 260.
18. KOTLER, P. *Marketing de A a Z*: 80 conceitos que todo profissional precisa saber, *op. cit.*, p. 203.
19. RIES, A.; RIES, L. *The fall of Advertising and the rise of Public Relations*. New York: HarperBusiness, 2002.
20. KOTLER, P. *Marketing de A a Z*: 80 conceitos que todo profissional precisa saber, *op. cit.*, p. 202.

4 O PRODUTO/SERVIÇO

O QUE VEREMOS ADIANTE

- Classificação dos Produtos/Serviços (P/S).
- Componentes dos P/S.
- Ciclo de vida dos P/S.
- Diferenciação de produtos.
- Portfólio de produtos – Matriz BCG.
- Portfólio de produtos – análise multifatorial de portfólio da General Electric (GE).
- Desenvolvimento de P/S.

O que é um produto ou um serviço? Ambos não devem ser tratados como *commodities*, ou seja, como bens padronizados e homogêneos sem nenhuma identidade própria. Um produto é muito mais do que isso; precisa ter personalidade, marca, características diferenciadas, imagem própria. No fundo, um produto é a consequência de todo um processo empresarial de criação, projeto, fabricação, embalagem, estilo etc. Se o produto não for diferenciado, ele será simplesmente algo a mais ofertado no mercado. Um entre milhares de outros produtos disponíveis ao cliente. É por essa razão que se fala hoje em customização, ou seja, a adequação do produto às características do consumidor para que ele seja único.

INTRODUÇÃO

A palavra **produto** geralmente tem o significado de um objeto físico oferecido para venda. Todavia, a moderna abordagem de marketing focaliza o produto como algo mais do que um simples objeto tridimensional. O produto deve ser desenhado para satisfazer as necessidades do consumidor por meio de uma aura intangível e invisível que leva o nome de padrão de referência. Tal padrão serve para melhorar a reputação do produtor ou vendedor, o estilo de embalagem, mensagens de propaganda do produto e outras impressões e opiniões a seu respeito. Assim, um produto é muito mais do que um simples objeto e torna-se cada vez mais um conceito rico em conotações para refletir uma imagem que envolve um conjunto total de satisfações.

O produto produzido ou o serviço prestado constitui o resultado de todas as operações internas da empresa. A empresa – como uma totalidade – trabalha para produzir determinado produto ou prestar determinado serviço. Se entendermos a empresa como um sistema aberto, o produto ou o serviço constitui a principal saída ou resultado (*output*) do sistema, como está representado na Figura 4.1.

O produto ou serviço representa aquilo que a empresa sabe fazer e produzir. Constitui a vocação da própria empresa. Por essa razão, existe uma infinidade de P/S. Raramente a empresa oferece um único produto ou serviço ao mercado, pois isso limita suas possibilidades de vendas. O que ocorre, frequentemente, é a oferta de uma linha de produtos ou de serviços capaz de atender a uma gama enorme de necessidades do mercado e aproveitar as vantagens do esquema de produção e de comercialização.

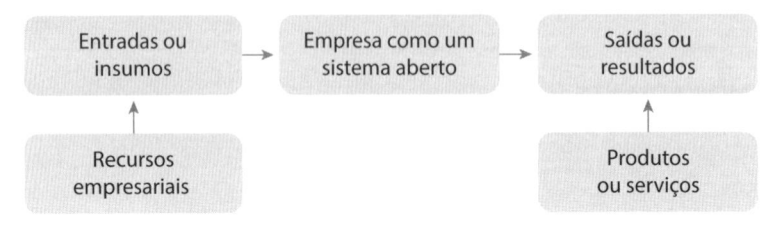

Figura 4.1 Empresa como um sistema aberto.

Na realidade, cada produto ou serviço apresenta suas características próprias, como marca, embalagem, tamanho, qualidade, custo, preço, condições de venda e de financiamento etc. A Gestão de Vendas (GV) deve se adaptar inteiramente às características do P/S comercializado. Para facilitar essa tarefa de adaptação, existem algumas classificações de P/S que passaremos a analisar doravante.

> Aumente seus conhecimentos sobre **A identidade ou personalidade do produto** na seção *Saiba mais GV* 4.1

4.1 CLASSIFICAÇÕES DE PRODUTO/SERVIÇO

Como os P/S são heterogêneos, costuma-se utilizar algumas classificações para facilitar sua comparação.

A classificação mais simples é aquela que distingue os produtos como bens (ou mercadorias) e serviços.

- **Bens ou mercadorias**: são os produtos físicos tangíveis e visíveis, como um pão, uma lâmpada, um eletrodoméstico, uma mesa, um automóvel, uma máquina etc. Quanto à sua destinação, os bens podem ser classificados em bens de consumo (quando destinados ao consumidor final) ou bens de produção (quando destinados à produção de outros bens ou serviços).
- **Bens de consumo**: quando os bens são destinados, direta ou indiretamente, ao consumidor ou usuário final, são chamados bens de consumo. São as roupas, os produtos de higiene, os eletrodomésticos, os alimentos etc. Os bens de consumo podem ser desdobrados em duráveis, semiduráveis ou perecíveis (não duráveis). Os bens de consumo duráveis são aqueles cujo consumo pode ser feito ao longo de muito tempo ou cuja utilização possa ser feita regularmente, durante um prazo relativamente longo. Sua permanência em estoque pode ser prolongada, pois em nada altera suas características. É o caso dos

eletrodomésticos, dos automóveis, dos móveis e utensílios domésticos, etc., que podem ser usados durante anos a fio. Os bens de consumo perecíveis (ou não duráveis) são aqueles cuja duração é restrita no tempo, porque podem se deteriorar. Geralmente, têm um prazo definido de vida útil e não podem permanecer estocados durante muito tempo. É o caso dos alimentos, que devem ser consumidos logo após sua venda (como as frutas, as carnes, os legumes, os peixes etc.), ou os produtos com vida útil predeterminada (como os laticínios, os remédios, os filmes fotográficos etc.). Logicamente, os bens de consumo perecíveis devem chegar rapidamente às mãos do consumidor para seu uso, antes que deteriorem ou percam suas qualidades básicas. Os bens semiduráveis são aqueles consumidos durante um prazo menor, pois seu uso acarreta desgaste do produto. Sua estocagem, contudo, pode ser prolongada no tempo. É o caso do vestuário e dos calçados.

- **Bens de produção**: quando os bens são destinados à produção de outros bens ou serviços, são chamados bens de produção ou bens de capital. Recebem também o nome de bens industriais. É o caso de máquinas operatrizes, prensas, teares, tratores, computadores, empilhadeiras etc. Ninguém leva para casa uma prensa hidráulica para consumo; quem deve comprá-la é uma empresa industrial para, por meio dela, produzir outros bens ou mercadorias. Os bens de produção são utilizados para a produção de outros bens ou serviços, como as máquinas de escrever, de calcular, os caminhões, as linhas de montagem, as máquinas e os equipamentos industriais etc. Muitas vezes, um mesmo bem pode ser orientado para o consumo ou para a produção. Se uma pessoa compra um automóvel para seu próprio uso, temos um bem de consumo, mas se o automóvel é utilizado como táxi, trata-se de um bem de produção de serviços. Se ela compra uma máquina de escrever para escrever cartas pessoais, trata-se de um bem de consumo. No entanto, se a máquina é utilizada em um escritório de empresa, trata-se um bem de produção, e assim por diante.

Quando os bens de produção integram o patrimônio da empresa e fazem parte do seu ativo fixo são chamados também **bens de capital**. Todavia, nem sempre os bens de produção pertencem à empresa. Eles podem ser alugados ou arrendados (*leasing*), como é o caso de prédios ou edifícios, computadores, frotas de caminhões ou ônibus, determinadas máquinas e equipamentos etc. É que, embora trabalhem no interior da empresa, não fazem parte de seu patrimônio ou seu capital.

Qual é a importância dessa classificação? Simples. Vender um bem de consumo é diferente de vender um bem de produção. O cliente do primeiro é o consumidor final, enquanto o cliente do segundo é um cliente industrial.

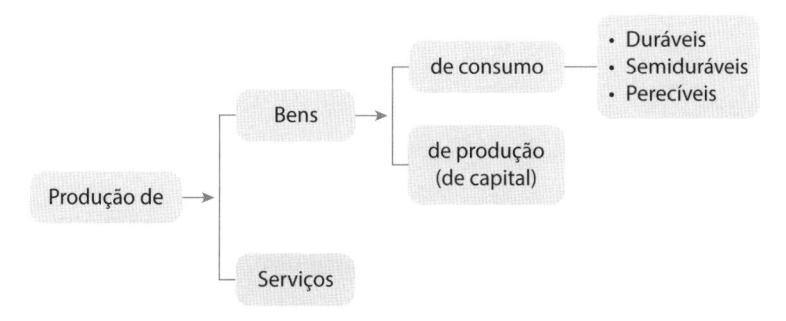

Figura 4.2 Classificação dos bens/serviços quanto à sua destinação.

As empresas que produzem bens ou mercadorias são geralmente denominadas indústrias ou empresas industriais. Elas estão voltadas para o mercado de consumo (quando produzem bens de consumo) ou para o mercado industrial (quando produzem bens de produção).

Além dos bens ou mercadorias, existem os serviços. Os serviços são atividades especializadas que as empresas oferecem ao mercado. São produtos que nem sempre podem ser manipulados. Podem assumir uma enorme variedade de características e de especializações. É o caso da propaganda, da advocacia, das consultorias, dos hospitais, dos transportes, das financeiras, das escolas e universidades, dos clubes, dos transportes, da segurança, da energia elétrica, das comunicações, do rádio e da televisão, dos jornais e revistas etc. Há uma variedade considerável de empresas prestadoras de serviços cuja missão é oferecer atividades especializadas ao mercado. As empresas que produzem serviços são geralmente denominadas empresas não industriais ou empresas de serviços.

Para abranger a totalidade das empresas – sejam elas de produtos, sejam prestadoras de serviços –, muitas vezes nos referiremos a P/S como resultante das operações das empresas.

Outra classificação bastante interessante procura separar os produtos concretos dos produtos abstratos.

- **Produto concreto**: é o P/S que pode ser descrito com grande precisão, identificado com grande especificidade, medido e avaliado. É o produto fisicamente palpável e tangível, como o automóvel, as utilidades domésticas e a grande massa de produtos ou serviços fisicamente visíveis e identificáveis. É relativamente fácil mostrar e demonstrar um P/S concreto por meio da imagem e do som, pois suas características físicas estão aparentes. O P/S concreto pode ser comparado quanto à sua qualidade, quanto a seu acabamento, sua cor ou textura, seu tamanho, sua embalagem etc. Os produtos concretos são também denominados artigos ou mercadorias.

- **Produto abstrato**: é o P/S que não permite descrição precisa nem identificação e especificação adequadas. É o P/S que não tem correspondente físico, como ensino ou educação, serviços de rádio, informação e propaganda falada, boa parte da atividade política e a grande massa de serviços oferecidos de forma conceitual ou simbólica. É relativamente difícil mostrar ou demonstrar um P/S abstrato, pois suas características nem sempre podem ser visualizadas ou percebidas com facilidade. O P/S abstrato não pode ser comparado ou apreciado quanto a forma, cor, tamanho, características físicas, acabamento etc.

Produto
- Concreto
  - Automóveis
  - Móveis e decoração
  - Roupas e tecidos
  - Produtos higiênicos
  - Alimentos
- Abstrato
  - Educação
  - Segurança
  - Propaganda
  - Informação
  - Entretenimento

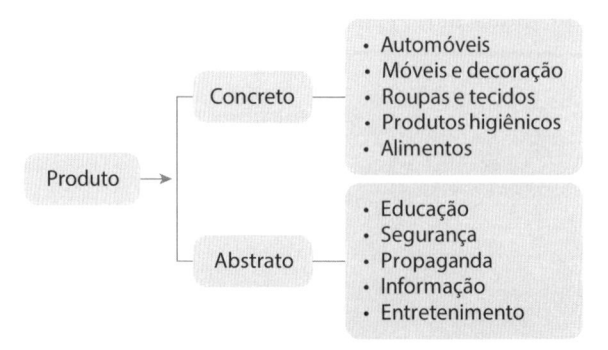

Figura 4.3 Classificação do P/S quanto às suas características físicas.

Cada tipo de P/S atende a um mercado específico e requer um tipo de estrutura e funcionamento da Administração de Vendas (AV), como veremos adiante. É o P/S que determina como funcionará a empresa e qual será seu ramo de atividade. É tão grande a influência do P/S na vida da empresa que as pesquisas sobre vendas são feitas por meio dos ramos de atividade das empresas.

O P/S deve ser criado e desenvolvido no sentido de atender às expectativas e necessidades do mercado, ao mesmo tempo em que permita proporcionar lucros à empresa. As expectativas e necessidades do mercado estão constantemente modificando-se e transformando-se, enquanto a concorrência pode trazer, frequentemente, desafios que exigem modificações nas características que compõem os P/S existentes. O planejamento de um P/S não se baseia unicamente nas necessidades do mercado, as quais nem sempre são definíveis e bem conhecidas, mas são sempre dinâmicas e mutáveis. O planejamento geralmente envolve uma pluralidade de aspectos denominados componentes dos P/S.

> **TENDÊNCIAS EM GV**
>
> **Lucro em lata[1]**
>
> O mundo muda e as empresas também. O valor da Ambev superou o da Petrobras e tornou-se a empresa mais valiosa do Brasil. Nos Estados Unidos, o valor da Apple superou o da Exxon e ela se transformou na companhia de maior valor de mercado do mundo. Chama a atenção o fato de a Ambev e a Apple terem ultrapassado as companhias petrolíferas. Contudo, o mais chamativo ainda é o fato de a rentabilidade da Ambev ser maior que a de outras grandes cervejarias, petroleiras ou mesmo empresas de tecnologia – com exceção da própria Apple. A inovação, certamente, continua sendo um bom negócio, mas a velha cerveja – aliada a vendas e preços em alta, e a um amplo domínio de mercado, como o que a Ambev tem no país, ainda tem gás para queimar. Isso é explicado pela alta margem de lucro de seus principais produtos:
> - Para cada 1 dólar em venda de iPhones, a Apple lucra 53 centavos de dólar.
> - Para cada 1 dólar em vendas de cerveja, a Ambev lucra 48 centavos de dólar.
> - Para cada 1 dólar de gasolina vendida, as petroleiras lucram, em média, 23 centavos de dólar.

4.2 COMPONENTES DOS PRODUTOS/SERVIÇOS

Componentes são os diferentes aspectos que proporcionam as características físicas dos P/S. Na realidade, um P/S é mais do que a soma de suas características físicas (dimensões tangíveis), pois envolve, também, sua utilidade e seus benefícios para o consumidor ou usuário (dimensões intangíveis). Descrever uma máquina fotográfica, em termos de corpo, lente e acessórios, permite apenas apresentar algumas de suas dimensões tangíveis. Contudo, quando um consumidor a compra, está pensando no que ela pode fazer e quais benefícios trará. Para muitos, a máquina fotográfica é um aparelho que pode registrar definitivamente uma família que está crescendo, enquanto para outros ela é um meio de autoexpressão e de criatividade artística.

E para outros, ainda, um instrumento de trabalho. Porém, a GV deve focalizar as dimensões tangíveis para planejar sua comercialização, embora não se esqueça das dimensões intangíveis, como sua finalidade para o cliente, utilidade, capacidade frente a outros produtos concorrentes, qualidade, apresentação, preço, prazo de entrega, garantia, assistência técnica etc.

Os componentes principais (dimensões tangíveis) de um P/S são: marca, logotipo, embalagem, qualidade e preço. Vejamos cada um deles.

4.2.1 Marca e logotipo

A marca é um nome, sinal ou desenho que identifica o produto ou o serviço de uma empresa e serve para diferenciá-la dos produtos ou serviços dos concorrentes. O nome da marca deve ser sempre algo facilmente pronunciável para facilitar a vida do consumidor ou usuário e marcar mais profundamente sua presença. A maior parte das empresas usa seu próprio nome para identificar a marca de seus produtos. É o caso dos elevadores Atlas ou Otis, do macarrão Adria ou Buitoni, dos automóveis Volkswagen, Ford ou Fiat. Para mais bem identificar o produto, algumas empresas definem várias marcas, modelos ou dimensões diferentes, como no caso de automóveis ou computadores, no sentido de atender a uma variedade de desejos ou necessidades do consumidor.

A marca também pode ser identificada em um logotipo ou logomarca, que é um desenho ou símbolo que identifica o P/S e o torna facilmente visível e reconhecível. Quem não conhece o logotipo da Coca-Cola, da Ford, da Nestlé, do McDonald's ou da Mercedes-Benz?

Marca registrada é a marca que tem proteção legal e é de posse exclusiva de determinada empresa, não podendo ser utilizada por outras empresas concorrentes. Para tanto, a empresa registra sua marca na repartição competente e nenhum concorrente poderá usá-la. É o caso das marcas Coca-Cola, Pepsi-Cola, Brahma, Skol, apenas para citar o ramo de bebidas e refrigerantes. Ou de outras marcas como Apple, Microsoft, Google, Facebook, Twitter etc.

> Aumente seus conhecimentos sobre **Marcas** na seção *Saiba mais GV 4.2*

> Acesse um caso sobre **A reviravolta na P&G** sobre na seção *Caso de apoio GV 4.1*

4.2.2 Embalagem

A embalagem constitui o invólucro que protege e guarda o produto.

Antigamente, a embalagem e os envoltórios eram considerados elementos que atendiam somente a funções técnicas (como proteção do produto, resistência a quedas, preservação quanto à umidade etc.) ou a funções logísticas (facilidade de manuseio, empilhamento, transporte etc.). Porém, atualmente, a embalagem constitui um elemento de comunicação e de diferenciação, mediante o qual o consumidor pode fazer, antes de usá-lo, sua primeira avaliação de qualidade e de utilidade do produto. O desenho atraente da embalagem é um elemento importantíssimo na diferenciação do produto.

4.2.3 Qualidade

A qualidade do P/S constitui o componente mais importante e, ao mesmo tempo, mais difícil de definir, pois a percepção de qualidade pelos compradores é extremamente variável. Nesse sentido, é importante distinguir entre qualidade intrínseca do produto (que constitui a qualidade inerente ao produto) e os aspectos extrínsecos que cada comprador percebe subjetivamente. O que leva um comprador a admitir a qualidade de um P/S é sua percepção subjetiva de qualidade. Um nível elevado de qualidade intrínseca tem pouco valor se não for acompanhado de uma percepção subjetiva por parte do comprador (qualidade extrínseca).

Na verdade, o termo **qualidade** pode apresentar vários e diferentes significados. Para um engenheiro, pode significar a aderência às especificações contidas no projeto do produto. Para um estatístico, representa o menor afastamento possível ao redor do valor médio medido nas características de uma amostra do produto. No entanto, esses profissionais são exemplos de qualidade intrínseca. Para uma dona de casa, significa a adequação às suas necessidades cotidianas, facilidade no uso e atendimento às suas expectativas. E aqui estamos falando de qualidade extrínseca.

4.2.4 Preço

A determinação do preço do P/S é uma das tarefas mais complicadas da GV. O preço constitui a expressão de um valor. O valor de um P/S depende de seu grau de utilidade para o comprador, de sua qualidade percebida e do nível de serviço que o acompanha (como assistência técnica, garantia, certeza do bom atendimento etc.). Assim, o preço é a estimativa que o vendedor faz a respeito do valor que todo esse conjunto representa para os compradores potenciais, considerando também outras opções oferecidas pela concorrência.

Os principais aspectos que a empresa leva em conta para a determinação do preço de um P/S são:

- Custos para fabricá-lo e comercializá-lo no mercado.
- Valor que o cliente dá ao P/S considerado.
- Preços fixados pelos concorrentes para P/S similares e competitivos.
- Restrições legais quanto à liberdade de fixação de preços.
- Objetivos almejados pela empresa.

Quadro 4.1 Como os preços são visualizados pelo comprador e pelo vendedor

Como o comprador estima o preço	Como a empresa determina o preço
■ Objetivos almejados pelo comprador	■ Objetivos almejados pela empresa
■ Grau de utilidade do P/S	■ Custos de fabricação e de vendas
■ Grau de qualidade percebida	■ Margem de lucro pretendida
■ Valor determinado pela empresa	■ Valor que o cliente atribui ao produto
■ Nível de serviço oferecido	■ Restrições legais quanto ao preço
■ Preço dos P/S similares	■ Preços fixados pela concorrência
■ Influência da concorrência	■ Influência da concorrência
■ Influência da variedade no mercado	■ Influência da variedade no mercado

4.2.5 Rentabilidade

A rentabilidade de um P/S é a margem de lucro que ele proporciona à empresa. O lucro representa as receitas totais menos as despesas totais na fabricação e na comercialização de um P/S. Existe lucro quando os custos de produção e de comercialização são ultrapassados pela receita proporcionada pelas vendas. Cada P/S apresenta determinada rentabilidade, que constitui o retorno do investimento feito em sua produção e venda.

> Lucro = Receita de vendas – Despesas de produção e vendas

Quando a empresa determina o preço do P/S, está definindo sua margem de lucro, isto é, a rentabilidade que espera auferir com o P/S. A maximização do lucro é feita quando a empresa aumenta o preço até o ponto em que ocorra um decréscimo na quantidade de vendas. Se um aumento de 10% no preço trouxer uma diminuição de 5% nas vendas, isso poderia ser lucrativo para a empresa se a perda em volume for compensada por lucros maiores. A maximização do lucro exige uma regulagem constante entre a receita de vendas e a despesa total para poder funcionar adequadamente.

4.2.6 Receita de vendas

A receita de vendas constitui o volume de vendas multiplicado pelo preço do P/S. Cada P/S apresenta sua receita de vendas para a empresa. A receita envolve o faturamento da empresa, ou seja, a entrada de caixa.

> Receita de vendas = Volume de vendas × Preço do P/S

Quando a empresa tem um sortimento de P/S, é muito comum a apresentação das receitas de vendas respectivas em termos percentuais de sua receita total.

Tabela 4.1 Receita de vendas das diversas linhas de produtos

Linhas de produtos	Receita de vendas	Porcentagem sobre o total
Televisores	250.000.000	50%
Geladeiras	120.000.000	24%
Máquinas de lavar roupas	80.000.000	16%
Máquinas de secar roupas	40.000.000	8%
Máquinas de lavar pratos	10.000.000	2%
Receita total de vendas	**500.000.000**	**100%**

Todos os componentes do P/S formam um composto que deve ser realçado pela GV aos compradores, no sentido de conquistar as preferências de compra. Por outro lado, o equilíbrio dos diversos componentes no composto é importantíssimo para o sucesso do P/S no mercado. Um preço elevado para um P/S de baixa qualidade e que tenha outras opções da concorrência no mercado é uma trajetória certa para seu fracasso.

> Aumente seus conhecimentos sobre **Características do produto** na seção *Saiba mais GV 4.3*.

4.3 CICLO DE VIDA DOS PRODUTOS/SERVIÇOS

Todo produto ou serviço tem uma existência definida: ele nasce, cresce, amadurece, envelhece e morre. Alguns produtos ou serviços têm uma existência mais longa no mercado, enquanto outros permanecem durante pouco tempo. É o que chamamos de ciclo de vida de um produto ou de um serviço. O ciclo de vida de um produto ou serviço está relacionado com o tempo em que um P/S consegue permanecer no mercado. A vida de um P/S pode ser dividida em um ciclo composto por quatro fases: introdução, crescimento, maturidade e declínio. Vejamos cada uma das quatro fases do ciclo de vida do P/S:

1. **Introdução**: quando o P/S é criado, desenvolvido e lançado no mercado, passa por uma fase inicial de introdução. Nessa fase, as vendas são pequenas e crescem lentamente, pois o P/S ainda é desconhecido. É uma fase que requer grande esforço para familiarizar o P/S junto aos clientes potenciais, muita promoção e propaganda. Quase sempre, essa fase de pioneirismo traz prejuízos à empresa, que são assumidos como um investimento inicial.
2. **Crescimento**: é a fase em que o mercado familiariza-se com o produto e ocorre uma aceleração positiva das vendas. Os clientes potenciais transformam-se gradativamente em clientes reais. O investimento efetuado na criação, no desenvolvimento do P/S e em sua fase de introdução e lançamento começa a ser paulatinamente recuperado. Nessa fase de crescimento, os lucros são bastante elevados, pois a concorrência ainda não teve tempo de retaliar com P/S similares. É também chamada fase de aceitação do P/S.
3. **Maturidade**: quando o produto já penetrou suficientemente no mercado e atinge um patamar elevado de vendas que se mantém inalterado. Quando o P/S atinge sua fase de maturidade, o mercado começa a ficar saturado e os concorrentes já estão lançando outras opções similares. Cada empresa concorrente procura aumentar sua participação no mercado por meio da redução do preço, abrindo mão de parte de seu lucro e fazendo pesadas campanhas de promoção e de propaganda. É também chamada fase de saturação do P/S.
4. **Declínio**: quando as vendas do produto começam a decair progressivamente. À medida que as inovações são lançadas e os hábitos de compra do consumidor se modificam, tende a ocorrer um declínio nas vendas de todos os concorrentes. As vendas caem, os lucros diminuem e as empresas deixam de produzir o P/S, partindo para outras criações e desenvolvimentos. É também chamada fase de obsolescência.

O ciclo de vida do produto costuma ser representado por uma curva em forma de S, denominada curva do ciclo de vida, conforme a Figura 4.4.

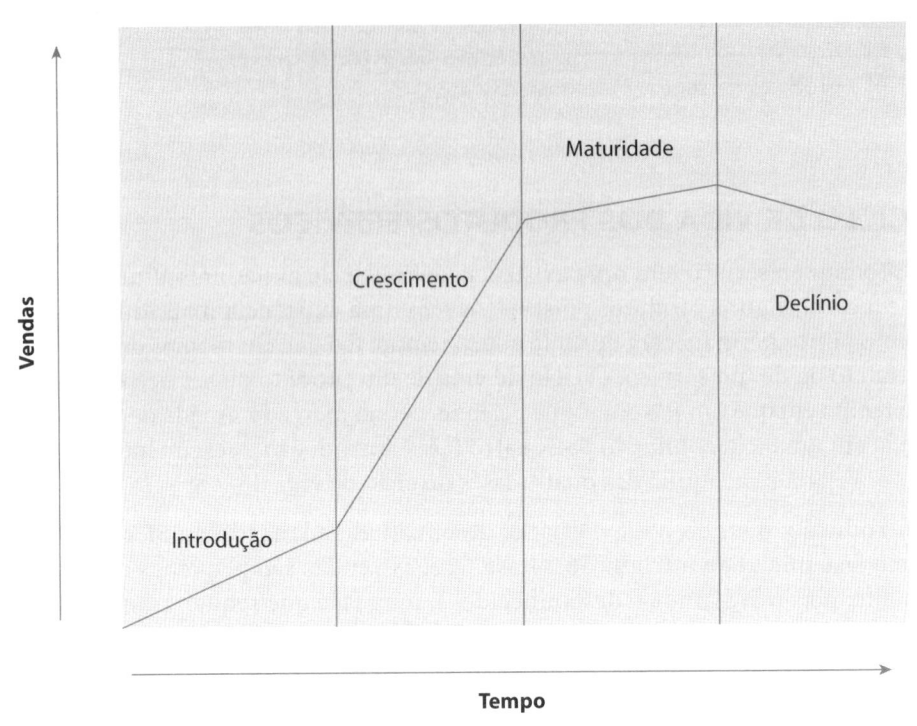

Figura 4.4 Curva do ciclo de vida de um P/S.

O leitor poderia perguntar qual é a aplicabilidade dessa curva. É muito simples. O conceito de ciclo de vida do produto tem muitas aplicações:

- Em primeiro lugar, nem todos os clientes estão igualmente predispostos a comprar um produto novo em seu lançamento inicial. A fase de introdução mostra que alguns clientes são mais afoitos em comprar imediatamente um novo produto recentemente lançado no mercado, enquanto outros, mais precavidos, esperam para avaliar seus resultados concretos. A fase de crescimento mostra que muitos clientes potenciais tornam-se clientes reais se o P/S for bem projetado para atender às suas necessidades. A fase de maturidade mostra que durante algum período os clientes mantêm suas compras do P/S em nível elevado, enquanto a fase de declínio mostra que os clientes estão gradativamente deixando de comprar o P/S por alguma razão, que pode ser a troca por outro P/S similar no mercado, saturação ou descontentamento com o P/S oferecido.

- Alguns P/S apresentam um ciclo de vida extremamente longo, como é o caso de automóveis, eletrodomésticos, serviços bancários, serviços hospitalares etc. As lâmpadas elétricas, por exemplo, apresentam um ciclo de vida longo, com uma fase de maturidade que já está durando algumas décadas. Outros P/S apresentam um ciclo de vida extremamente rápido no tempo, como é o caso da moda feminina, que a cada estação do ano sofre fortes mudanças, ou os celulares, *smartphones* e *tablets*, cujo desenvolvimento tecnológico conduz à obsolescência rápida dos modelos em constante e rápida mutação.

- O ciclo de vida de alguns P/S pode ser alongado no tempo por meio de algumas providências, como propaganda, promoções, melhoria da qualidade, política de preços, assistência técnica, adequações técnicas etc. Na realidade, existe uma infinidade de técnicas que permitem influenciar e alongar o ciclo de vida. Na fase de introdução, pode-se lançar mais rapidamente um produto por meio de uma intensa campanha de propaganda e promoção de vendas. Isso poderia também acelerar a fase de crescimento, manter a fase de maturidade por mais longo tempo e retardar a fase de declínio das vendas. A propaganda ajuda muito nesse aspecto.
- O ciclo de vida traz alguns ensinamentos úteis para a empresa. Na fase de introdução, os custos de propaganda, promoção e vendas são extremamente elevados em relação ao volume inicial de vendas. As vendas são menores e os investimentos são maiores. Na fase de crescimento, esses custos começam a ser menores em relação ao crescente volume de vendas. Na fase de maturidade, os custos de propaganda, promoção e vendas tornam-se pequenos em relação ao maior volume de vendas. O importante é conhecer essas relações de custos e retornos para saber exatamente onde reduzir os custos ou fazer novos investimentos para acelerar as vendas. É preciso avaliar sempre a relação de custos e benefícios nesse intrincado jogo.

> Aumente seus conhecimentos sobre **Ciclo de vida da empresa** na seção *Saiba mais GV 4.4*

Quadro 4.2 Características de cada fase do ciclo de vida do P/S

Aspectos	Introdução	Crescimento	Maturidade	Declínio
Vendas	Pequenas	Crescentes	Mantém-se	Decrescem
Clientes	Inovadores	Maioria	Maioria	Retardatários
Propaganda	Introdutória	Intensiva	Sustentação	Pequena
Concorrência	Pequena	Crescente	Muita	Intensiva

Por todos esses aspectos relacionados com o P/S a ser comercializado, verificam-se que os desafios enfrentados pela GV são enormes. A tarefa da GV é colocar o P/S produzido pela empresa no mercado. O tipo, os componentes básicos e o ciclo de vida do P/S são importantíssimos na definição dessa tarefa.

> Reflita sobre **Qual é a etapa de ciclo de vida do seu produto?** na seção *Para reflexão GV 4.1*

4.4 DIFERENCIAÇÃO DE PRODUTOS

Seu produto é uma mera *commodity*? Uma mercadoria comum e igualzinha à dos concorrentes? Um produto padronizado sem identidade ou personalidade? É o mesmo que nadar em um oceano vermelho. A concorrência irá devorá-lo rapidamente. Como diferenciar seu produto dos demais que existem no mercado? O segredo está em transformar um produto ou serviço indiferenciado em um produto ou serviço altamente diferenciado e personalizado no mercado. Seja ele um produto de construção, um tipo de alimento, uma roupa, um combustível ou qualquer coisa que se pretende vender, é indispensável tratar o produto ou serviço como algo especial para o mercado – e, principalmente, fazê-lo especial para não entregar algo que não preencha todas as condições oferecidas. Isso repousa no reconhecimento de que os compradores têm necessidades diferentes e, portanto, são atraídos por ofertas diferentes que se coadunam com suas necessidades. O importante é oferecer algo que realmente cumpra o prometido.

Em geral, as empresas têm oportunidades para reduzir custos ou agregar benefícios que permitem vantagem competitiva em seus produtos ou serviços. Kotler oferece algumas bases para diferenciar um produto físico:[2]

- **Características que complementam o funcionamento básico do produto**: como é o caso de vidros elétricos, transmissão automática e ar-condicionado em automóveis.
- **Qualidade de desempenho**: como as características básicas do produto funcionam melhor. Um microcomputador pode ter melhor desempenho se tiver memória maior ou um carro com motor mais potente pode oferecer maior torque e velocidade.
- **Qualidade de conformidade**: é o grau pelo qual o desenho e as características operacionais de um produto atendem diretamente ao padrão-alvo. Ou seja, atendem exatamente às especificações, como o fato de um automóvel atingir 100 km/h em 10 segundos ou um computador ter uma inicialização em poucos segundos.
- **Durabilidade**: é a mensuração do tempo de duração previsto para o produto. É o caso de um automóvel que dura mais tempo sem qualquer defeito.
- **Confiabilidade**: é a mensuração da probabilidade de que um produto não apresentará defeitos dentro de um período específico. É o caso da garantia dada por prazo maior para determinado automóvel ou produto.
- **Facilidade de conserto**: é a mensuração do grau de facilidade em consertar um produto que apresenta defeito. É o caso da garantia de assistência técnica estendida.
- **Estilo**: descreve como o comprador vê e percebe o produto. É a aparência do automóvel, por exemplo.
- *Design*: é um produto bem desenhado e projetado para atender a todos os aspectos anteriormente descritos.

Além disso, Kotler sugere que, além de diferenciar seus produtos físicos, a empresa deve também diferenciar os serviços que os acompanham:[3]

- **Entrega**: é a maneira como o produto ou serviço é entregue ao consumidor. Inclui rapidez, precisão, cuidados no processo de entrega. Pontualidade e agilidade são indispensáveis.
- **Instalação**: é o trabalho a ser feito para colocar o produto em condições de funcionamento no local previsto.
- **Treinamento do consumidor**: é a tarefa de treinar e preparar funcionários do cliente para que possam usar o produto de maneira adequada e com eficiência.
- **Serviços de consultoria**: referem-se aos dados, sistemas de informações e de orientação oferecidos gratuitamente ou por um preço adicional pela empresa vendedora aos compradores, quando se trata de um produto complexo.

- **Consertos**: refere-se à qualidade dos serviços de assistência técnica e reparos disponíveis aos compradores do produto da empresa.
- **Serviços diversos**: são outras formas para acrescentar valor por meio de serviços diferenciados, seja melhor garantia ou contrato de manutenção, orientação diferenciada, *call center* etc.

4.5 PORTFÓLIO DE PRODUTOS – MATRIZ BCG

Além da definição do ciclo de vida do P/S, existe também a preocupação em saber qual é a participação relativa de cada P/S no portfólio da empresa. Afinal, a empresa vive por causa da vida de seus produtos ou serviços. A Matriz BCG constitui uma análise gráfica desenvolvida por Bruce Henderson[4] para a empresa de consultoria Boston Consulting Group por volta de 1970. É também denominada análise de portfólio de produtos ou de unidades de negócios, e serve para alocar recursos em atividades de gestão de marcas e produtos na área de marketing.[5] Ou melhor, serve para definir prioridades para avançar naquilo que tem melhores oportunidades de mercado.

A Matriz BCG é um gráfico de dupla entrada que envolve duas dimensões:

1. **Taxa de crescimento do mercado**: no eixo *y*, em escala linear, para determinar o crescimento do mercado em relação ao crescimento de seu maior concorrente em termos de percentagem. Quanto maior é o crescimento do mercado, tanto maior é a oportunidade de um produto também crescer em vendas e, consequentemente, em produção, e tornar a empresa mais rica.
2. **Participação do produto no mercado**: no eixo *x*, em escala logarítmica (base 10), em relação ao maior concorrente em termos de percentagem. Quanto maior é a participação de mercado (*market share*) de um produto ou quanto mais rápido o produto cresce, tanto melhor para a empresa.

A matriz BCG decorre dessas duas dimensões, como é possível observar na Figura 4.5.

Participação relativa no mercado
Baixa ← → Alta

Crescimento do mercado: Alto ↑ / Baixo ↓

	Baixa	Alta
Alto	**Ponto de interrogação** — Elevado crescimento do mercado e baixa participação no mercado — *Questionamento*	**Estrela** — Elevado crescimento do mercado e alta participação no mercado — *Consolidação*
Baixo	**Abacaxi** — Baixo crescimento do mercado e baixa participação no mercado — *Abandono*	**Vaca leiteira** — Baixo crescimento do mercado e alta participação no mercado — *Defesa do produto*

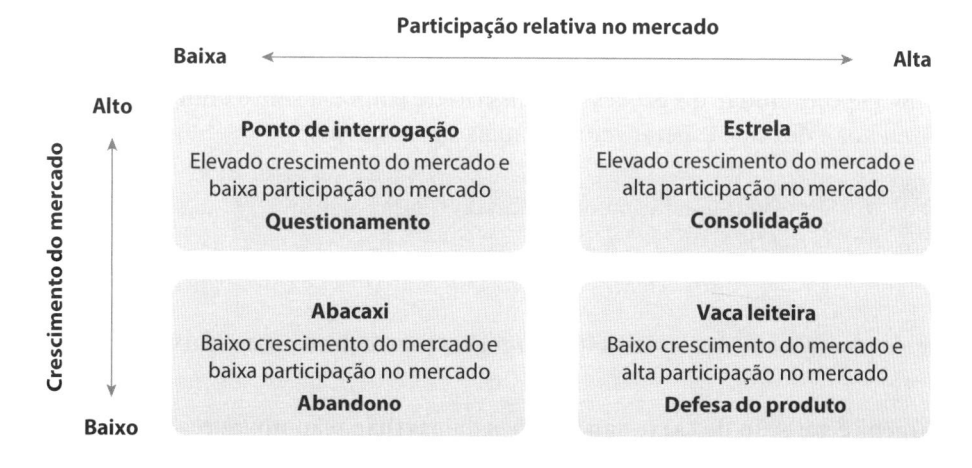

Figura 4.5 Matriz BCG.

Vejamos os significados de cada produto da Matriz BCG:[6]

- **Estrela**: é um produto que exige elevados investimentos e que tem referências no mercado, gerando receitas ainda não muito elevadas e com taxas de crescimento potencialmente elevadas. O fluxo de caixa fica em equilíbrio entre entradas e saídas de dinheiro. Todavia, a participação de mercado deve ser mantida, pois pode transformar-se em uma vaca leiteira se o mercado diminuir.
- **Vaca leiteira**: é um produto cujos lucro e volume de geração de caixa são elevados. Como o mercado já está maduro, estabilizado e com baixo crescimento, não são necessários grandes investimentos em promoção e propaganda. O produto deve ser ordenhado para dar suporte a outros produtos que precisam de mais recursos. Assim, pode constituir a base principal de faturamento da empresa, já que ele tem uma participação elevada de mercado.
- **Ponto de interrogação**: também representado como produto em questionamento ou criança problemática. É um produto que tem o pior fluxo de caixa, exige elevados investimentos e pouco retorno sobre ativos, além de baixa participação de mercado. Pode absorver grandes investimentos e, depois, tornar-se um verdadeiro abacaxi para a empresa. Contudo, se seu mercado está em alto crescimento, pode vir a se tornar um produto estrela, daí a interrogação a seu respeito.
- **Abacaxi**: também conhecido como cão, vira-lata ou animal de estimação. Tem pouca importância no portfólio. É um produto que deve ser evitado ou cuja importância deve ser minimizada. Sua baixa participação de mercado gera poucos lucros associados a um baixo investimento devido ao crescimento de mercado quase nulo. Sua avaliação deve ser feita no sentido de posicioná-lo de maneira mais rentável e atrativa para a empresa ou até abandoná-lo quando a rentabilidade não seja possível. Assim, deve-se tomar cuidado com planos de recuperação desse produto e até preferir sua retirada do mercado.

De modo geral, toda empresa precisa ter uma carteira de produtos (portfólio de produtos) com diferentes taxas de crescimento e diferentes participações no mercado. A composição desse portfólio deve ter a função de equilíbrio entre fluxos de caixa. Produtos de alto crescimento exigem injeções de dinheiro em caixa para crescer, enquanto produtos de baixo crescimento devem gerar excesso de caixa. Ambos são necessários, simultaneamente, e a Matriz BCG pode ajudar no processo decisório da empresa sobre onde investir mais ou investir menos e de onde esperar retornos mais significativos.

> Aumente seus conhecimentos sobre **Enquadramento na Matriz BCG** na seção *Saiba mais GV 4.5*

Para Henderson, são necessárias quatro regras para determinar o fluxo de caixa de um produto:[7]

1. **Margens e geração de caixa são funções da participação no mercado**: altas margens e alta participação no mercado andam juntas. Trata-se de uma observação comum explicável pelo efeito da curva de experiência.

2. **Crescimento requer entrada de ativos financeiros**: o caixa adicionado requerido para elevar a participação no mercado é uma função de índices de crescimento.
3. **A alta participação de mercado deve ser ganha ou construída**: a construção de participação de mercado requer um incremento adicional de investimento.
4. **Nenhum produto cresce indefinidamente no mercado**: o retorno do crescimento deve vir quando o crescimento diminui ou nunca virá. Esse retorno é caixa que não poderá ser reinvestido naquele produto.

Além disso, Henderson salienta o seguinte:

- O valor de um produto depende deste liderar a participação em seu mercado antes que seu crescimento venha a diminuir.
- Cada produto pode eventualmente ser um gerador de caixa, caso contrário, não terá valor.
- Somente uma empresa diversificada com um portfólio balanceado pode usar suas forças para realmente capitalizar suas oportunidades de crescimento.

A Matriz BCG tem a vantagem de não apresentar uma só estratégia para todos os produtos, bem como equilibrar a carteira de negócios e produtos em geradores e tomadores de caixa. O posicionamento de um produto ou linha de produtos em cada quadrante exige uma ação diferente da empresa, como se pode observar no Quadro 4.3.

Quadro 4.3 Posicionamento dos produtos e respectivas ações da empresa

Portfólio	Estrela	Vaca leiteira	Ponto de interrogação	Abacaxi
Crescimento de mercado	Expansão rápida	Pequena expansão	Expansão rápida	Expansão em queda
Participação de mercado	Participação alta	Participação elevada	Participação em queda	Participação em queda
Características do produto	Exige investimentos	Altamente rentável	Demanda investimentos	Consome recursos
Objetivos estratégicos	Transformar em vaca leiteira	Colher lucros	Desenvolver ou retirar do mercado	Retirar ou sobreviver

A Matriz BCG permite uma representação visual e simplificada dos P/S da empresa e de suas posições relativas no mercado para facilitar o processo decisório a respeito do que fazer com cada um deles.

Aumente seus conhecimentos sobre **Organizações de elevado desempenho** na seção *Saiba mais GV 4.6*

4.6 PORTFÓLIO DE PRODUTOS – ANÁLISE MULTIFATORIAL DE PORTFÓLIO DA GENERAL ELECTRIC (GE)

A GE, com a ajuda da McKinsey & Company – uma empresa de consultoria internacional – desenvolveu uma ferramenta de análise de carteira de produtos mais completa do que a Matriz BCG: a análise multifatorial de portfólio.

O critério empregado é medir o desempenho de cada unidade estratégica em termos de rentabilidade (retorno sobre o investimento – ROI) em vez do fluxo de fundos, como na Matriz BCG. Trata-se de uma ferramenta que incorpora maior número de variáveis para ajudar a desenvolver estratégias organizacionais baseadas em dois aspectos: atratividade do mercado e força do negócio. A matriz multifatorial apresenta três bandas (branca, cinza-claro e cinza-escuro), como apresentado na Figura 4.6.

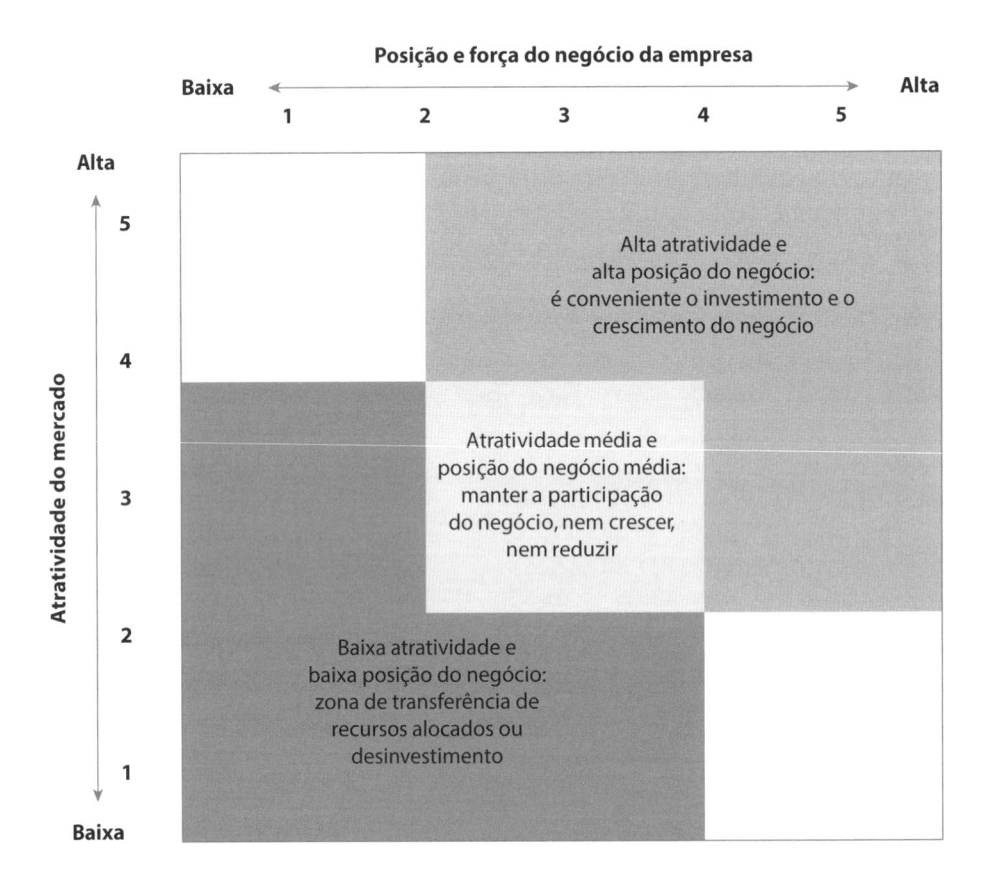

Figura 4.6 As três bandas da matriz multifatorial.

Cada negócio da organização – seja uma unidade estratégica de negócio (UEN) ou um P/S – é plotado na matriz com duas dimensões, cada qual composta de uma variedade de fatores que cada empresa deve determinar para avaliar sua própria posição:

1. **Atratividade do mercado**: determinada por fatores externos, como número de concorrentes no mercado, grau de desenvolvimento industrial e fraqueza dos concorrentes no mercado.
2. **Força do negócio da empresa**: determinada por fatores internos, como posição financeira da organização, posição de negociação e barganha, nível de tecnologia utilizada.

Na matriz, aparecem vários círculos de diferentes tamanhos, cada qual representando uma UEN ou linha de produtos ou negócios da empresa. O tamanho do círculo indica o tamanho relativo do mercado de cada linha de UEN ou P/S. No círculo, está anotada a parcela proporcional de participação da UEN ou do P/S no mercado total do negócio. As estratégias específicas da organização estão representadas por letras, como investir (I), selecionar (S), desinvestir (D) em cada um dos círculos espalhados pela matriz e dependem da posição dos círculos na matriz. Quanto maiores forem a atratividade do mercado e a força do negócio da empresa, tanto maior será a probabilidade de sucesso da UEN ou do P/S.[8]

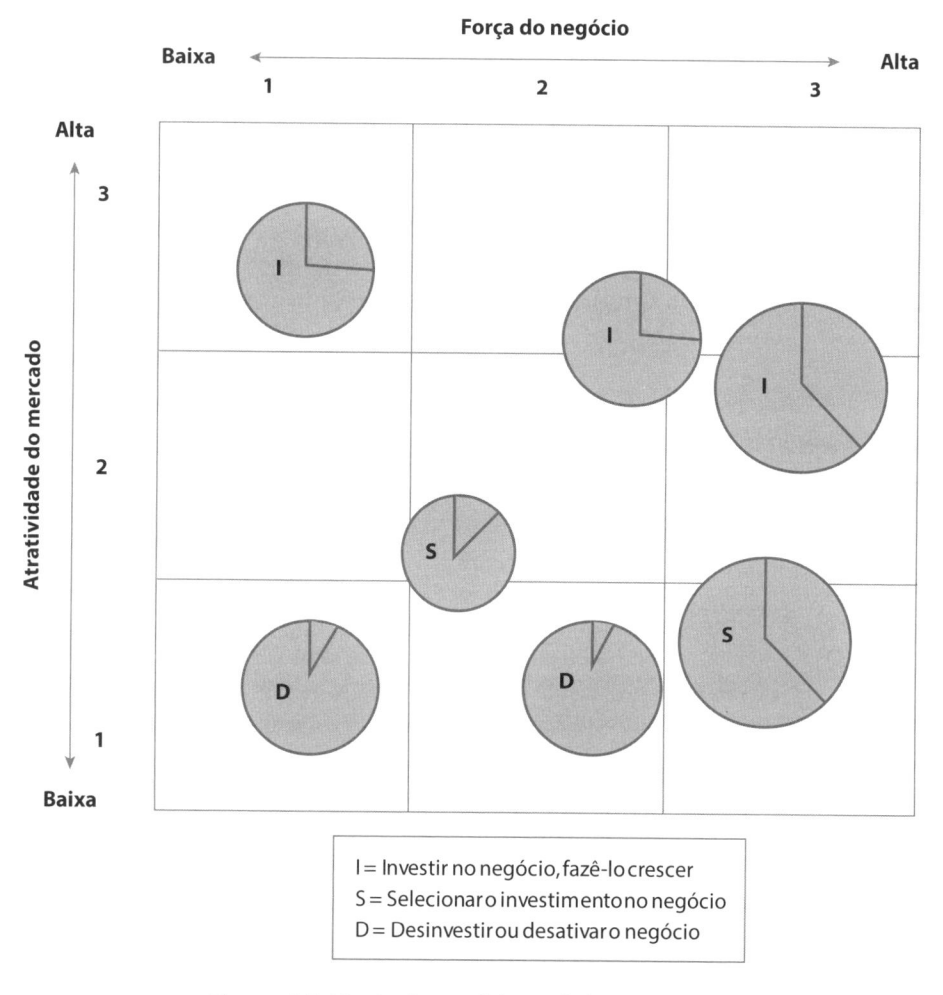

Figura 4.7 Matriz de portfólio multifatorial da GE.[9]

Os negócios situados próximos à célula 3.3 são os mais fortes e que merecem investimentos para ajudar a crescer, pois têm enorme potencial de crescimento. Os negócios situados na coluna 2.2 são negócios de meia força e que devem receber apenas investimentos seletivos, isto é, condicionados a uma seleção, entre outros. Já os negócios situados na coluna 1.1 são os mais baixos em força geral e sérios candidatos ao desinvestimento. Quanto maiores são a atratividade do mercado e a força do negócio, tanto melhor é o negócio da UEN ou do P/S. Quanto menores são a atratividade do mercado e a força do negócio, tanto pior é o negócio da UEN ou do P/S.

Os dois modelos de portfólio – tanto a Matriz do BCG quanto a matriz de portfólio multifatorial da GE – proporcionam abordagens gráficas que simplificam e facilitam as análises das relações entre os negócios da organização e proporcionam recomendações estratégicas interessantes. Tais modelos, contudo, não devem ser aplicados de modo rígido e mecânico. Suas conclusões devem ser cuidadosamente consideradas à luz de julgamento, profunda análise e experiência do gestor.

4.7 DESENVOLVIMENTO DE PRODUTO/SERVIÇO

Dá-se ao nome de desenvolvimento de P/S à área que cuida de todos os estudos e pesquisas sobre criação, adaptação, melhorias e aprimoramentos dos P/S produzidos pela empresa. É por meio do desenvolvimento de P/S que surgem as inovações: P/S novos, modificações parciais ou totais nos atuais P/S, novas características, diferentes componentes etc. Esse desenvolvimento faz com que P/S sejam constantemente reciclados e adaptados às novas necessidades do mercado. Isso permite que, a cada ano, surjam novos modelos de automóveis, eletrodomésticos, moda e vestuário, novos supermercados, novas lojas, novas agências bancárias, novos serviços bancários, apesar do fato de esses P/S serem sempre os mesmos em suas individualidades.

O órgão de desenvolvimento de P/S recebe diferentes denominações de acordo com o tipo de empresa e com o tipo de P/S produzido.

- **Nas empresas do ramo primário**: o desenvolvimento de produtos costuma receber o nome de pesquisa e desenvolvimento (P&D). O órgão de P&D se encarrega de pesquisar e desenvolver novas matérias-primas, novas características de materiais etc. Utiliza geralmente um laboratório de pesquisas, com pessoal familiarizado com a tecnologia utilizada.
- **Nas empresas do ramo secundário**: o desenvolvimento de produtos pode receber o nome de engenharia de produtos quando está mais voltada para os aspectos técnicos do produto e mais preocupada com sua produção. Nesse caso, fica subordinado à gestão da produção. Porém, quando está mais voltado para os aspectos comerciais e mercadológicos do produto, recebe o nome de criação e desenvolvimento e subordina-se à área de marketing ou comercialização. Qualquer que seja o nome adotado pela empresa ou sua subordinação, trata-se da área que se encarrega de criar e desenvolver novos produtos e de inovar os produtos atuais.
- **Nas empresas do ramo terciário**: as denominações variam para o desenvolvimento enormemente, pois se trata de desenvolvimento de serviços. Pode se subordinar à área de produção ou operações ou à área mercadológica da empresa, dependendo da complexidade do P/S ou das exigências do mercado. Em alguns bancos, recebe o nome de desenvolvimento de produtos, em outros, o de organização e métodos (O&M). Como visto anteriormente, não há uma padronização para essas denominações.

Capítulo 4 – O Produto/Serviço

```
                    Produção ou marketing
                             |
                    Desenvolvimento de
                     produtos/serviços
     _____|_____
     |                          |                          |
Empresas primárias       Empresas secundárias        Empresas terciárias

• Pesquisa e desenvolvimento   • Engenharia de produto     • Desenvolvimento de produtos
  (P&D)                        • Criação e desenvolvimento • Novos produtos
• Pesquisa e tecnologia
```

Figura 4.8 Denominações do órgão de desenvolvimento de P/S.

O lançamento de um novo P/S requer um longo trabalho de pesquisa e desenvolvimento, que envolve várias fases que estão representadas na Figura 4.9, apenas para melhor visualização.

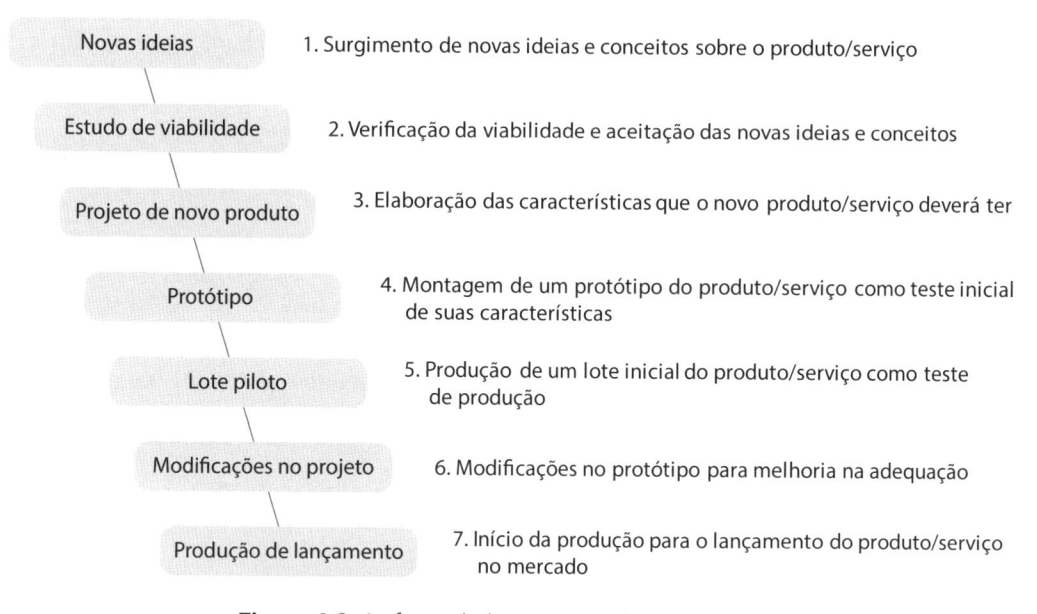

Novas ideias	1. Surgimento de novas ideias e conceitos sobre o produto/serviço
Estudo de viabilidade	2. Verificação da viabilidade e aceitação das novas ideias e conceitos
Projeto de novo produto	3. Elaboração das características que o novo produto/serviço deverá ter
Protótipo	4. Montagem de um protótipo do produto/serviço como teste inicial de suas características
Lote piloto	5. Produção de um lote inicial do produto/serviço como teste de produção
Modificações no projeto	6. Modificações no protótipo para melhoria na adequação
Produção de lançamento	7. Início da produção para o lançamento do produto/serviço no mercado

Figura 4.9 As fases do lançamento de um novo P/S.

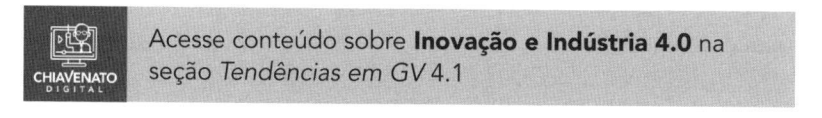

> Acesse conteúdo sobre **Inovação e Indústria 4.0** na seção *Tendências em GV* 4.1

Dessa maneira, as características dos produtos ou serviços influenciam profundamente as questões básicas da GV. Afinal, vender algo depende basicamente do quanto esse algo tem valor para o cliente. É preciso que o cliente receba toda a informação possível a respeito daquilo que se pretende vender a ele.

QUESTÕES PARA REVISÃO

1. Defina o P/S de uma empresa.
2. Conceitue P/S em relação à empresa como um sistema aberto.
3. Porque o P/S representa a vocação da empresa?
4. O que é uma linha de P/S?
5. Quais são as classificações possíveis de P/S?
6. O que são bens ou mercadorias?
7. O que são bens de consumo?
8. O que são bens de consumo duráveis? Dê exemplos.
9. O que são bens de consumo perecíveis? Dê exemplos.
10. O que são bens de consumo semiduráveis? Dê exemplos.
11. O que são bens de produção? Dê exemplos.
12. O que são bens de capital? Dê exemplos.
13. Quando um bem de consumo pode ser bem de produção e vice-versa?
14. Como são geralmente denominadas as empresas que produzem bens ou mercadorias?
15. O que são serviços? Dê exemplos.
16. Como são geralmente denominadas as empresas que prestam serviços?
17. O que é um produto concreto? Dê exemplos.
18. O que é um produto abstrato? Dê exemplos.
19. Qual é o papel do P/S quanto ao tipo de estrutura e funcionamento da empresa?
20. Defina ramo de atividade.
21. Qual é a relação entre o ramo de atividade e o P/S da empresa?
22. O que o P/S deve proporcionar ao mercado e à empresa que o produz?
23. O que são componentes dos P/S?
24. Quais são os componentes básicos dos P/S?
25. Qual é a diferença entre dimensões tangíveis e dimensões intangíveis?
26. Defina marca. Dê exemplos.
27. Defina marca registrada. Dê exemplos.
28. Defina logotipo. Dê exemplos.
29. Defina embalagem.
30. Qual é o papel atual da embalagem?
31. Defina qualidade.
32. Qual é a diferença entre qualidade intrínseca e qualidade extrínseca?
33. Qual delas é mais importante para determinar a compra do produto?
34. Defina preço.

35. Quais são os principais aspectos que a empresa considera para determinar o preço de um P/S?
36. Quais são os principais aspectos que o comprador considera para estimar o preço de um P/S?
37. O que é lucro?
38. O que é margem de lucro?
39. O que você entende por maximização de lucro?
40. A maximização do lucro exige regulagem de quais aspectos?
41. Defina receita de vendas.
42. Defina ciclo de vida de um P/S.
43. Quais são as fases do ciclo de vida?
44. Defina a fase de introdução.
45. Defina a fase de crescimento.
46. Defina a fase de maturidade.
47. Defina a fase de declínio.
48. Em qual das fases o lucro é maior? Por quê?
49. Por que o ciclo de vida é importante?
50. Quais são as aplicações do ciclo de vida?
51. Como se pode prolongar um ciclo de vida?
52. Explique a Matriz BCG e seu significado e importância para a GV.
53. Explique a Matriz de Portfólio da GE e seu significado e importância para a GV.
54. Como você poderia complementar a análise pela Matriz BCG e a análise de Matriz de Portfólio da GE com a análise da indústria de Porter?

REFERÊNCIAS

1. Extraído de: CRUZ, P. Lucro em lata. São Paulo, *Exame*. ed. 1.031, p. 32-33, 12 dez. 2012.
2. KOTLER, P. *Administração de marketing*: análise, planejamento, implementação e controle. São Paulo: Atlas, 1994. p. 260-266.
3. KOTLER, P. *Administração de marketing*, op. cit., p. 266.
4. HENDERSON, B. D. As origens da estratégia. *In*: MONTGOMERY, C. A.; PORTER, M. (orgs.). *Estratégia*: a busca da vantagem competitiva. Rio de Janeiro: Campus, 1998. p. 3-9.
5. CHIAVENATO, I.; SAPIRO, A. *Planejamento estratégico*: da intenção ao resultado. 4. ed. São Paulo: Atlas, 2020.
6. CHIAVENATO, I. *Gestão da produção*: uma abordagem introdutória. São Paulo: Atlas, 2022.
7. HENDERSON, B. The product portfolio. *BCG*. Disponível em: https://www.bcg.com/publications/1970/strategy-the-product-portfolio. Acesso em: 22 set. 2021.
8. CHIAVENATO, I. *Administração nos novos tempos*: os novos horizontes em administração. 4. ed. São Paulo: Atlas, 2020.
9. Adaptado de: CERTO, S. C. *Modern management*: diversity, quality, ethics, and the global environment. Boston: Allyn & Bacon, 1994. p .169.

5 PREVISÃO E PLANEJAMENTO DE VENDAS

> **O QUE VEREMOS ADIANTE**
> - Análise de mercado.
> - Pesquisa de mercado.
> - Previsão de vendas.
> - Determinação das cotas de vendas.

Como saber o quanto se poderá vender no próximo exercício anual? Quais são os pontos de referência para se aquilatar o quanto um produto poderá ser futuramente vendido no mercado? Como criar, agregar, entregar e capturar valor no próximo exercício contábil, a médio e a longo prazos? Como criar as condições de aproveitar oportunidades de mercado e isolar possíveis ameaças ambientais? Como levar adiante a companhia de modo a chegar ao seu destino apesar das chuvas e trovoadas pela frente? O planejamento e a previsão de vendas fazem parte desse contexto.

INTRODUÇÃO

As empresas são agentes ativos e proativos que se esforçam para alcançar suas metas e objetivos da melhor maneira possível e, com isso, oferecer resultados. Todavia, as vendas de seus produtos/serviços (P/S) dependem de uma complexidade de fatores que determinam o seu sucesso ou fracasso. Seus esforços de vendas dependem de inúmeros fatores internos e externos:

- **Fatores internos**: são os aspectos internos que dependem da própria empresa e que estão sob o seu controle; portanto, podem ser planejados com antecipação. É o caso de seus métodos e processos de trabalho, sua organização interna, sua cultura corporativa, estilo de gestão e da estratégia que adota para avançar no mercado para aumentar sua competitividade.
- **Fatores externos**: são os fatores que existem no contexto em que a empresa está situada, como: decisões e poder de compra dos clientes e consumidores, atuação dos concorrentes, conjuntura econômica e política do país, níveis de preços no mercado, disponibilidade de matérias-primas para produzir P/S nas quantidades desejadas etc. Assim, o alcance

dos objetivos da empresa nem sempre depende exclusivamente dela própria, mas desse enorme conjunto de fatores externos. Aspectos que dependem do mercado e que escapam do controle da empresa precisam ser previstos com antecipação para evitar possíveis surpresas futuras que podem alterar os programas da empresa.

As empresas não vendem seus P/S às cegas nem ao acaso. Elas planejam suas vendas e organizam-se internamente para isso. Ocorre que nem sempre o planejamento de vendas fica completamente sob o controle da empresa, pois quem decide é o mercado. Mais especificamente, é o cliente ou consumidor. É este quem determina se um P/S será vendido, bastante ou muito pouco. Daí a necessidade de conhecer o mercado e suas tendências.

As empresas procuram continuamente informações a respeito do mercado para saber como se comportar em relação a ele. Como o mercado é imenso e complexo, as empresas procuram conhecê-lo por meio de uma avaliação dele: é a análise do mercado. Quando a análise do mercado não consegue fornecer as informações necessárias, as empresas lançam mão da pesquisa de mercado.

Vejamos o que significa análise do mercado e pesquisa de mercado.

> Aumente seus conhecimentos sobre **O vendedor e as vendas** na seção *Saiba mais GV* 5.1

5.1 ANÁLISE DO MERCADO

Quanto mais a empresa conhece seu mercado, mais chances de sucesso ela terá. Conhecer o mercado significa conhecer o cenário de operações. As empresas introvertidas – aquelas que não analisam ou investigam o mercado e que não se voltam para fora de si mesmas – tendem a se desajustar do mercado e perder sua competitividade por inadequação ou fantasia. Por outro lado, as empresas extrovertidas – isto é, voltadas para o mercado – podem mais facilmente detectar as mudanças e tendências externas e sintonizar suas atividades em direção a essas mudanças e tendências. Para tanto, as empresas precisam ter seus olhos e ouvidos voltados para o mercado. Elas precisam enxergar e ouvir para saber onde estão pisando e o que devem fazer. Os olhos e ouvidos da empresa – isto é, seus órgãos sensoriais – são constituídos pelas fontes de informações sobre o mercado. Da mesma forma que as pessoas usam olhos e ouvidos para colher informações externas, as empresas também precisam constantemente ficar atentas e obter informações a respeito do mercado.

> Aumente seus conhecimentos sobre **O oceano azul** na seção *Saiba mais GV* 5.2

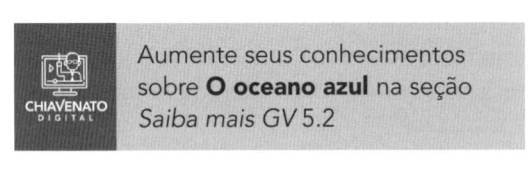

A análise do mercado é feita por meio de informações sobre o mercado. As fontes de informações sobre o mercado podem ser classificadas em dois tipos: as fontes primárias e as fontes secundárias.

1. **Fontes primárias**: obtenção direta de dados a respeito dos agentes que se pretende conhecer.
2. **Fontes secundárias**: obtenção de dados por meio de intermediários que estudaram ou analisaram as fontes primárias.

5.1.1 Fontes primárias

As fontes primárias – fontes diretas ou fontes originais – são entidades – pessoas, grupos, empresas etc. – cujas opiniões ou expectativas interessam diretamente à empresa. Os dados primários são obtidos diretamente dessas fontes primárias por meio de perguntas, entrevistas, questionários, cartas etc. Os dados primários são originalmente colhidos para um estudo específico que extrai amostras representativas de clientes para obter suas opiniões e generalizar os resultados para a totalidade do universo de clientes. Como as fontes primárias são muito esparsas e numerosas, torna-se difícil abordá-las em sua totalidade. Quando isso é difícil ou demorado, surge a necessidade de fontes secundárias para obter as informações necessárias. E quando isso também for difícil, vem a pesquisa de mercado.

As fontes primárias são basicamente quantitativas e numéricas – por exemplo, quantas pessoas estão interessadas em determinado produto, quantas pessoas compram em determinada loja etc. – e podem ser submetidas a tratamento estatístico – por exemplo, qual é a porcentagem de consumidores que preferem o produto A ao produto B? Qual é a porcentagem dos clientes da loja X que deixam de comprar determinado produto devido ao preço elevado?

As informações qualitativas são basicamente explicativas – por exemplo: por que os consumidores preferem a cor branca a outras cores quando compram geladeiras? Ou, por que os carros de cor preta são os preferidos e mais frequentes nas ruas? Quais características explicam o sucesso do produto?

5.1.2 Fontes secundárias

As fontes secundárias – ou fontes indiretas – são as entidades que colhem dados ou informações das fontes primárias para fornecê-los a outras entidades interessadas, de forma resumida ou sintética. Os dados secundários são obtidos indiretamente das fontes primárias por meio de registros, relatórios, publicações, revistas, anuários etc. Os dados secundários são, em geral, informações já colhidas para outras finalidades e que se encontram registradas ou publicadas, podendo ser utilizadas para a tomada de decisão. A análise de mercado se baseia nas fontes secundárias.

As fontes secundárias podem se localizar dentro da empresa e fora dela. Assim:

- **Informações secundárias obtidas dentro da empresa**: são os relatórios mensais dos departamentos da empresa, as estatísticas de vendas (por P/S, por cliente, por região etc.), o cadastro de clientes e o banco de dados dos clientes (quanto cada cliente compra, quando compra e em que condições ele compra), a receita de vendas por P/S, as informações do crédito e cobrança dos clientes (como o cliente está honrando seus pagamentos) etc.
- **Informações secundárias obtidas fora da empresa**: são os centros de documentação, os jornais e as revistas especializadas, as publicações, as federações e os sindicatos da categoria, os anuários estatísticos do Instituto Brasileiro de Geografia e Estatística (IBGE) e de outras entidades etc.

O Quadro 5.1 permite uma ideia das fontes primárias e secundárias de informações sobre o mercado.

Quadro 5.1 Fontes primárias e secundárias de informação sobre o mercado

Fontes de informação	Tipo de abordagem	Modo pelo qual a informação é obtida
Primárias	Quantitativa	■ Pesquisa de mercado
	Qualitativa	■ Pesquisa de mercado
Secundárias	Dentro da empresa	■ Relatórios mensais ■ Estatísticas de vendas ■ Cadastro de clientes ■ Banco de dados dos clientes ■ Receita de vendas do produto ■ Crédito e cobrança dos clientes ■ etc.
	Fora da empresa	■ Centros de documentação ■ Jornais e revistas especializadas ■ Publicações em geral ■ Federações e sindicatos ■ Anuários estatísticos do IBGE ■ etc.

> **SAIBA MAIS — Pesquisa com dados secundários**
>
> A coleta de dados primários por meio de uma pesquisa, principalmente do tipo quantitativo, é algo que demanda, além de alto investimento de tempo e de recursos financeiros, uma grande dificuldade em se obter as informações. Nesse sentido, o uso da pesquisa com dados secundários, ou seja, aqueles já disponíveis, pode ser uma ótima opção, pois demandará menos custo e menor tempo de execução. Os resultados apresentam uma boa precisão, desde que bem selecionadas as fontes. Geralmente, as empresas contratam fornecedores externos para realizar as pesquisas que, diante do problema apresentado por seu cliente, investigam diversas fontes e banco de dados, buscando garantir fontes seguras das informações coletadas.

A análise de mercado é feita continuamente e permite à empresa um posicionamento adequado frente ao mercado. Assim, os relatórios mensais dos diversos departamentos da empresa que lidam com segmentos de mercado (como vendas, cobranças, compras etc.); as estatísticas de vendas (quanto se está vendendo de cada P/S e a quem); o cadastro de clientes (quais são a realidade e a potencialidade da clientela); o banco de dados sobre os clientes (quanto compram, quando compram e por que compram); o crédito e a cobrança (como pagam e quando pagam); a receita de vendas (quanto cada P/S está vendendo, quais as providências para que vendam mais) proporcionam condições para se analisar o mercado e verificar quais são as posições mais adequadas para a empresa conseguir obter melhores condições e aumentar suas vendas.

> **SAIBA MAIS** **Quanto vale uma informação?**
>
> Informação é a matéria-prima fundamental para a análise de mercado. Quanto mais informação a respeito de algo, menor é a incerteza a seu respeito. A informação pode ser a matéria-prima básica para o sucesso das vendas. Quem tem informação, tem poder e possivelmente está na frente. A falta de informação conduz à ignorância sobre algo, o que leva à completa ausência de ação eficaz.

5.2 PESQUISA DE MERCADO

Quando as fontes secundárias de informações da empresa são insuficientes para permitir uma adequada análise do mercado, parte-se para a pesquisa de mercado.

A pesquisa de mercado – também denominada pesquisa mercadológica ou pesquisa de marketing – constitui importante ferramenta de obtenção de informações a respeito do mercado. A pesquisa de mercado pode ser definida como a coleta, o registro e a análise dos dados a respeito da comercialização de P/S do produtor ao consumidor. O nome pesquisa de mercado é uma expressão ampla, que abrange todas as atividades de pesquisa realizadas para a gestão mercadológica.

No fundo, a pesquisa de mercado constitui um conjunto de técnicas destinadas a obter informação objetiva sobre o processo de comercialização de um P/S a fim de que a empresa possa tomar decisões com um grau menor de incerteza.

> Aumente seus conhecimentos sobre **Pesquisa de mercado × análise de mercado** na seção *Saiba mais GV 5.3*

Toda vez que a empresa deve tomar decisões a respeito das vendas de seu P/S, ela corre certo grau de risco à medida que lhe faltam informações objetivas a respeito do mercado consumidor. A pesquisa de mercado serve exatamente para reduzir a incerteza nas decisões da empresa.

A pesquisa de mercado pode ser feita para analisar todo o processo de comercialização: vendas, promoção, propaganda, distribuição, preço, consumo do P/S, imagem, tipo de consumidor final etc.

O fundamento da pesquisa de mercado está na amostragem. Uma amostra é um grupo representativo de um universo. É uma parcela do universo cujas características são exatamente iguais às dele. Universo é a totalidade dos elementos – sejam consumidores, clientes, concorrentes etc. – que se pretende conhecer. Como o universo é amplo e extremamente difícil de ser pesquisado, utiliza-se uma amostra representativa dele como base para a pesquisa. Amostragem significa a escolha da amostra mais representativa do universo de maneira que o comportamento da amostra traduza o comportamento do universo. A pesquisa de mercado coleta dados da amostra e fornece conclusões a respeito do universo por ela representado. A coleta de sangue para exame médico é um exemplo típico de amostra.

5.2.1 Técnicas de pesquisa de mercado

A pesquisa de mercado geralmente utiliza a técnica da entrevista ou a técnica do questionário.

- **Entrevista**: é a técnica de coletar dados por meio de perguntas e respostas. A entrevista pode ser feita pessoalmente ou por telefone, indagando com um interrogatório do tipo pergunta/resposta de forma direta e objetiva.
- **Questionário**: é a técnica de coletar dados por meio de uma ou mais folhas que contém perguntas em forma de alternativas a serem respondidas com um traço ou cruz. O questionário pode ser entregue pessoalmente ou pelo correio.

Em quaisquer das técnicas empregadas, as pesquisas de mercado podem ser quantitativas ou qualitativas.

5.2.2 Tipos de pesquisa quantitativa de mercado

As pesquisas quantitativas de mercado utilizam técnicas estatísticas, fornecendo resultados numéricos e quantitativos, na forma de quantidades, proporções, porcentagens etc.

Existem cinco tipos principais de pesquisa de mercado: pesquisa de vendas, pesquisa de consumidor, pesquisa de P/S, pesquisa de propaganda e pesquisa de concorrência.

5.2.3 Pesquisa de vendas

A pesquisa de vendas serve para verificar a situação de vendas da empresa. Pode variar desde uma simples análise estatística das vendas até uma verificação mais profunda junto aos atacadistas e varejistas para situar como estão se desenvolvendo as vendas da empresa. A pesquisa de vendas é utilizada para verificar a comercialização no varejo e no atacado, detectar problemas de distribuição, calcular estoques do produto, fazer ajustes à produção e às vendas etc.

A pesquisa de vendas pode ser feita por meio das seguintes maneiras:

- **Painel de consumidores**: é uma amostra fixa de consumidores capaz de representar o universo dos consumidores. O painel pode ser constituído de amostras de lares (famílias) ou de consumidores individuais, ou, ainda, de segmentos da população de consumidores finais. Em vez de se pesquisar todo o mercado – o que seria uma trabalheira sem fim –, pesquisa-se simplesmente uma amostragem fixa do mercado e generalizam-se os resultados. Ao pesquisar o consumo dos componentes do painel, pode-se avaliar não somente o mercado total, mas também seus segmentos.
- **Painel de varejistas**: a amostra fixa é constituída de varejistas que vendem os P/S da empresa para os consumidores finais. Com o painel de varejistas, podem-se pesquisar os mercados em unidades e em valores monetários em termos de compras, estoques e saídas das lojas.
- **Estudos de distribuição**: a partir de amostras de varejistas (lojas) e atacadistas, pesquisam-se o nível de estoques dos P/S, a cobertura promocional, a situação no ponto de venda, as condições da concorrência etc.

5.2.4 Pesquisa de consumidor

Serve para analisar e conhecer as características, atitudes, reações e preferências do consumidor quanto a P/S. É usada para desenvolver e adequar o P/S às necessidades e expectativas do consumidor final.

A pesquisa de consumidor pode ser feita das seguintes maneiras:

- **Painel de consumidores**: é um grupo de amostra de consumidores escolhido para que a empresa possa interagir com ele a fim de conhecer mais profundamente seu comportamento de consumo, características individuais, preferências pessoais, necessidades etc. Em geral, o painel pode ser abordado de maneira virtual por meio da internet. Em alguns casos, o painel pode ser reunido em algum local da empresa para troca de ideias, entrevistas, questionamentos etc.
- **Estudo de comportamento**: é diferente do painel pelo fato de utilizar amostras de consumidores tomadas ao acaso e que variam de uma pesquisa para outra. O estudo de comportamento dos consumidores visa também conhecer suas características de consumo, preferências pessoais, necessidades etc. O estudo de comportamento é também denominado estudo de base, pois sem ele torna-se difícil penetrar em um mercado novo.
- **Mercado de prova**: também denominado *market test*, procura eliminar o risco no lançamento de novos P/S. Consiste em selecionar uma zona representativa de todo o mercado (uma cidade ou um bairro, por exemplo) a qual se pretende conquistar e agir sobre como se fosse o mercado inteiro. Com os resultados, a empresa decide se lançará o P/S nas demais cidades ou bairros, se cancelará o lançamento ou se alterará o plano de lançamento.

5.2.5 Pesquisa de produto/serviço

A pesquisa de produto serve para analisar como o P/S está sendo aceito no mercado, quanto às suas características, sua embalagem, qualidade, necessidades de adequações, desenvolvimento etc.

A pesquisa de produto pode ser feita das seguintes maneiras:

- **Teste de conceito**: é um teste que permite avaliar a ideia de um novo P/S, ainda em estudos, e se vale a pena tocar o projeto para frente. Não é necessário dispor do P/S já pronto e acabado para realizar o teste de conceito.
- **Teste de produto**: permite identificar entre duas ou mais alternativas qual dos P/S é o mais indicado para o mercado. Trata da aceitação ou rejeição de um novo P/S. Pode também proporcionar comparações com produtos concorrentes similares, analisando os pontos fortes e fracos do P/S.
- **Teste de embalagem**: equivalente ao teste de produto, mas aplicado especificamente à sua embalagem.

5.2.6 Pesquisa de propaganda

A pesquisa de propaganda permite verificar o efeito da propaganda e auxiliar em seu direcionamento. É utilizada para controlar a influência da propaganda sobre o consumidor, seu reflexo sobre as vendas, sua eficácia em relação aos objetivos propostos etc.

A pesquisa de propaganda pode ser feita das seguintes maneiras:

1. **Pesquisa de audiência**: procura identificar e avaliar a audiência dos meios de comunicação. Muito utilizada pelos canais de televisão para analisar os programas de maior audiência e popularidade.
2. **Pré-teste publicitário**: também conhecido como pré-teste de propaganda, é uma forma de avaliar, antes que a propaganda seja veiculada à população, o nível de compreensão, aceitação e credibilidade junto a um grupo de pessoas. Em geral, esse grupo de pessoas são os dirigentes da própria empresa.
3. **Pós-teste publicitário**: também chamado pós-teste de propaganda, é uma forma de verificar, depois de finalizada a campanha publicitária, sua eficácia e permanência junto às pessoas que receberam a mensagem.

5.2.7 Pesquisa de concorrência

A pesquisa de concorrência serve para verificar os P/S similares oferecidos pela concorrência, sua qualidade, preço, vendas, aceitação pelo consumidor etc.

A pesquisa de concorrência pode ser feita das seguintes maneiras:

- **Barômetro de marcas**: pesquisa, ao longo do tempo e em diferentes épocas, a evolução do mercado global e das cotas de participação das diferentes marcas que o compõem. Indica quais marcas estão evoluindo positiva ou negativamente, crescendo ou decrescendo.
- **Teste de produto**: é realizado da mesma forma como foi indicado na pesquisa de produto, ou seja, comparando os produtos da empresa com os da concorrência.
- **Teste de embalagem**: é realizado da mesma forma como foi indicado na pesquisa de embalagem, ou seja, comparando os produtos da empresa com os da concorrência.

5.2.8 Tipos de pesquisa qualitativa de mercado

As pesquisas de mercado qualitativas fornecem informações descritivas, explicativas e não numéricas. São utilizadas com menor frequência.

Os principais tipos de pesquisa de mercado qualitativa são os estudos motivacionais e os estudos de imagem.

> Aumente seus conhecimentos sobre **Focus Group** na seção *Saiba mais GV 5.4*

- **Estudos motivacionais**: explicam o que motiva a compra dos P/S, isto é, o que leva o consumidor a comprar tal produto em detrimento de outros produtos à sua disposição. Com isso, é possível entender os mecanismos psicológicos que levam o consumidor a optar por determinados P/S e o que estes devem ter para serem escolhidos.
- **Estudos de imagem**: imagem é a impressão que as pessoas têm de um P/S, de uma marca ou de uma empresa. A imagem – favorável ou desfavorável – é o primeiro passo do comportamento de compra. Se a imagem for negativa, a análise de suas causas permitirá

condições para modificá-la. Se a imagem for positiva, ela deverá ser mais bem utilizada para incrementar as vendas.

> Acesse conteúdo sobre **A importância do conhecimento do mercado** na seção *Tendências em GV* 5.1

O Quadro 5.2 permite uma visão geral dos tipos de pesquisa de mercado, em sua forma quantitativa ou qualitativa.

Quadro 5.2 Tipos de pesquisa de mercado

Pesquisas quantitativas	Pesquisa de vendas	■ Painel de consumidores ■ Painel de varejistas ■ Estudos de distribuição
	Pesquisa do consumidor	■ Painel de consumidores ■ Estudo de comportamento ■ Mercado de prova
	Pesquisa de produto	■ Teste de conceito ■ Teste de produto ■ Teste de embalagem
	Pesquisa de propaganda	■ Pesquisa de audiência ■ Pré-teste publicitário ■ Pós-teste publicitário
	Pesquisa de concorrência	■ Barômetro de marcas ■ Teste de produto ■ Teste de embalagem
Pesquisas qualitativas		■ Estudos motivacionais ■ Estudos de imagem

A pesquisa pode ser feita pela própria empresa ou encomendada a alguma empresa especializada em pesquisas de mercado. Existem muitas empresas especializadas em pesquisas de mercado, como o Instituto Brasileiro de Opinião Pública e Estatística (Ibope), por exemplo.

TENDÊNCIAS EM GV

Importância da reputação da marca no ambiente digital

Depois da criação da internet em 1969 e sua liberação para o uso comercial nos Estados Unidos em 1987 (no Brasil, somente em 1995), a evolução desse novo meio de comunicação foi tão rápida que provocou transformações na forma de relacionamento entre pessoas, entre empresas e entre empresas e consumidores. Hoje, é muito difícil achar alguma empresa que ainda duvide de sua influência na decisão de compra do consumidor. Todavia, uma empresa que queira inserir em seu planejamento estratégico a utilização desse meio para se relacionar com o público consumidor deve tomar alguns cuidados. O primeiro é identificar o quanto é relevante o produto ou serviço a ser oferecido na internet. Ou seja, a internet terá poder de influência sobre o consumidor para a aquisição do produto ou serviço ofertado? É a partir dessa análise que poderá ser definida a validade de um investimento na internet e suas mídias. Outro item de suma importância é avaliar a reputação da marca. A organização precisa desenvolver instrumentos para monitorar frequentemente essa reputação, sob pena de não obter os resultados esperados. Lembre-se de que o consumidor está a um clique para reportar elogios, mas também para não recomendar a empresa e/ou determinado produto ou serviço.

5.3 PREVISÃO DE VENDAS

Para poder vender seu P/S e produzi-lo na quantidade adequada às necessidades do mercado, a empresa precisa prever antecipadamente suas vendas, para planejar suas atividades de produção e de comercialização. A previsão de vendas é a base para o planejamento de toda a sua produção e comercialização. Saber qual a quantidade semanal, mensal ou anual de P/S a serem produzidos, e como tudo isto será vendido, é algo que depende da previsão de vendas.

A previsão de vendas representa a quantidade de P/S que a empresa pretende vender ou colocar no mercado durante o exercício. Essa previsão deve especificar cada P/S da empresa e as vendas previstas ou esperadas para cada mês do exercício. Ela constitui, portanto, uma estimativa ou expectativa de vendas. Pode ser feita em unidades físicas ou em valores monetários para determinado período, que geralmente é de um ano, subdividido em meses. A previsão de vendas pode ser feita para o mercado total ou apenas para um segmento de mercado.

Quadro 5.3 Previsão de vendas em milhares de unidades de três produtos

Produtos	Jan.	Fev.	Mar.	Abr.	Maio	Jun.	Jul.	Ago.	Set.	Out.	Nov.	Dez.	Total
A	200	200	300	300	300	300	300	300	300	300	300	300	3.400
B	100	200	300	300	300	300	300	300	300	300	300	300	3.300
C	100	200	300	300	300	300	300	300	300	300	300	300	3.300
Total	400	600	900	900	900	900	900	900	900	900	900	900	10.000

Aumente seus conhecimentos sobre **Previsão de vendas** na seção *Saiba mais GV 5.5*

A previsão de vendas pode ser detalhada ou desdobrada por território ou por vendedor, a fim de proporcionar melhor acompanhamento e controle das regiões e da equipe de vendas. O Quadro 5.4 detalha a previsão de vendas do produto A em três diferentes regiões.

Quadro 5.4 Previsão de vendas em milhares de unidades de um produto para três regiões

Produtos	Jan.	Fev.	Mar.	Abr.	Maio	Jun.	Jul.	Ago.	Set.	Out.	Nov.	Dez.	Total
Região 1	100	100	150	150	150	150	150	150	150	150	150	150	1.700
Região 2	50	50	75	75	75	75	75	75	75	75	75	75	850
Região 3	50	50	75	75	75	75	75	75	75	75	75	75	850
Total	200	200	300	300	300	300	300	300	300	300	300	300	3.400

5.3.1 Fatores de cálculo da previsão de vendas

A previsão de vendas é estimada em função de quatro fatores básicos:

1. **Informações sobre as vendas passadas**: isto é, as vendas efetuadas nos períodos anteriores. Essas informações são tiradas dos registros e das estatísticas de vendas e formam a base da previsão de vendas. Se não houvesse alterações no mercado, elas serviriam para projetar as vendas futuras como decorrência das vendas passadas. Em mercados estáticos ou estáveis, as informações sobre as vendas passadas constituem a previsão de vendas futuras. As vendas passadas refletem a própria experiência da empresa em relação ao seu mercado real.

2. **Informações sobre tendências do mercado**: são obtidas por meio da análise do mercado e, quando insuficientes, também pela pesquisa de mercado. Essas informações servem para detectar tendências de crescimento, de diminuição das vendas, ou do aparecimento de clientes ou concorrentes potenciais.

3. **Capacidade de produção da empresa**: é a capacidade que a empresa tem de produzir P/S no período considerado na previsão de vendas. Se a previsão de vendas for menor do que a capacidade de produção da empresa, haverá capacidade ociosa e não aproveitada. Quando a previsão de vendas é maior que a capacidade de produção da empresa, existem três alternativas de solução:

    a. **Reduzir a previsão de vendas**: até o nível determinado pela capacidade de produção, cortando a estimativa excedente.

    b. **Aumentar a capacidade produtiva da empresa**: até o nível de vendas previsto, por meio da aquisição de máquinas, instalações, pessoal etc.

    c. **Comprar serviços de produção de outras empresas**: transferindo para outros a produção que excede sua capacidade atual por meio de encomendas.

4. **Capacidade de vendas da empresa**: ou seja, o que a empresa tem condições de vender e distribuir. A capacidade de vendas depende da organização das vendas da empresa e de seu sistema de distribuição, aspectos que serão discutidos nos próximos capítulos.

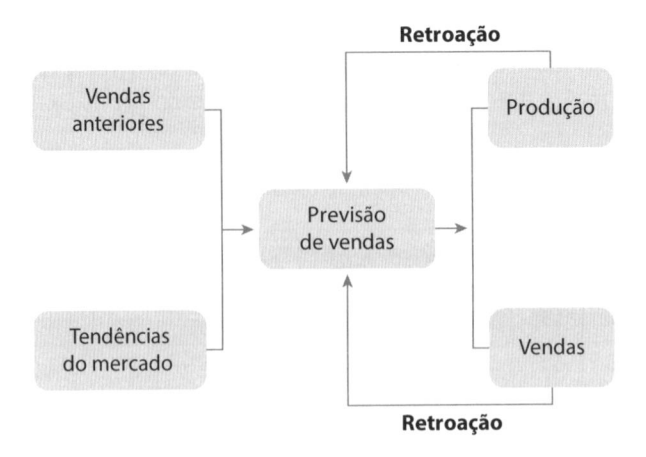

Figura 5.1 Os fatores que influenciam a previsão de vendas.

Na realidade, a empresa faz várias e diferentes previsões de vendas, cada qual consistindo em uma estimativa de vendas prováveis de acordo com diferentes planos comerciais ou diferentes análises do mercado. Em geral, há uma previsão otimista, uma previsão pessimista e uma previsão intermediária no sentido de fornecer não uma linha preditiva, mas uma faixa preditiva para conter possíveis incertezas no caminho futuro.

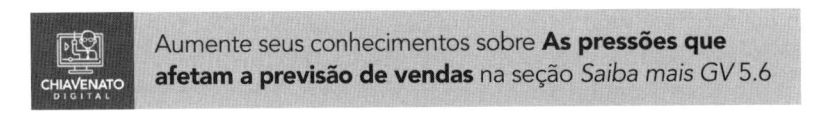

> Aumente seus conhecimentos sobre **As pressões que afetam a previsão de vendas** na seção *Saiba mais GV 5.6*

Por outro lado, a previsão de vendas não é algo definitivo. Ela é feita e refeita continuamente à medida que é executada ou à medida que ocorrem alterações no mercado, na produção da empresa ou na execução das vendas. Se houver algum atraso na produção ou nas vendas, ocorre uma retroação sobre a previsão, alterando-a para incluir a mudança, como mostra a Figura 5.1. Embora, geralmente, cubra um período de 12 meses, a previsão de vendas é atualizada a cada mês. O mês que passou reflete as vendas reais, enquanto os meses subsequentes refletem as vendas previstas ou prováveis.

Além disso, a previsão de vendas está sujeita às seguintes alterações possíveis:

- **Alterações no mercado**: a situação do mercado pode melhorar ou piorar, favorecendo ou dificultando as vendas da empresa. Novas tendências podem surgir no sentido de desenvolver clientes potenciais ou concorrentes potenciais.
- **Alterações nas vendas**: os clientes podem antecipar ou adiar suas compras em função de situações imprevistas.
- **Alterações na produção**: a produção de P/S da empresa pode sofrer atrasos (por falta de matéria-prima, por greves, por acidentes etc.) ou antecipações (por melhoria das instalações, novas tecnologias etc.), alterando um dos importantes fatores da previsão de vendas.

5.3.2 Objetivos da previsão de vendas

Embora pareça que a previsão de vendas sirva simplesmente para programar a produção e as vendas de P/S, na realidade, seus objetivos são bem mais amplos. Os principais objetivos da previsão de vendas são os seguintes:

- Conhecer previamente o volume de vendas que poderá ser alcançado no período considerado.
- Preparar a organização de vendas para a realização das vendas previstas. Isso pressupõe o recrutamento e a seleção de vendedores, seu treinamento e supervisão.

Além disso:

- em função das vendas previstas e da receita a ser obtida, serve para calcular a porcentagem de comissões e, portanto, a remuneração do pessoal de vendas;
- estabelecer as cotas de vendas para cada uma das unidades de vendas, isto é, de cada vendedor, de cada filial etc.;
- controlar o desempenho das vendas e dos vendedores;
- planejar as campanhas de promoção de vendas e propaganda como meios auxiliares para facilitar e incrementar as vendas;
- planejar os sistemas de distribuição;
- estabelecer os programas de produção de P/S da empresa para atender às vendas e abastecer a distribuição;
- calcular as necessidades financeiras da empresa, em função das vendas previstas (receitas) e da necessária produção de P/S (despesas).

5.3.3 Como é feita a previsão de vendas

Cada empresa tem sua maneira de elaborar e reelaborar continuamente a previsão de vendas. Isso depende muito do P/S, do mercado, da concorrência etc. Porém, geralmente a previsão de vendas é feita por meio de uma das modalidades a seguir ou de uma combinação entre elas (Figura 5.2).

- **Avaliação individual de cada vendedor**: o executivo de Administração de Vendas (AV) coleta de cada vendedor uma avaliação do passado, presente e futuro de seu território e uma projeção de vendas para o ano seguinte. A seguir, totaliza as informações para montar a previsão de vendas da empresa.
- **Reuniões periódicas do pessoal de vendas**: para se examinar detidamente as vendas passadas, o potencial do mercado, o comportamento dos clientes, as possíveis alterações do P/S, as alternativas de campanhas de propaganda e de promoção de vendas, a concorrência etc.
- **Reuniões periódicas com os principais clientes**: nas quais se verifica o grau de satisfação com o P/S, as expectativas de compras, a demanda de consumo futuro etc.

- **Utilização da abordagem de acumulação**: a previsão baseia-se em estimativas de vendas futuras que são fornecidas pelas diferentes unidades da empresa (vendedores, filiais, departamentos etc.). Essas estimativas são solicitadas periodicamente para todas as unidades da empresa que possam contribuir no processo, calculando-se as médias e tendências, além de informações adicionais aos vendedores, distribuidores, varejistas, atacadistas e outras pessoas que possam trazer contribuições interessantes.
- **Reuniões de cúpula da empresa**: nas quais se examinam as vendas passadas, a capacidade de produção da empresa, as tendências econômicas do país, o potencial de mercado a ser explorado, o grau de risco que a empresa pretende assumir para o futuro etc.

Elaboração da previsão de vendas →
1. Avaliação individual de cada vendedor
2. Reuniões periódicas do pessoal de vendas
3. Reuniões periódicas com principais clientes
4. Utilização da abordagem de acumulação
5. Reunião de cúpula da empresa

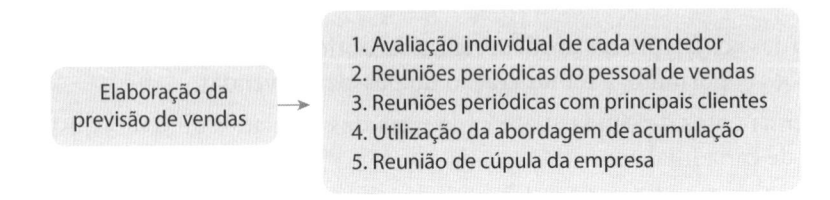

Figura 5.2 Modalidades de elaboração da previsão de vendas.

Previsão de vendas (O que esperamos vender) → **Capacidade de produção** (O que podemos produzir) / **Nível de estoque** (O que já foi produzido) → **Plano de produção** (O que temos de produzir)

Figura 5.3 A elaboração do plano de produção da empresa.[1]

5.4 DETERMINAÇÃO DAS COTAS DE VENDAS

Cota de vendas é o volume de vendas fixado para uma unidade – seja ela um vendedor, departamento, divisão ou seção, filial, território, produto etc. – para uso na AV. A cota de vendas representa a parcela das vendas totais que a empresa atribui a um vendedor, departamento, filial, território, produto etc. Em geral, as vendas totais da empresa são divididas em cotas para cada unidade, para servir como objetivos para cada uma delas. A cota de vendas é geralmente fixada para determinado período – como dia, semana, mês ou ano – e pode ser expressa em unidades físicas ou em valores monetários.

5.4.1 Objetivos da determinação de cotas de venda

A determinação de cotas de vendas é feita visando atingir vários objetivos simultâneos:

- A cota de vendas pode servir como meio para verificar a eficiência de cada unidade, isto é, de cada vendedor, território, filial, P/S etc. As vendas reais são comparadas com as vendas previstas para proporcionar um índice de eficiência.

$$\text{Eficiência das vendas} = \frac{\text{Vendas reais}}{\text{Vendas previstas}} \times 100$$

- A cota de vendas pode servir também para estimular o esforço do pessoal de vendas, estabelecendo objetivos de vendas a serem cumpridos em cada período. Nesse sentido, funciona como um balizamento ou meta para cada unidade, isto é, cada vendedor, território, filial, P/S etc., de modo que cada um saiba, antecipadamente, aquilo que deve ser realizado.
- A cota de vendas permite fixar a remuneração de vendedores ou de grupos de vendedores, pois facilita a fixação de porcentagens de valores monetários de vendas nos períodos considerados, principalmente quando a remuneração é feita por meio de comissões. As comissões funcionam como porcentagens das vendas reais, mas elas podem ser projetadas como porcentagens das cotas de vendas de cada um.
- A cota de vendas proporciona um excelente meio de controle do desempenho do pessoal de vendas, indicando o que já foi realizado e quanto falta para cumprir a meta estimada.

Quadro 5.5 Cotas de venda e confronto com as vendas realizadas mensalmente

Vendedor	Cota anual de vendas	Vendas realizadas					
		Janeiro		Fevereiro		Março	
		Venda	%	Venda	%	Venda	%
João	100.000	10.000	10	20.000	20	40.000	40
Pedro	200.000	20.000	10	40.000	20	50.000	25
Total	300.000	30.000	10	60.000	20	90.000	30

A cota de vendas pode também ser feita regionalmente, seja para cada cidade, filial, região ou país. Nesse caso, é denominada zoneamento de vendas ou cotas regionais de venda e confunde-se com a segmentação de mercado.

A determinação das cotas de venda não é inflexível nem deve ser obtida simplesmente pela aplicação de fórmulas matemáticas ou estatísticas absolutamente exatas. Deverá ser feita considerando os efeitos psicológicos sobre todo o pessoal de vendas, no sentido de estimulá-lo e não o desanimar frente à tarefa a cumprir.

QUESTÕES PARA REVISÃO

1. Qual é a diferença entre previsão e planejamento?
2. De que dependem as vendas?
3. As empresas vendem às cegas?
4. Por que há a necessidade de a empresa conhecer o mercado?

5. O que significa tendências do mercado?
6. Conceitue análise do mercado.
7. O que são fontes de informações sobre o mercado?
8. O que são fontes primárias?
9. Conceitue dados primários.
10. O que são fontes secundárias?
11. Conceitue dados secundários.
12. A análise de mercado se baseia em que tipos de fonte?
13. Como é feita a análise de mercado?
14. Explique as fontes secundárias dentro da empresa.
15. Explique as fontes secundárias fora da empresa.
16. Conceitue pesquisa de mercado.
17. Qual é a diferença entre análise de mercado e pesquisa de mercado?
18. O que são fontes primárias quantitativas? Exemplifique.
19. O que são fontes primárias qualitativas? Exemplifique.
20. Quais são as técnicas de pesquisa de mercado?
21. Quais são os tipos de pesquisa de mercado quantitativa?
22. Conceitue pesquisa de vendas.
23. Quais são os tipos de pesquisas de vendas?
24. Conceitue painel de consumidores.
25. Conceitue painel de varejistas.
26. Conceitue estudos de distribuição.
27. Quais são os tipos de pesquisa de consumidor?
28. O que é mercado de prova?
29. Quais são os tipos de pesquisas de produto?
30. O que é teste de conceito?
31. O que é teste de produto?
32. O que é teste de embalagem?
33. Quais são os tipos de pesquisa de propaganda?
34. O que é pesquisa de audiência?
35. O que é pré-teste publicitário?
36. O que é pós-teste publicitário?
37. Quais são os tipos de pesquisa de concorrência?
38. O que é barômetro de marcas?
39. Quais são os tipos de pesquisa de mercado qualitativa?
40. O que são estudos motivacionais?
41. O que são estudos de imagem?

42. Conceitue previsão de vendas.
43. Por que previsão de vendas, e não planejamento de vendas?
44. Quais os fatores que ingressam no cálculo da previsão de vendas?
45. Explique as informações sobre as vendas passadas na previsão de vendas. Destaque seus prós e contras.
46. Explique as informações sobre tendências do mercado na previsão de vendas. Destaque seus prós e contras.
47. Explique a capacidade de produção na previsão de vendas.
48. Explique a capacidade de vendas na previsão de vendas.
49. Quais são as alternativas para nivelar previsão de vendas e capacidade de produção da empresa?
50. A previsão de vendas é definitiva ou mutável? Explique.
51. Ocorrem alterações na previsão de vendas em função de que tipos de alteração? Explique.
52. Explique os objetivos da previsão de vendas.
53. Qual é a relação entre previsão de vendas e organização de vendas?
54. Qual é a relação entre previsão de vendas e programas de produção?
55. Qual é a relação entre previsão de vendas e necessidades financeiras da empresa?
56. O que significa determinação das cotas de vendas?
57. Conceitue cotas de venda.
58. Quais são os objetivos das cotas de venda?
59. Explique as diferenças entre oceano vermelho e oceano azul.
60. Como identificar e localizar um oceano azul.

REFERÊNCIA

1. CHIAVENATO, I. *Gestão da produção*: uma abordagem introdutória. São Paulo: Atlas, 2022.

6 DISTRIBUIÇÃO E ENTREGA

O QUE VEREMOS ADIANTE

- Conceito de distribuição.
- Intermediários.
- Utilidades de tempo e lugar.
- Sistemas de distribuição.
- Ponto de venda (PDV).
- Critérios para definição do sistema de distribuição.

O comércio requer que produtos e serviços (P/S) estejam sempre disponíveis no local e no tempo certos para que o consumidor possa comprá-los e utilizá-los. Essa disponibilidade significa presença, seja nas prateleiras do supermercado, nas vitrines das lojas, no balcão das empresas prestadoras de serviços ou na internet. Distribuição é isso: fazer com que os intermediários do processo possam estar sempre disponíveis para entregas rápidas e imediatas, e que os vendedores possam entregar com a maior presteza possível o produto nas mãos do cliente. Isso faz parte integrante da Gestão de Vendas (GV). Não adianta vender se não é possível entregar no momento e no local em que o cliente deseja o produto. Esta questão é significativa: quando um produto não é um produto? Quando ele está no Rio de Janeiro, mas é procurado em São Paulo. O lugar (*place*) é indispensável e, por isso, é parte integrante do composto de marketing.[1]

INTRODUÇÃO

Os caminhos que o produto faz entre o produtor e o consumidor nem sempre são curtos, tampouco simples. Os produtos não chegam às mãos do consumidor por encanto. Para saírem como produtos acabados de uma fábrica e chegarem até o consumidor, eles passam por um caminho quase sempre bastante sinuoso e complicado. Esse caminho é definido por rotas previamente estabelecidas pela empresa no sentido de buscar otimização de percurso e economizar custos, tempo e espaço. Essas rotas, por meio das quais o produto sai do fabricante e chega até o consumidor, são denominadas canais de distribuição. Os canais de distribuição representam os diversos meios pelos quais o produtor faz chegar seus P/S até os pontos onde deverão estar disponíveis ao consumidor final.

6.1 CONCEITO DE DISTRIBUIÇÃO

A palavra **distribuição** pode ser utilizada com diferentes significados. Para a teoria econômica, significa o processo de divisão do produto da atividade econômica entre os diversos fatores de produção, como natureza, capital e trabalho. Para a GV, a distribuição é utilizada como sinônimo do fluxo de entrega do produto desde o produtor até as mãos do consumidor final.

Distribuição é a movimentação e a manipulação dos P/S desde a fonte de produção até o ponto de consumo ou utilização. Envolve o fluxo dos P/S do produtor até o consumidor final e é parte integrante do composto de marketing (*marketing mix*) com a denominação de praça (*place* ou *placement*). Distribuir um produto é entregá-lo no local correto, no momento certo, na quantidade suficiente, com as características oferecidas e com os serviços necessários à sua venda e uso pelo consumidor.

Assim, dá-se o nome de distribuição às atividades necessárias para conseguir a transferência dos P/S desde sua origem de produção até o lugar de uso e consumo, com ou sem a presença de intermediários nesse fluxo.

6.1.1 Agentes × distribuidores

A distribuição pode variar desde um sistema de distribuição próprio, composto de agentes de venda e armazéns, até a entrega a uma organização externa com responsabilidade pela distribuição (terceirização). Essa escolha depende da dimensão ou do volume da distribuição, do valor das vendas globais, da natureza dos produtos a distribuir, das características dos mercados-alvo e do grau de internacionalização do produtor.

No primeiro caso, temos os agentes contratados pela empresa, que são representantes ou equipes de vendedores no mercado que, em geral, lidam com amostras ou material impresso de suporte para apresentação e venda ao comprador potencial. Em geral, os agentes recebem salário e determinada comissão pelas vendas, além dos encargos sociais e benefícios.

No segundo caso, temos os distribuidores externos, que prestam os seguintes serviços:

- compram e ficam com a propriedade do produto;
- assumem os riscos de crédito ao comprador final;
- ficam incumbidos de entregar o produto ao comprador final;
- promovem, vendem, abrem créditos, efetuam recebimentos;
- fazem estoques próprios do produto;
- prospectam o mercado para avaliar, comparar e visualizar tendências;
- prestam serviços de apoio e dão garantias aos compradores.

Na verdade, os distribuidores fornecem mais serviços ao produtor do que seus agentes próprios e constituem uma rede de distribuidores que se torna mais ampla e econômica do que a constituição de agentes. Além disso, o produtor recebe mais cedo o valor das vendas. Em geral, os distribuidores têm um contrato formal com o produtor por um período determinado em que são detalhados territórios, formas de remuneração e outros aspectos comerciais. Por fim, o intermediário goza de margens unitárias de lucro e pode comprar a crédito, o que aumenta o risco do produtor.

Assim, a distribuição pode ser feita por meio de venda direta (por agentes) ou de venda indireta (por intermediários). Vejamos as diferenças:

- **Venda direta**: distribuição que não utiliza nenhum intermediário. A própria empresa produtora faz a venda diretamente ao consumidor final, por intermédio de seus próprios órgãos, como departamentos, filiais, agências, sucursais, lojas, vendedores ou representantes próprios.
- **Venda indireta**: distribuição na qual o P/S passa por vários intermediários até chegar ao consumidor final. Os intermediários formam os canais de distribuição.

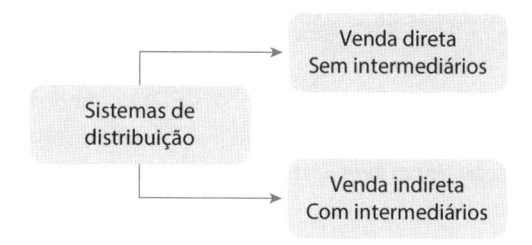

Figura 6.1 Tipos de distribuição.

Aumente seus conhecimentos sobre **Distribuição** na seção *Saiba mais GV 6.1*

6.2 INTERMEDIÁRIOS

Os sistemas de distribuição podem ser constituídos de órgãos da própria empresa, como departamentos, agências, filiais ou escritórios próprios localizados em diferentes locais ou cidades. Os bancos, por exemplo, para prestar seus serviços, precisam espalhar diversas agências bancárias, de acordo com as necessidades e as conveniências de cada região ou estado. Enquanto os bancos regionais concentram-se em alguma região territorial, os bancos nacionais espalham-se por diversas cidades do país. Os bancos, as lojas de departamentos e os supermercados são exemplos de empresas que distribuem seus serviços em extensas áreas geográficas, por meio de órgãos próprios e descentralizando geograficamente suas operações.

Contudo, nem sempre a atividade principal da empresa lhe permite condições de explorar intensivamente o mercado consumidor e de espalhar órgãos próprios para vender seus P/S em áreas territoriais muito extensas. Torna-se necessário contratar empresas concessionárias que trabalhem com exclusividade ou, então, vender seus P/S a terceiros, a fim de que estes os vendam diretamente aos consumidores finais, ou a outros, que finalmente o façam. Os fabricantes de automóveis precisam autorizar diversas empresas concessionárias para vender carros e prestar assistência técnica. Os fabricantes de geladeiras precisam vender seus produtos para inúmeras lojas, a fim de que estas os vendam aos consumidores finais. Os fabricantes de laticínios precisam vender para uma infinidade de supermercados e bares; os fabricantes de cigarros, para uma enorme variedade de bares, charutarias, supermercados etc., e assim por diante. Tudo depende das características dos P/S e de sua clientela.

6.3 CANAIS DE DISTRIBUIÇÃO

Constituem o caminho escolhido pelo produtor para seu produto chegar até o consumidor final por meio de elementos internos (agentes próprios) ou externos (intermediários) interligados dentro de uma cadeia logística.

Toda distribuição envolve um sistema relativamente complexo. O sistema de distribuição envolve o conjunto ou a combinação de atividades, formas de venda e intermediários que constituem um todo integrado e necessário para fazer com que o P/S da empresa chegue até o consumidor final. O sistema de distribuição, em muitos casos, requer a presença de canais de distribuição. Canal de distribuição é a empresa ou intermediário que adquire a propriedade dos P/S com a finalidade de revendê-los ao consumidor final ou a outro comerciante intermediário, assumindo o risco da compra e da venda. Daí a diferença entre sistema de distribuição (como é organizada a distribuição até o consumidor final) e canal de distribuição (o intermediário que conduz o P/S até o consumidor final).

Os canais de distribuição permitem que os P/S escoem do produtor até chegar às mãos do cliente ou consumidor final. Se compararmos a empresa a um coração humano, seus P/S – da mesma forma como ocorre com o sangue humano – precisam caminhar pelo sistema circulatório para chegar aos pontos em que são necessários para a nutrição das células e tecidos. Principalmente nas empresas que cobrem extensa área territorial, os canais de distribuição são importantes artérias que levam os P/S a diferentes e longínquos lugares, no tempo e na quantidade exigidos, à disposição do consumidor final.

6.3.1 Funções e objetivos dos canais de distribuição

Os canais de distribuição oferecem as seguintes funções:

- Oferecer e entregar os produtos com rapidez e eficiência.
- Reforçar o potencial de vendas do produto.
- Facilitar o fluxo de material e informação.
- Reduzir custos de maneira integrada.
- Fortalecer a cooperação e a integração entre os componentes.

Os principais objetivos dos canais de distribuição costumam ser os seguintes:

- Satisfazer a demanda do produto.
- Oferecer serviços de pós-venda.
- Induzir a demanda do produto.
- Possibilitar a troca de informações.

6.3.2 Variedade de componentes dos canais de distribuição

Os canais de distribuição são extremamente diferentes de um P/S para outro. São todos os agentes intermediários situados entre a empresa que produz o P/S e o consumidor final que o utiliza. Muitas vezes, existe uma complicada cadeia de agentes intermediários; outras vezes, a empresa produtora utiliza seus próprios meios para fornecer seus P/S diretamente à clientela final. Os canais de distribuição formam sistemas de distribuição, nos quais os intermediários assumem grande importância.

- **Intermediário**: tipo de negociante que se especializa em comprar e vender P/S durante o fluxo de mercadorias do produtor ao consumidor final. Existem dois tipos de intermediário: o comerciante e o agente.
- **Intermediário agente**: intermediário que negocia compras e/ou vendas de bens, mas sem adquirir a propriedade destes. Sua remuneração consiste, geralmente, em comissões ou taxas previamente fixadas. É o caso do corretor de imóveis e de seguros, os agentes de fabricantes, o agente-vendedor etc.
- **Intermediário comerciante**: intermediário que adquire a propriedade dos produtos, os armazena e os vende. Esse intermediário compra e adquire a propriedade dos produtos com que negocia e assume todos os riscos do negócio. É o caso dos atacadistas e varejistas, que são os principais tipos de intermediário-comerciante.
- **Varejista**: comerciante ou estabelecimento comercial que vende principalmente para o consumidor final. Sua venda típica é efetuada ao consumidor final. Entende-se por varejo as atividades de venda ao consumidor final.
- **Consumidor final**: aquele que compra ou utiliza P/S para satisfazer desejos pessoais ou necessidades domésticas, e não para revenda ou utilização em estabelecimentos institucionais, industriais e comerciais. É diferente do consumidor industrial, que é uma firma que compra e utiliza P/S para produzir outros bens ou serviços.
- **Atacadista**: comerciante intermediário que vende para varejistas e outros comerciantes e consumidores industriais, institucionais e comerciais. Em geral, o atacadista não vende para consumidores finais. É conhecido também pelo nome de distribuidor ou fornecedor, quando negocia com matérias-primas, produtos semiacabados, ferramentas e maquinário.

Figura 6.2 Intermediários nos sistemas de distribuição.

> **SAIBA MAIS** — **Logística nos tempos da Indústria 4.0**
>
> A Indústria 4.0 é um termo cunhado na Alemanha, em 2011, que busca sintetizar os avanços da tecnologia, como Inteligência Artifical (IA), Internet das Coisas (IoT), *Big Data*, computação em nuvem etc., nos processos produtivos das empresas. Essas novas tecnologias estão mudando a forma de produção e de relacionamento com o

cliente, no mundo todo. No contexto logísitico, o desafio para as empresas, é o gerar um processo eficiente junto com toda sua cadeia de suprimentos, buscando reduzir os custos de transação e, ao mesmo tempo, agregar valor ao negócio. Ocorre que, para ter sucesso nesse novo mundo, as empresas precisam sair do meio analógico e implantar o meio digital em seus processos produtivos, integrando-se cada vez mais com fornecedores e clientes. A digitalização deve ser considerada na logística, buscando, por meio da Tecnologia de Informação e Comunicação (TIC), uma melhoria contínua em seus processos. Atualmente, os clientes têm acesso rápido e em tempo real a diversas informações, o que lhe possibilita avaliar o uso inadequado de um processo logísitico no que tange, por exemplo, ao desenvolvimento sustentável. Todavia, a possibilidade de automação pode agilizar a capacidade da empresa em entregar um P/S, no prazo, na quantidade e com a qualidade esperada por seu cliente, o que ajudará em sua competitividade frente aos concorrentes, podendo colaborar para um processo sustentável, econômico e ambientalmente, atendendo, assim, aos novos paradigmas da sociedade.

Nem todo intermediário forma um canal de distribuição. Existem dois critérios que identificam o intermediário como canal de distribuição e que podem ser assim definidos:

1. **Mudança de propriedade dos P/S**: o intermediário compra e adquire os P/S do produtor, tornando-os propriedade sua.
2. **Aceitação do risco de compra e venda**: o intermediário assume totalmente os riscos do negócio, pois, ao comprar e adquirir os P/S, ele se responsabiliza totalmente pelo êxito ou fracasso das vendas.

Assim, os intermediários agentes não constituem canais de distribuição, pois não adquirem os P/S nem assumem os riscos da compra e venda no mercado consumidor. Os canais de distribuição são constituídos pelos intermediários comerciantes, pois estes adquirem a propriedade dos P/S e assumem os riscos de sua colocação no mercado consumidor.

6.4 UTILIDADE DE TEMPO E DE LUGAR

Os canais de distribuição permitem duas grandes vantagens: utilidades de tempo e de lugar.

- **Utilidade de tempo**: os canais de distribuição compram e guardam os P/S, de forma que estejam disponíveis para o consumidor quando deles necessitarem, independentemente da época em que são fabricados e produzidos. Disponibilidade no tempo, isto é, no momento em que o cliente busca o produto.
- **Utilidade de lugar**: os canais de distribuição levam os P/S dos centros de produção ou de onde existem em abundância para os lugares de consumo ou para onde exista escassez. Disponibilidade no espaço significa que o produto está disponível no local mais próximo do cliente.

Essas duas utilidades constituem vantagens que a empresa pode aproveitar para melhor colocar seus P/S no mercado.

6.5 PONTO DE VENDA

Ponto de venda (PDV) é o local onde um produto é exposto de maneira permanente – independentemente de sazonalidade. É também denominado local primário e pode ser provisório ou permanente. Quando se pretende aumentar a rotatividade de um produto em adição ao local primário, cria-se um segundo local de exposição ou quando se oferece vantagens adicionais ao cliente na aquisição do produto por tempo limitado. O PDV é um conceito amplo no sentido de também ambientar o produto dentro de uma loja para destacá-lo dos demais, oferecendo maior visibilidade e facilidade em sua visualização e aquisição. Nesse sentido, o PDV pode incluir espaços especiais e atrativamente expostos, painéis decorativos, *displays*, vitrines, pilhas, mostruários, geladeiras, de modo que possam ser facilmente reabastecidos.

6.5.1 Ponto de serviço

O ponto de serviço (PoS) é um PDV destinado à prestação de serviços ao cliente, como caixa registradora especial em que acontece a transação de venda, máquina leitora de cartão de crédito e outros terminais eletrônicos de vendas. Existem em todo e qualquer lugar onde se vende um produto, como lojas de varejo, restaurantes, hotéis, estádios, aeroportos etc. No fundo, é um componente que facilita, melhora e ajuda no atendimento ao consumidor.

> Acesse conteúdo sobre **A expansão dos pontos de serviço** na seção *Tendências em GV 6.1*

6.5.2 Critérios de avaliação e escolha dos canais de distribuição

A escolha do canal de distribuição constitui parte integrante da estratégia do composto de marketing. É necessário que o canal escolhido seja coerente com as demais variáveis do composto de marketing e com o posicionamento pela empresa, pois faz parte da articulação fundamental para o sucesso da estratégia ou plano de marketing. O canal deve oferecer sustentação e sinergia com as demais variáveis de modo a agregar valor ao sistema como um todo.

A seleção e a avaliação do canal de distribuição escolhido devem ser feitas por meio da análise de um conjunto de critérios, adequadamente ponderados em função de sua importância relativa para o negócio da empresa e para oferecer métricas ou indicadores comparativos.

Os principais critérios estão expostos no Quadro 6.1.

Quadro 6.1 Principais critérios de avaliação e escolha de canais de distribuição

Critérios de marketing	Critérios de mercado
▪ Adequação do canal ao composto de marketing ▪ Nível de excelência do canal ▪ Características dos clientes ▪ Imagem percebida do canal ▪ Sofisticação da concorrência ▪ Número de concorrentes no canal	▪ Cobertura geográfica ▪ Potencial de crescimento do mercado ▪ Valor de mercado em termos financeiros ▪ Valor de mercado em quantidades ▪ Número de PDV

(continua)

(continuação)

Critérios financeiros	Critérios logísticos
■ Capacidade financeira ■ Custo de investimento ■ Custo por unidade de produto ■ Custo de seguros	■ Custo de transporte ■ Custo de distribuição ■ Custo de estocagem ■ Envolvimento de terceiros
Critérios comerciais	
■ Nível de fidelização ou exclusividade ■ Preços e margens praticadas no mercado ■ Influência no processo de compra ■ Dinamismo comercial do canal ■ Compatibilidade com outros componentes ■ Conhecimento e competências ■ Condições de pagamento ■ Capacidade de negociação	

6.6 SISTEMAS DE DISTRIBUIÇÃO

Já definimos o que é um sistema de distribuição. Agora, nos dedicaremos ao estudo das várias alternativas em que o sistema de distribuição pode ser estruturado pela empresa. O sistema de distribuição depende do número e da dispersão dos consumidores ou usuários. Na realidade, existem três alternativas para se estruturar um sistema de distribuição dos P/S de uma empresa:

- **Alternativa 1**: produtor ao consumidor final.
- **Alternativa 2**: produtor ao varejista e ao consumidor final.
- **Alternativa 3**: produtor ao atacadista, ao varejista e ao consumidor final.

A primeira alternativa é denominada venda direta ou distribuição direta, pois não exige canais de distribuição. As outras duas alternativas são denominadas vendas indiretas, pois exigem canais de distribuição. A Figura 6.3 dá uma ideia resumida das três alternativas de sistemas de distribuição.

Produtor → Consumidor

Produtor → Varejista → Consumidor

Produtor → Atacadista → Varejista → Consumidor

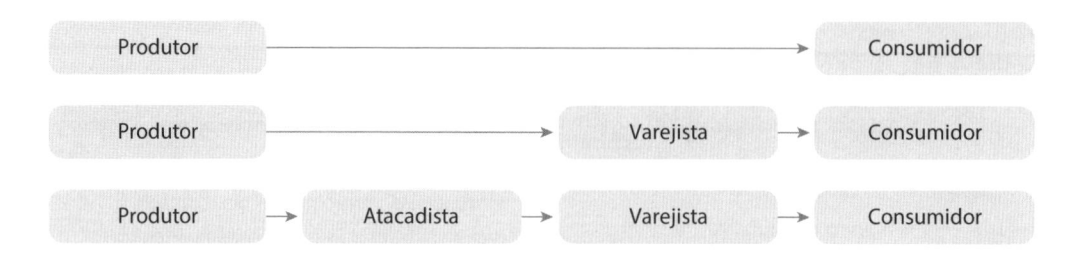

Figura 6.3 As três alternativas básicas de sistemas de distribuição.

Vejamos cada uma das três alternativas de distribuição.

> **SAIBA MAIS** — **Canais de distribuição na Era Digital**
>
> Você sabe o significado do termo *omnichannel*? Surgiu na indústria do varejo para referenciar a mistura de canais *off-line* e *on-line*. *Omni* significa "todo/inteiro" e *channel*, canal. Em marketing, o termo **canal** também é utilizado para indicar os canais de distribuição. Nesse caso, o termo refere-se ao uso de todos os canais, seja ele *on-line* ou *off-line*. O *omnichannel* pode ser utilizado tanto para vendas quanto para entrega do produto ou para comunicação com o consumidor. Na Era Digital, os aplicativos móveis, *sites* ou até mesmo as redes sociais permitem que o consumidor adquira um P/S no ambiente *on-line*, mas opte em retirá-lo na loja. Esse novo paradigma modifica o planejamento tradicional com o qual a empresa tratava a distribuição. Essa forma de aquisição e retirada de produtos ajuda a organização na otimização de seus custos de transação, já que que a empresa otimiza seus processos logísticos e de distribuição, podendo, inclusive, direcionar o consumidor para a loja que tem o produto em estoque, no próprio momento da compra. Podemos verificar, nesse exemplo, o uso do *omnichannel*, pois foi utilizado o canal *on-line* para a compra e o *off-line* para a retirada do produto. É importante perceber que o *omnichannel*, por meio das redes sociais digitais, permite a importante interação do consumidor com a marca, podendo gerar informações valiosas para tomadas de decisão para melhoria dos processos e reputação da marca.

Alternativa 1: distribuição direta do produtor ao consumidor final

É a distribuição direta ao consumidor final. A própria empresa produtora vende seus bens e serviços diretamente ao consumidor final ou usuário final. A distribuição direta pode ser feita por quatro meios diferentes:

1. **Do produtor ao consumidor doméstico, por intermédio do correio ou da mala-direta**: é também chamado de marketing direto ou mala-direta. É um sistema muito utilizado nos Estados Unidos, que foi introduzido pela Sears norte-americana, que envia periodicamente catálogos de produtos com códigos e preços aos seus clientes cadastrados. Estes preenchem os pedidos com os códigos e preços dos produtos escolhidos e os enviam pelo correio. A empresa remete os produtos solicitados também pelo correio. Tanto a oferta do vendedor (produtor) quanto o pedido do comprador (consumidor ou usuário final) são feitos pelo correio, sem que haja contato pessoal entre as partes. No Brasil, esse sistema de distribuição está sendo muito utilizado por empresas que operam com cartões de crédito e envolvem produtos como joias, livros, bebidas etc. A venda pelo correio ou mala-direta está gradativamente transformando-se em venda indireta

pelo aparecimento de empresas comerciais especializadas, que formam um arquivo de clientes cadastrados e intermediam as vendas entre produtores e consumidores finais.

A vantagem da mala-direta está no fato de que o cliente não precisa sair de sua casa para fazer as compras. A desvantagem está na demora da solicitação e da remessa pelo correio.

2. **Do produtor ao consumidor doméstico, por intermediário do telefone**: é uma forma de distribuição direta, pela qual o consumidor final efetua a compra pelo telefone via *call center*. A compra é negociada por vendedores pelo telefone e o produtor envia o pedido por meio de veículos próprios ou de terceiros (como automóveis, caminhões ou motocicletas) ou pelo correio. Muito utilizada por farmácias, pizzarias, lojas de conveniências, supermercados etc., é também chamada de televendas ou, ainda, telemarketing.

3. **Do produtor ao consumidor final pela internet**: o próprio produtor oferece um canal direto ao consumidor pela internet, possibilitando a compra por meio do acesso ao seu *site* ou portal de vendas ou, ainda, por portais de terceiros, como Amazon, Submarino, Decolar etc.

4. **Do produtor ao consumidor doméstico por intermédio de vendedores porta a porta**: trata-se de uma distribuição direta, por meio da qual a empresa procura o cliente em sua casa para efetuar a venda. No Brasil, esse sistema é utilizado pela Avon, produtora de cosméticos e produtos de beleza, que utiliza vendedoras não profissionais para vender seus produtos dentro do seu círculo de amizades. Outro fabricante de cosméticos e produtos de beleza, a Natura, também utiliza esse sistema de distribuição.

5. **Do produtor ao consumidor final por meio de lojas próprias**: o próprio produtor estabelece uma cadeia de lojas ou de filiais para efetuar suas vendas diretamente ao consumidor final. As vendas são realizadas nos estabelecimentos de propriedade do produtor, mas que parecem lojas de varejistas para o público. O próprio produtor estabelece uma cadeia de lojas ou estabelecimentos para efetuar suas vendas diretamente ao consumidor final, o que provoca investimentos em locais, instalações, pessoal e estoques. Muitos fabricantes de calçados, chapéus, livros etc. têm optado por essa alternativa.

Nas diversas opções dessa primeira alternativa – seja por meio da mala-direta, da venda por telefone, dos vendedores porta a porta, lojas próprias ou pela internet – é o produtor que assume o papel de interface com o consumidor final, que, na maior parte das vezes, é realizado pelo varejista.

Produtor →
- Mala direta
- Televendas
- Vendedores domiciliares
- Lojas próprias
- Internet
→ Consumidor final

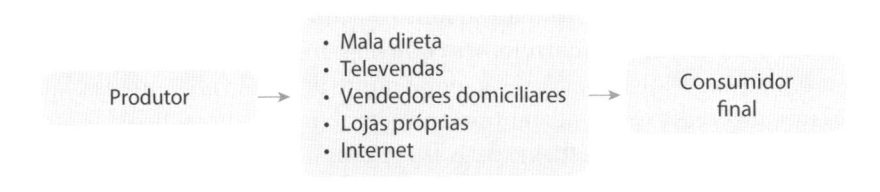

Figura 6.4 Meios de distribuição direta.

Alternativa 2: produtor ao varejista e ao consumidor final

O produtor utiliza intermediários para levar seus P/S ao consumidor final. Assim, o produtor vende seus P/S a varejistas para que estes os vendam aos consumidores finais. O varejista é um comerciante ou estabelecimento comercial que vende principalmente para o consumidor final. É também chamado de retalhista, pelo fato de realizar vendas em pequenas quantidades ao consumidor, segundo suas necessidades. A característica essencial do varejista é o fato de que sua venda típica é feita ao consumidor final. O varejo envolve as atividades pertinentes à venda ao consumidor final, e os produtos vendidos podem ser produzidos, adquiridos ou armazenados pelo vendedor. A alternativa 2 é também denominada circuito curto.

Nessa segunda alternativa, o produtor utiliza canais de distribuição, pois vende a lojas independentes (pequenos, médios e grandes lojistas individuais), a cadeias de lojas (como Lojas Americanas, Magazine Luiza, grandes cadeias de supermercados, como Pão de Açúcar, Carrefour etc.), lojas de departamentos, empresas comerciais especializadas em vendas por mala-direta etc.

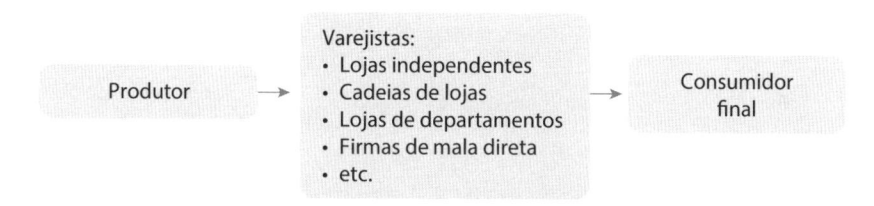

Figura 6.5 A alternativa 2 de sistemas de distribuição.

Alternativa 3: produtor ao atacadista, ao varejista e ao consumidor final

O produtor vende seus produtos a atacadistas, os quais vendem para varejistas, que, por sua vez, vendem no varejo. O atacadista é um comerciante intermediário que vende para varejistas e outros comerciantes e consumidores industriais, institucionais e comerciais. Por atacadista, entende-se a empresa comercial, distribuidora ou intermediária que serve de ponte na distribuição entre produtores e varejistas. Em geral, o atacadista não vende para consumidores finais. É conhecido também como distribuidor ou fornecedor, quando negocia com matérias-primas, produtos semiacabados, ferramentas e maquinário.

O comércio atacadista é também chamado de grossista, por envolver grandes quantidades de compra e venda. A característica principal do atacadista é seu papel de intermediário entre o produtor e o varejista. Embora não muito conhecidos pelo grande público, alguns atacadistas se projetam muito, como o Makro, por exemplo.

Essa terceira alternativa é a mais complicada e a que mais distancia o produtor do consumidor final, a quem é destinado o P/S. Nela, o produtor tem muito pouco controle sobre as vendas finais ao consumidor, já que não sabe exatamente como os diversos varejistas venderão seu P/S ao consumidor final. Ela envolve um duplo estágio de canais de distribuição: os atacadistas (A), como primeiro estágio, e os varejistas (V), como segundo estágio, até o P/S chegar às mãos do consumidor final (C). A Figura 6.6 retrata resumidamente a cadeia de canais de distribuição que liga o produtor até o consumidor final.

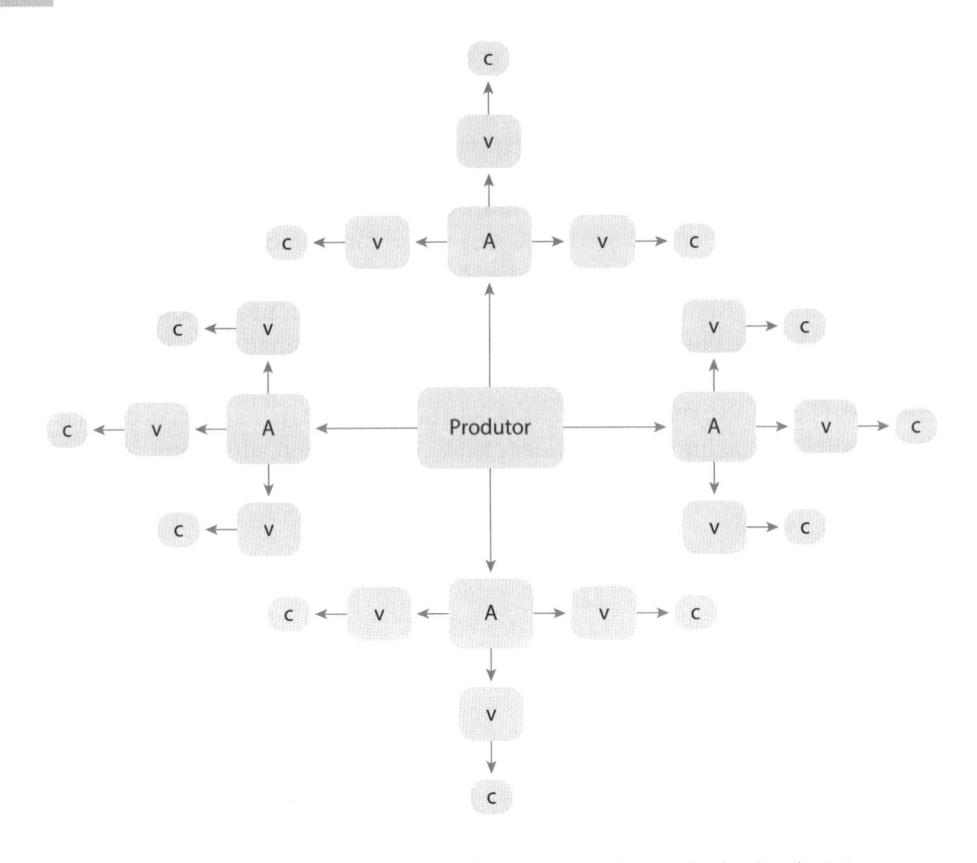

Figura 6.6 A alternativa 3 e seus dois estágios de canais de distribuição.

Cada P/S requer uma alternativa diferente para sua distribuição. Muitas empresas utilizam canais de distribuição múltiplos para poder colocar adequadamente seu P/S no mercado. Os fabricantes de óleos lubrificantes e aditivos de combustível para automóveis, por exemplo, utilizam três diferentes canais de distribuição:

1. Postos de serviço de gasolina e lojas de autopeças para atender aos consumidores finais.
2. Distribuidores de autopeças para atender aos mecânicos das oficinas de automóveis.
3. Representantes de vendas diretas para atender às empresas fabricantes de automóveis.

Obviamente, o sucesso das vendas de um P/S depende da escolha adequada de seu sistema de distribuição. A definição de um sistema de distribuição é um importante aspecto que passaremos a discutir.

> **SAIBA MAIS** **Do produtor ao consumidor**
>
> Os caminhos que o produto percorre desde o produtor até o consumidor final são muito variados e, algumas vezes, complexos, sobretudo no comércio internacional.

Agilidade e rapidez são indispensáveis nesse percurso, ainda mais no comércio internacional. A globalização tem provocado milagres nesse sentido.

Em outras palavras, falamos do desafio da empresa em realizar um plano logístico eficiente para que o P/S esteja disponibilizado em conformidade com as necessidades do cliente, no prazo, na quantidade, na qualidade e com a documentação corretos. Nesse contexto, a empresa não pode tratar seu sistema logístico de forma isolada; ele deve fazer parte do planejamento estratégico, já que seus resultados refletem na competitividade organizacional. Ainda nesse contexto, outro fator que deve ser considerado é que a logística não é uma área que depende somente dela. Considerando o fato de que empresa é um sistema aberto e, portanto, executa trocas com o meio, para que seja eficiente e eficaz a logística deverá interagir, principalmente, com finanças, marketing, produção e, claro, com clientes e fornecedores. Enfim, estar integrada com todas as atividades da empresa que possam disponibilizar um bem ou serviço para os clientes, quando e onde eles necessitarem.

6.7 CRITÉRIOS PARA DEFINIÇÃO DO SISTEMA DE DISTRIBUIÇÃO

As empresas produtoras escolhem seu sistema de distribuição, e os canais de distribuição, à medida que adquirem experiência com o mercado e ao longo do tempo. Algumas empresas mudam frequentemente seu sistema de distribuição, alterando os canais de distribuição no sentido de aprimorar e melhorar continuamente seu funcionamento.

Existem critérios que orientam os produtores de P/S na definição e escolha de seu sistema de distribuição: a cobertura de mercado, o controle das vendas e os custos de distribuição. Vejamos cada um desses três critérios.

1. **Cobertura de mercado**: quanto maior for a extensão do canal de distribuição, tanto maior será a área de mercado coberta. Um critério importante para selecionar o sistema de distribuição do P/S é o tamanho do mercado, seja ele real, seja potencial. Quanto maior é o número de intermediários, mais aumenta o número de contatos e transações. Se uma empresa produtora efetua vendas diretas, ela precisará de muitos contatos para efetuar transações com seus consumidores diretos. Porém, se ela utilizar varejistas, cada um deles poderá fazer muito mais contatos e transações com os consumidores finais.

2. **Controle sobre as vendas do P/S**: outro importante critério para escolha do sistema de distribuição é a necessidade que o produtor tem de controlar a venda do P/S. À medida que a venda final é transferida para outras mãos, o produtor perde o controle sobre como é feita essa venda. Muitos produtores querem oferecer um P/S de alta qualidade e os intermediários podem misturá-lo com produtos de segunda categoria ou oferecer promoções de vendas com descontos que podem prejudicar sua imagem. Muitos produtores pretendem que a venda seja agressiva, enquanto os intermediários simplesmente podem colocar o produto sobre a prateleira e deixam que o consumidor faça sua opção por outros produtos similares concorrentes. Por essas razões, muitos produtores que não podem fazer vendas diretas exigem a chamada distribuição exclusiva: o intermediário vende apenas a marca e seu P/S.

3. **Custos de distribuição**: muitas pessoas acreditam erroneamente que, quanto mais curto o canal de distribuição entre produtor e consumidor final, menor deverá ser o custo de distribuição e tanto mais baixo o preço de venda do P/S. Isso leva muitos consumidores finais a procurar diretamente o produtor para fazer suas compras. Na realidade, quase sempre ocorre o inverso. Para fazer vendas diretas, o produtor precisa fazer investimentos em instalações, lojas, pessoal de vendas, estoques para atender ao consumidor final e outras despesas. Os intermediários podem fazer a distribuição de maneira mais eficiente que o produtor, com menores custos. Por outro lado, ocorre que, quanto mais curto o sistema de distribuição, mais limitada fica a cobertura de mercado, embora o controle sobre a venda do P/S seja maior.

A escolha do sistema de distribuição deve ser feita de maneira inteligente, no sentido de aumentar e intensificar a cobertura de mercado, permitir que o produtor acompanhe a forma de venda de seu P/S para tomar decisões e ações corretivas e reduzir os custos de distribuição, a fim de reduzir o preço final de venda.

QUESTÕES PARA REVISÃO

1. Como os P/S escoam do produtor até o consumidor final?
2. O que é distribuição?
3. Quais os tipos de distribuição?
4. Conceitue venda direta.
5. Conceitue venda indireta.
6. O que é um sistema de distribuição?
7. Conceitue canal de distribuição.
8. Qual é a diferença entre sistema de distribuição e canal de distribuição?
9. De que são constituídos os sistemas de distribuição?
10. Dê exemplos de bancos regionais, bancos nacionais e de supermercados.
11. Dê exemplos de fabricantes de automóveis, de laticínios, de geladeiras e de cigarros.
12. Conceitue intermediários.
13. Quais são os tipos de intermediários?
14. Conceitue intermediário-agente.
15. Dê exemplos de intermediários-agentes.
16. Conceitue intermediário-comerciante.
17. Dê exemplos de intermediários-comerciantes.
18. Conceitue varejista.
19. Dê exemplos de varejistas.
20. O que é varejo?
21. Conceitue consumidor final.
22. Dê exemplos de consumidor final.
23. Conceitue atacadista.
24. Dê exemplos de atacadistas.

25. O que é atacado?
26. Todo intermediário forma um canal de distribuição?
27. Quais são os dois critérios que identificam o intermediário como um canal de distribuição?
28. O que significa mudança de propriedade dos P/S?
29. O que significa aceitação do risco de compra e venda?
30. Quais são as duas grandes vantagens dos canais de distribuição?
31. O que significa utilidade de tempo?
32. O que significa utilidade de lugar?
33. A estruturação de um sistema de distribuição depende de quais fatores?
34. Quais são as três alternativas para se estruturar um sistema de distribuição?
35. Explique a alternativa 1.
36. Explique a alternativa 2.
37. Explique a alternativa 3.
38. Como é denominada a alternativa 1?
39. Como são denominadas as alternativas 2 e 3?
40. A alternativa 1 exige a presença de canais de distribuição? Por quê?
41. Quais são os quatro meios diferentes para se estruturar a alternativa 1?
42. Explique a distribuição do produtor ao consumidor final por meio do correio.
43. Como é denominado esse tipo de distribuição direta?
44. O que é mala-direta?
45. Quais são as vantagens da mala-direta?
46. Quais são as desvantagens da mala-direta?
47. Explique a distribuição do produtor ao consumidor final por intermédio do telefone.
48. Quais são as vantagens do televendas?
49. Explique a distribuição do produtor ao consumidor final por meio de vendedores porta a porta.
50. Explique a distribuição do produtor ao consumidor final por meio de lojas próprias.
51. Qual é o papel que o produtor assume quando utiliza a alternativa 1?
52. Explique a distribuição por meio da alternativa 2.
53. Como é denominada a alternativa 2? Por quê?
54. Explique a distribuição por intermédio da alternativa 3.
55. Como é chamado o comércio atacadista? Por quê?
56. O que significa canais de distribuição múltiplos? Dê exemplos.
57. Quais são os principais critérios para a escolha da distribuição?
58. Comente o critério de cobertura do mercado.
59. Comente o critério de controle sobre as vendas do P/S.
60. Comente o critério dos custos de distribuição.

REFERÊNCIA

1. Adaptado de: HESKETT, J. L.; GLASKOWSKY, N.A.; IVIE, R. M. Citado por KOTLER, P. *Administração de marketing*: análise, planejamento, implementação e controle. São Paulo: Atlas, 1996. p. 480.

7 PROPAGANDA E PROMOÇÃO DE VENDAS

> **O QUE VEREMOS ADIANTE**
> - Informação.
> - Comunicação.
> - Propaganda.
> - Promoção de vendas.
> - Relações públicas (RP).
> - *Stakeholders*.

Não adianta produzir o melhor produto nem oferecer o melhor serviço se o cliente não sabe disso ou não sabe onde e como encontrá-lo. Muitas empresas focalizam com enorme disciplina a produção excelente, mas se esquecem de comunicar isso claramente ao cliente. Dizem que a propaganda é a alma do negócio. E ela faz milagres. Mas como fazer com que o cliente conheça aquilo que a empresa está produzindo e oferecendo ao mercado? Como atrair a atenção do cliente para seu produto? Como colocar o produto/serviço (P/S) no altar da excelência?

INTRODUÇÃO

O mercado não adivinha as coisas que estão acontecendo. Ele precisa ser continuamente informado e persuadido a respeito dos P/S que estão à sua disposição. Isso custa muito esforço e dinheiro. Em um complexo mundo de negócios caracterizado por profundas mudanças e transformações, cada empresa precisa constantemente garantir sua presença no mercado e demonstrar a existência, a utilidade e as vantagens de seu P/S. Precisa transformar cada cliente potencial em cliente real e pagante, "fazendo a cabeça" das pessoas e incentivando sua preferência. Essa atividade de informar e persuadir recebe o nome de comunicação. Quanto mais intensa é a comunicação entre a empresa e seus clientes, maior será sua integração no mercado.

7.1 INFORMAÇÃO

Boa parte dessa comunicação envolve informação. O conceito de informação envolve um processo de redução da incerteza. A ideia de informação está relacionada à novidade e à utilidade, pois envolve conhecimento disponível para uso imediato e que permite orientar a ação humana ao reduzir a margem de incerteza que cerca as decisões cotidianas. Na sociedade moderna, a importância da disponibilidade da informação ampla e variada cresce proporcionalmente ao aumento da complexidade da própria sociedade.[1]

Aumente seus conhecimentos sobre **Dados, informação e comunicação** na seção *Saiba mais GV 7.1*

7.2 COMUNICAÇÃO

Grande parte da atividade da Gestão de Vendas (GV) é dedicada à comunicação com o mercado e com a clientela. A comunicação proporciona informação. Ela esclarece ao mercado e à clientela que o P/S existe e como ele pode suprir as necessidades e as expectativas das pessoas. No fundo, o objetivo principal da comunicação é informar e persuadir, proporcionar conhecimento.

A palavra **comunicação** (do latim, *comune*) significa compartilhar algo em comum. Comunicar é transmitir uma informação e fazê-la comum entre as pessoas. A comunicação é a base fundamental do entendimento humano e da vida em sociedade.

A comunicação envolve um sistema integrado constituído pelos seguintes elementos básicos:[2]

- **Fonte**: significa a pessoa, coisa ou processo que emite ou fornece as mensagens por intermédio do sistema. É o emissor da mensagem.
- **Transmissor**: significa o processo ou equipamento que opera a mensagem, transmitindo-a da fonte até o canal. O transmissor codifica a mensagem fornecida pela fonte para poder transmiti-la. É o caso dos impulsos sonoros (voz humana da fonte), que são transformados e codificados em impulsos elétricos pelo telefone (transmissor) para serem transmitidos para outro telefone (receptor) distante. Em princípio, todo transmissor é um codificador de mensagens.
- **Canal**: significa o equipamento ou espaço intermediário entre o transmissor e o receptor no sistema de comunicação. Em telefonia, o canal é o circuito de fios condutores da mensagem de um telefone para outro. Em radiotransmissão, é o espaço livre por meio do qual a mensagem se difunde a partir de uma antena transmissora para uma antena receptora.
- **Receptor**: significa o processo ou equipamento que recebe a mensagem do canal. O receptor decodifica a mensagem para poder colocá-la à disposição do destinatário. É o caso dos impulsos elétricos (canal telefônico) que são transformados e decodificados em impulsos sonoros pelo telefone (receptor) para serem interpretados pelo destinatário (pessoa que está ouvindo o telefone receptor). Em princípio, todo receptor é um decodificador de mensagem.
- **Destinatário**: significa a pessoa, coisa ou processo a quem é destinada a mensagem no ponto final do sistema de comunicação.
- **Ruído**: significa a quantidade de perturbações indesejáveis que tendem a deturpar e alterar, de maneira imprevisível, as mensagens transmitidas. A palavra **ruído** envolve as

perturbações presentes nos diversos componentes do sistema, como é o caso das perturbações provocadas pelos defeitos ou transmissor ou receptor, ligações inadequadas nos circuitos etc. A palavra **interferência** é utilizada para conotar uma perturbação de origem externa ao sistema, mas que influencia negativamente seu funcionamento, como é o caso de ligações cruzadas, ambiente barulhento, interrupções por falta de sinal, interferências climáticas etc. Em um sistema de comunicação, toda fonte de erros ou distorções está incluída no conceito de ruído. Uma informação ambígua ou que induz a erro é uma informação que contém ruído.

> **SAIBA MAIS** — **Redundância**
>
> É comum escutarmos termos redundantes em nosso dia a dia. Mas o que é a redundância? Ela ocorre quando repetimos, em uma mesma frase, a ideia que já havia sido anteriormente expressa. Por exemplo: "vamos subir para cima"; "vou dividir esta barra de chocolates em duas metades iguais", e assim por diante. Esse mesmo conceito se repete quando precisamos ter informações redundantes, ou seja, a repetição de uma informação, em locais diferentes. Esse processo é muito comum em empresas quando, por motivo de segurança, as informações são armazenadas em computadores diferentes, que ficam localizados em endereços distintos. Tal procedimento ocorre, pois, caso haja algum desastre em um local, será possível resgatar as informações que estão redundantes no outro.
>
> Na comunicação, significa a repetição da mensagem para que sua recepção correta seja mais garantida. A redundância introduz no sistema de comunicação certa capacidade de eliminar o ruído e prevenir possíveis distorções e enganos na recepção da mensagem. Por isso, quando se quer entrar em uma sala, bate-se na porta mais de duas vezes, ou quando se quer comprovar o resultado de uma operação aritmética complexa, torna-se a repeti-la para confirmar. A redundância é desnecessária quando a mensagem passa bem por todos os componentes do sistema.

O sistema de comunicação pode ser representado pela Figura 7.1.

Fonte → Transmissor → Canal → Receptor → Destinatário

Ruído ou interferência

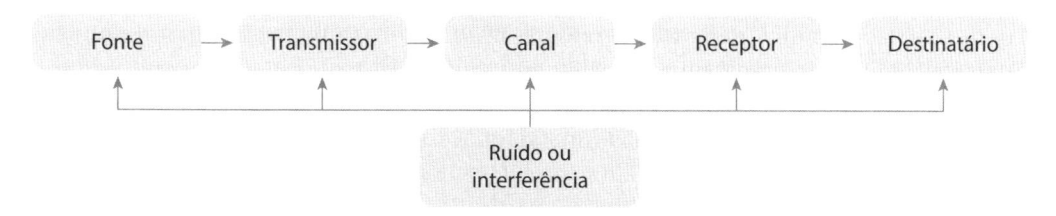

Figura 7.1 Sistema de comunicação.[3]

A capacidade limitada em qualquer um dos elementos que compõem o sistema de comunicação reduz a capacidade do sistema como um todo. É preciso que todos os componentes do sistema funcionem adequadamente e com o mínimo de ruído.

Quadro 7.1 Exemplos de sistemas de comunicação[4]

Componentes	Sistema telefônico	Porta automática	Programa de TV
Fonte	Voz humana	Afluência de pessoas interrompendo um raio de luz	Atores e palcos
Transmissor	Aparelho telefônico	Célula fotoelétrica e circuitos auxiliares	Câmera, transmissores e antenas
Canal	Fio condutor que liga um aparelho a outro	Fios conduzindo ao solenoide, que move a porta automática	Espaço livre, fonte
Receptor	O outro aparelho telefônico	Mecanismo solenoidal	Antena receptora e aparelho de TV
Destinatário	Ouvido humano	Porta automática	Telespectador
Ruído	Estática, interferência, linha cruzada, barulho	Mau funcionamento de algum dos dispositivos	Estática, interferência, mau funcionamento de algum dos componentes

> Aumente seus conhecimentos sobre **Comunicação** na seção *Saiba mais GV 7.2*

A comunicação entre empresa e seu mercado de clientes é feita por três meios principais: propaganda, promoção de vendas e relações públicas (RP). Cada um desses três meios de comunicação será discutido a seguir.

7.3 PROPAGANDA

Propaganda (do latim, *propagare* = propagar, difundir algo) é toda e qualquer forma de apresentação não pessoal de P/S. A propaganda é uma forma de comunicação entre a empresa e seu mercado. Trata-se de um modo específico de apresentar informação sobre um produto, marca, empresa ou política no sentido de influenciar a atitude de uma audiência para uma causa, posição ou atuação. No fundo, é uma forma propositada e sistemática de persuasão que visa influenciar, com fins ideológicos, políticos ou comerciais, as emoções, atitudes, opiniões e ações de públicos-alvo por meio da transmissão controlada de informação parcial (que pode ou não ser factual) por intermédio de canais diretos e de mídia.[5] Quando a propaganda tem fins comerciais, ela é normalmente denominada publicidade. Enquanto a comunicação, em geral, é caracterizada pela imparcialidade, a propaganda apresenta informações com o objetivo principal de influenciar uma audiência apresentando fatos seletivamente para influenciar conclusões ou conduzir a uma resposta emocional e não racional à informação apresentada. O resultado desejado é uma mudança de atitude em relação ao produto ou serviço oferecido pela empresa.

A empresa que paga a propaganda é denominada patrocinadora. As verbas destinadas à propaganda constituem um valor bastante significativo nos custos comerciais da empresa.

7.3.1 Veículos de propaganda

A propaganda utiliza veículos ou meios para comunicar ao mercado. Os veículos ou meios de propaganda são denominados mídia (do inglês, *media*), pois são os caminhos pelos quais a propaganda pode fazer chegar uma mensagem até o público-alvo. Público-alvo é o grupo de pessoas a quem é destinada a propaganda. Assim, os veículos constituem a ponte de ligação entre a empresa e o público-alvo.

Os veículos (mídia) mais utilizados pela propaganda são os seguintes (Figura 7.2):

Empresa → Veículos de propaganda:
- Televisão e cinema
- Rádio
- Imprensa jornais e revistas
- Propaganda exterior
- Propaganda no ponto de venda
- Mala direta
- *Sites* ou portais na web
- Internet
- Mídia oficial
→ Público-alvo

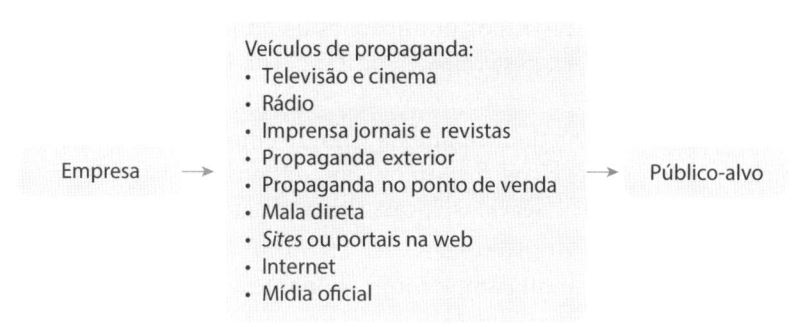

Figura 7.2 Veículos de propaganda.

- **Televisão e cinema**: constituem os únicos meios publicitários audiovisuais, pois oferecem simultaneamente imagem, cor, movimento, música e texto escrito. Em outros termos, são meios que utilizam o sentido da visão e da audição, o que proporciona uma imagem mais completa. A televisão e o cinema envolvem elevados custos de produção. A propaganda por televisão é vendida por duração de tempo, por horário e dia da semana. O horário nobre (das 20h às 22h) é mais caro, assim como determinados dias da semana (sábados e domingos).
- **Rádio**: é uma mídia flexível e ágil, pois transmite mensagens de forma oportuna, integrando-se facilmente ao mundo de cada ouvinte. O rádio pode acompanhar as pessoas enquanto realizam outras atividades, como trabalhar, estudar, dirigir o carro, tomar banho de sol etc. A propaganda cantada (*jingle*) pode popularizar marcas com mais rapidez que a televisão e por um custo muito menor. O rádio envolve custos de produção econômicos quando comparados com os de outros meios de comunicação.
- **Imprensa**: é a chamada propaganda gráfica e envolve meios de comunicação como os jornais e as revistas. A propaganda gráfica é vendida por espaço, com determinadas páginas mais caras e a publicação em alguns dias da semana (como domingo) envolvendo preços mais elevados. Se o título, a ilustração e o texto forem bem-feitos, o anúncio chamará a atenção do leitor. Quanto mais especializado for o meio, maior é a quantidade de informação escrita para convencer o leitor. A maior vantagem da propaganda escrita reside no fato de deixar o leitor determinar por si o ritmo e o tempo de exposição, lendo mais depressa ou devagar conforme sua capacidade; reler ou recortar o anúncio.
- **Propaganda exterior**: é a propaganda colocada nas ruas, nas estradas, no interior dos ônibus ou trens, nas paredes de edifícios, nas cabines telefônicas, em locais de alta circulação etc. A propaganda exterior é conhecida pela denominação *outdoor* e permite colocar o P/S na rua e ao ar livre. Ela é feita por meio de cartazes, placas, luminosos etc.,

como se fossem gigantescas vitrines externas, atingindo o público-alvo várias vezes por dia e provocando impacto pelo seu tamanho.

- **Propaganda no local de venda**: é a mídia mais próxima do momento da compra e permite recordar a mensagem publicitária do produto, possibilitando apresentá-lo de forma mais atraente, ressaltando-o dos demais concorrentes. A propaganda no local de venda (PLV) é feita por meio de vitrines, cartazes, *displays*, mostruários etc., colocados próximos ao ponto de venda (PDV) do P/S.
- **Correspondência por mala-direta**: é uma das mídias mais baratas. Trata-se de enviar por correio aos clientes cadastrados publicações da empresa, como catálogos de P/S, listas e guias de referência etc. Essa remessa postal é feita periodicamente para atualizar os produtos oferecidos.
- **Internet**: é impressionante a quantidade de *sites* de empresas disponíveis na internet para anunciar produtos e serviços, disponibilizar contatos e assistência técnica, oferecer informações sobre produtos e serviços, locais físicos de atendimento etc.
- **Mídia social**: é todo um conjunto de meios – físicos ou virtuais – por intermédio dos quais as pessoas se conectam e comunicam. É impressionante a quantidade de participantes e visitantes do Facebook, Twitter, LinkedIn etc.

7.3.2 Agências de propaganda

Existe uma enorme variedade de empresas especializadas em planejar, organizar e executar campanhas de propaganda – as agências de propaganda –, como a McCann, a Ogilvy Brasil etc. Geralmente, as empresas produtoras contratam agências de propaganda para planejar, organizar e executar suas campanhas de propaganda. O ponto de partida para uma campanha de propaganda é o resumo (*briefing*), que é a informação que a empresa-cliente fornece à sua agência sobre como pretende que seja feita a campanha. Daí para a frente entram a criatividade e a competência da agência.

Importante destacar que uma propaganda precisa ter efeito duradouro, pois não basta realizar uma ação que provoque somente vendas pontuais. As empresas, para se manterem sustentáveis economicamente, devem ter frequência em suas vendas. Para que isso ocorra, o desenvolvimento da campanha pode seguir estes passos:[6]

- O papel do decisor da campanha, que pode ser o diretor de Marketing, é fundamental, pois ele deve fornecer para a agência os principais atributos do produto, qual sua situação no mercado, se ele se enquadra como um modismo etc.
- Outro ponto que a agência necessita conhecer é a sazonalidade (ou não) do produto. Ou seja, suas vendas ocorrem com frequência o ano todo ou têm picos ao longo do período? E quais seriam os períodos de pico e de baixa?
- Identificação do público-alvo, que perpassa o conhecimento do perfil (classe social, sexo, hábitos etc.). Deve ser conhecido, além do perfil individual, como os grupos reagem para a compra de determinado bem ou produto. Levar em consideração que, dependendo do produto, o processo de escolha envolve mais que uma pessoa. Por exemplo, a compra de um automóvel, de uma casa etc. Levar em consideração que, no atual mundo digital, a interação das pessoas na mídia é um fator importante a ser considerado para a identificação do perfil desse público-alvo e suas preferências.

- Na sequência, entender o ponto de vista dos consumidores, ou seja, o que comunicar e para quem comunicar. A partir de uma diversidade de opções criativas, é preciso escolher a que mais bem se enquadra para o momento e que atende a identidade da marca. Deve-se eliminar qualquer ruído na comunicação.
- O penúltimo passo é a escolha dos meios de expressão que serão utilizados no tema, ou seja, a maneira pela qual o tema será comunicado.
- Por fim, escolher os meios pelos quais a comunicação será realizada. Este é um item importante, pois atualmente existem os meios digitais (*on-line*) e os tradicionais (*off-line*), os quais são limitados à verba disponível para a realização da companha.

Há uma diferença entre propaganda e publicidade. Publicidade é qualquer forma de notícia comercialmente significativa sobre um produto ou serviço, instituição ou pessoa, publicada em jornal, rádio e televisão e que não é paga pelo patrocinador. Muitas pessoas empregam o termo **publicidade** com o mesmo sentido de propaganda, o que não é aconselhável.

Há um tipo de propaganda que não é dirigida ao P/S. É a propaganda institucional, que visa marcar o nome da empresa e firmar sua imagem frente ao público-alvo. A propaganda institucional procura realçar a empresa como instituição social e contribuir para manter sua presença no mercado.

7.3.3 Divulgação

Divulgar o produto ou serviço é uma coisa; divulgar a marca é outra. Divulgar a empresa é, ainda, outra. A propaganda institucional nada tem a ver com o produto ou com a marca, mas serve para criar uma imagem favorável da empresa que, direta ou indiretamente, ajuda a vender seu produto ou serviço. Em geral, a propaganda institucional procura oferecer uma excelente imagem da empresa, o que consequentemente ajuda a criar uma imagem favorável da marca ou do produto.

Nessa Era Digital, as pessoas passam a ver menos televisão, comprar menos jornais e revistas impressas e ouvem rádio com menor frequência. A internet passou a mudar o comportamento dos indivíduos. As pessoas passaram a criar sua *playlist* particular, com suas músicas preferidas, utilizando os aplicativos específicos para essa finalidade. Escolhem as empresas jornalísticas das quais preferem receber notícias por meio de *newsletter* diretamente em seu *smartphone* ou *e-mail*, ou para escutar o *podcast* de sua escolha. Realizam compras com poucos cliques, podendo, inclusive, comparar os preços do mesmo produto entre as empresas. Esse novo consumidor passou a se relacionar mais utilizando os recursos das mídias sociais digitais. Nesse contexto, ele também julga mais determinado produto ou serviço, expondo suas posições na internet, influenciando outros consumidores, tanto positiva quanto negativamente. Esse julgamento pode afetar a reputação de uma marca, empresa ou produto. Estamos diante de um novo mundo, ágil, rápido e incerto. É nesse novo ambiente que emerge o marketing digital, cujo profissional deve conhecer bem seu público-alvo, suas preferências e ações, a fim de desenvolver um processo de comunicação e divulgação assertivo, para que possa promover o produto e fortalecer a reputação da marca e da empresa.

Alguns canais da internet têm sido positivos para a divulgação de marcas, produtos e empresas. Entre eles, os *sites* permitem uma comunicação rápida e que possibilita ampliar os contatos. As mídias sociais digitais e profissionais são importantes canais de divulgação para as empresas, pois atingem fortemente os consumidores *on-line*. Todavia, o profissional de marketing deve ficar atendo, pois, para cada tipo de mídia, pode existir um público-alvo específico e a criação de novas mídias pode fazer transitar o público de um meio para outro. Além disso, não são todas as pessoas que se utilizam dos meios digitais, portanto, uma divulgação deve considerar também os canais tradicionais *off-line*.

7.4 PROMOÇÃO DE VENDAS

Promoção de vendas é toda ação comercial de duração limitada efetuada sobre os canais de distribuição para influenciar positivamente o volume de vendas e a rentabilidade de um P/S no curto prazo. Em muitos casos, a promoção pode ser uma ação comercial efetuada também diretamente sobre o consumidor final por meio ou não da equipe de vendas.

A promoção envolve um conjunto de ferramentas utilizadas para desenvolver e acelerar as vendas de um P/S. Em geral, consiste em um conjunto variado e diversificado de incentivos de curto prazo no sentido de estimular a venda ou compra de um P/S:

- **Amostras gratuitas**: são ofertas de uma quantidade de produtos para o experimento do consumidor que pretende provar e aprovar o produto sem o vínculo de comprá-lo.
- **Cupons**: são certificados que garantem ao comprador certas vantagens em relação à compra ou oferecem sorteios pelo produtor ou pelo canal de distribuição.
- **Brindes**: são artigos úteis, com o nome do anunciante impresso, oferecido como presente ao consumidor.
- **Recompensas por preferência**: são certas bonificações para o consumidor oferecidas para provocar determinada regularidade de compra ou de uso dos serviços da empresa, como é o caso de selos de trocas para fidelização do cliente.
- **Promoção no PDV**: é uma das formas mais comuns de promoção de venda, em que o produto é exposto em pontas de gôndolas a fim de atrair a atenção do consumidor.
- **Concursos e sorteios**: são encontrados em grandes campanhas que possibilitam ao consumidor ganhar algo como um prêmio, que pode ser um carro, casas etc.

O passo mais difícil na GV é decidir que ferramentas promocionais usar, como combiná-las e como as fazer chegar à audiência-alvo. Cada ferramenta tem suas vantagens e inconvenientes que podem mudar quando combinadas com outras ferramentas da comunicação de marketing.

As principais ferramentas de promoção são:

- **Promoção de vendas**: envolve incentivos de curto prazo para encorajar a compra ou a venda de um produto ou serviço.
- **Propaganda**: qualquer forma paga de apresentação impessoal para promoção de ideias, bens ou serviços por um patrocinador identificado.
- **RP**: construção de boas relações com vários públicos da empresa para obtenção de um público favorável, construção de uma imagem corporativa e o manuseio ou afastamento de rumores.
- **Venda pessoal**: apresentação oral em uma conversação com um ou mais compradores em potencial, com o propósito de fazer vendas.

7.4.1 Objetivos da promoção de vendas

A formulação do objetivo da promoção de vendas depende de dois fatores:

1. **Audiência-alvo**: qual é a clientela ou público-alvo a ser atingido. O objetivo da promoção de vendas varia conforme a audiência focada. O público-alvo pode ser o cliente feminino, masculino ou infantil, ou o cliente de alto ou baixo poder aquisitivo, ou, ainda, o cliente da capital ou do interior. O importante é definir antecipadamente qual é o alvo a ser atingido pela promoção e adequá-la a esse alvo.
2. **Qual é a finalidade**: se a promoção tem a finalidade de criar uma oportunidade e, portanto, antecipatória e proativa, ou reagir à ação de um concorrente ou enfrentar um desafio atual e, portanto, reativa.
    a. **Promoção proativa**: quando o objetivo é proativo e antecipatório:
        i. Gerar uma receita adicional ou aumentar a participação no mercado.
        ii. Ampliar o mercado-alvo da empresa em relação ao P/S.
        iii. Aumentar o valor do produto ou da marca.
    d. **Promoção reativa**: quando o objetivo é reativo em resposta a algum desafio:
        i. Equiparar-se à concorrência.
        ii. Gerar liquidez ou dinheiro em caixa.
        iii. Reduzir o estoque de produto acabado.
        iv. Sair do negócio.

Após definir o montante do orçamento de despesas destinadas à GV, a empresa geralmente divide tal montante para as campanhas de propaganda e de promoção de vendas. As campanhas de propaganda são destinadas ao consumidor final, enquanto as campanhas de promoção de vendas são destinadas aos canais de distribuição e, eventualmente, ao consumidor final. Enquanto a propaganda dá informação sobre as vantagens e os benefícios de um P/S e visa diferenciá-lo dos concorrentes e aumentar a lealdade da marca, a promoção de vendas constitui um meio relativamente rápido e simples de aumentar o volume de compras dos atacadistas e varejistas ou de antecipar o momento da compra. A promoção de vendas ao consumidor final tem características que vão desde uma semelhança com a propaganda até uma semelhança com a promoção nos canais de distribuição.

Quadro 7.2 Comparação entre as características da propaganda e da promoção de vendas

Propaganda	Promoção de vendas
■ Ação direta sobre o consumidor final	■ Ação sobre o canal de distribuição
■ Efeito a médio e longo prazos	■ Efeito a curto prazo
■ Focaliza vantagens do P/S	■ Focaliza o preço do P/S
■ Faz a marca	■ Não faz a marca
■ Planejamento a longo prazo	■ Acionada no curto prazo
■ Demora entre decisão e ação	■ Rapidez entre decisão e ação

Existem duas classes de promoção de vendas: a promoção dirigida aos canais de distribuição e a promoção dirigida aos consumidores finais. No primeiro caso, o produtor procura azeitar e estimular os canais de distribuição, enquanto, no segundo caso, procura facilitar e incentivar o consumidor final a comprar seu P/S. Vejamos cada uma dessas duas classes de promoção de vendas.

7.4.2 Promoção de vendas dirigida aos canais de distribuição

A promoção de vendas dirigida aos canais de distribuição tem por objetivo o aumento no curto prazo do volume de vendas e da participação no mercado. Geralmente, a promoção ao canal oferece um incentivo econômico durante um período limitado para que o canal modifique seu comportamento, comprando mais, antecipando suas comprar ou realçando a exibição do P/S.

Os principais tipos de promoção ao canal são os seguintes:

- **Descontos por volume de compras**: o produtor oferece um desconto em dinheiro ou em porcentagem para cada volume de compras dentro de determinado período. Existem outros tipos de descontos, como o famoso 13 por dúzia ou a entrega gratuita de uma quantidade adicional de produtos, ou, ainda, o abono especial.
- **Desconto por exibição ostensiva do produto no PDV**: o produtor oferece esse desconto geralmente junto com o desconto por volume de compras, para que o intermediário apresente o produto de maneira ostensiva no PDV, isto é, no local onde as vendas são efetuadas ao consumidor final.
- **Desconto por pagamento à vista**: é uma concessão quando o atacadista ou varejista paga à vista ou paga antes do prazo habitual de cobrança.
- **Desconto pela retirada da mercadoria no armazém**: é uma modalidade utilizada quando o produtor entrega o produto e o canal aceita buscá-lo com seus próprios meios de transporte.
- **Desconto por avarias ou deterioração da mercadoria**: para preservar a imagem da marca, o produtor concede um abono total ou parcial da mercadoria, quando a avaria é atribuível ao produtor.
- **Desconto especial pela introdução de novo produto**: quando o canal tem pouco espaço para apresentar os produtos e quando estes são pouco diferenciados, o produtor faz concessões especiais para que o canal trabalhe o produto individualmente.
- **Incentivos ou brindes**: são distribuídos ao pessoal do atacadista ou varejista (vendedores, empregados etc.) na forma de concurso de vendas ou sorteios para obter maior dedicação e atenção ao produto.

7.4.3 Promoção de vendas dirigida ao consumidor final

A promoção de vendas dirigida diretamente ao consumidor final procura influenciar seu comportamento de compra, no sentido de estimulá-lo a escolher o P/S do produtor.

Os principais tipos de promoção de vendas ao consumidor final são:

- **Distribuição de amostras grátis**: é uma técnica promocional que serve para facilitar a prova do produto pelos consumidores que ainda não o conhecem. Seu custo costuma ser elevado e é aplicável aos novos lançamentos. A amostra grátis pode ser distribuída pelo correio, de porta em porta, no próprio PDV ou em pontos de muito trânsito de consumidores potenciais. Pode ser, ainda, distribuída anexa a outro produto como promoção especial.

- **Desconto no preço**: o desconto no preço ou maior quantidade pelo mesmo preço consiste em um desconto especial pela compra de uma unidade ou no desconto pela compra de várias unidades (o clássico três pelo preço de dois) ou, ainda, na oferta de uma embalagem com capacidade maior pelo preço normal.
- **Cupons**: são documentos que concedem determinado desconto ao portador no momento da compra do produto. O fornecimento de cupons pode ser feito de várias maneiras:
  - distribuição em jornais e revistas;
  - inclusão na embalagem do produto;
  - distribuição direta pelo correio, de porta em porta ou na própria loja.
- **Devoluções em dinheiro**: as ofertas de devolução em dinheiro ao consumidor do preço total ou parcial do produto constituem meios para estimular a repetição da compra.
- **Brindes**: são objetos concedidos gratuitamente ou a preço inferior aos compradores do produto. Alguns brindes são incluídos na própria embalagem, enquanto outros são concedidos pela repetição da compra.
- **Concursos e loterias**: nos concursos, o consumidor deve demonstrar capacidade para resolver charadas ou problemas, enquanto nas loterias, o prêmio é dado por meio de sorteio ou procedimento de escolha ao acaso.

As empresas utilizam esses tipos de promoção de vendas individualmente ou em conjunto, no sentido de incrementar vendas e neutralizar a atuação dos concorrentes.

Quadro 7.3 Tipos de promoção de vendas

Promoção de vendas destinada	
Aos canais de distribuição	**Diretamente ao consumidor final**
■ Desconto por volume de compras	■ Distribuição de amostras grátis
■ Desconto por exibição do produto	■ Desconto especial no preço
■ Desconto por pagamento à vista	■ Cupons
■ Desconto por retirada da mercadoria	■ Devoluções em dinheiro
■ Desconto por introdução de novo produto	■ Incentivos
■ Incentivos	■ Brindes
■ Brindes	■ Concursos e loterias
■ Ofertas especiais	■ Ofertas especiais

Cada empresa precisa estudar quais os tipos de promoção de vendas mais adequados ao seu P/S, tendo em vista seu mercado real e potencial de clientes e a concorrência.

Aumente seus conhecimentos sobre **Custo da promoção** na seção *Saiba mais GV 7.3*

7.5 RELAÇÕES PÚBLICAS

Dá-se o nome de relações públicas (RP) a todas as atividades desenvolvidas pela empresa no sentido de melhorar seu relacionamento com o mercado e proporcionar uma boa imagem da empresa.

7.5.1 Tipos de relações públicas

Existem dois tipos básicos de RP: a empresa pode desenvolver atividades de RP em duas direções – para fora dela e para dentro dela. Vejamos o que isso significa:

1. **RP com o público externo**: isto é, RP com o mercado, seja com clientes, fornecedores, concorrentes, governo, meios de comunicação ou com o meio em geral. São as atividades de RP voltadas para fora da empresa e também chamadas RP externas.
2. **RP com o público interno**: isto é, RP com os próprios empregados e acionistas da empresa, os quais deveriam ser seus mais fortes defensores. São as atividades de RP voltadas para dentro da empresa e também chamadas RP internas.

Enquanto a propaganda orienta-se mais a médio e longo prazos, a RP orienta-se mais para o longo prazo. Enquanto a propaganda concentra-se mais no produto e em sua imagem, a RP concentra-se na criação de uma boa imagem da empresa. Na prática, os limites entre propaganda e RP são bastante indefinidos, principalmente quando se trata de propaganda institucional. No fundo, a propaganda institucional e a RP visam melhorar a marca e a imagem da empresa frente ao mercado. Por isso, alguns especialistas definem RP como o conjunto de técnicas não publicitárias de comunicação, relacionamento e melhoria da imagem empresarial.

7.5.2 Técnicas de relações públicas

As principais técnicas de RP são as seguintes (Figura 7.3):

- **Comunicado de imprensa**: comumente chamado de *press release*. É enviado a jornais e revistas quando surge alguma notícia interessante sobre a empresa ou seu P/S. Se a notícia não for publicada de forma espontânea, ela precisa ser preparada por meio de uma ação de RP, que é o comunicado de imprensa.
- **Entrevista coletiva**: quando a notícia requer algo mais do que um simples comunicado de imprensa, convoca-se uma entrevista coletiva à imprensa.
- **Participação em feiras e exposições**: constitui uma excelente oportunidade para o contato direto com o público.
- **Patrocínio de atividades culturais, esportivas etc.**: pode funcionar como um bom investimento na melhoria das relações com o mercado. É o caso do patrocínio de transmissão de jogos de futebol pela televisão, apresentação de peças teatrais, concertos de música clássica ou popular etc.
- **Jornal interno**: trata-se de uma atividade de RP voltada para o público interno, mas que pode também ser aproveitada para o público externo. O jornal interno (*house organ*) é

um interessante meio de comunicação da empresa com seus empregados, acionistas e público externo em geral.

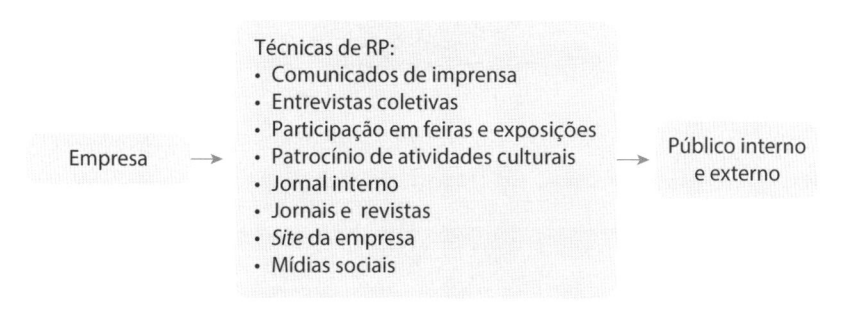

```
                    Técnicas de RP:
                    • Comunicados de imprensa
                    • Entrevistas coletivas
                    • Participação em feiras e exposições
    Empresa    →    • Patrocínio de atividades culturais    →    Público interno
                    • Jornal interno                              e externo
                    • Jornais e revistas
                    • Site da empresa
                    • Mídias sociais
```

Figura 7.3 Principais técnicas de RP.

Em resumo, a comunicação entre empresa e mercado pode ser feita por meio da propaganda, da promoção de vendas e das RP. Na realidade, as empresas utilizam todos esses meios de comunicação de forma intensiva e contínua com seu mercado, seja para incrementar vendas, para transformar clientes potenciais em clientes reais, para melhorar a imagem da empresa junto ao público interno e externo etc. Quase sempre esses meios de comunicação são planejados, organizados e executados de forma conjunta, de maneira que cada um multiplique os efeitos do outro para proporcionar um efeito de sinergia, isto é, de multiplicação de efeitos, e não simplesmente a soma deles.

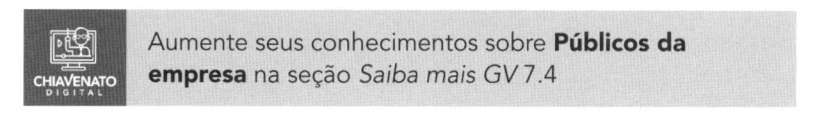

> Aumente seus conhecimentos sobre **Públicos da empresa** na seção *Saiba mais GV 7.4*

7.6 STAKEHOLDERS

Sempre surge a pergunta: para quem a empresa trabalha? Para os proprietários ou acionistas? Para os clientes? Para o mercado ou para a sociedade? Na verdade, o sucesso de uma empresa depende de uma imensa variedade de públicos estratégicos ao seu redor. São organizações, empresas, grupos e indivíduos que contribuem para o sucesso do negócio e que esperam algum retorno de sua contribuição. No passado, esses públicos estratégicos eram os chamados *shareholders*: proprietários, acionistas ou investidores que forneciam o capital para girar o negócio da empresa. Os documentos mais importantes da empresa eram o balanço patrimonial ou contábil e os demonstrativos financeiros que forneciam a posição financeira da empresa, bem como o retorno de seus investimentos. Hoje, esses públicos estratégicos ampliaram-se enormemente e situam-se ao redor da empresa em 360°. São os *stakeholders*. Podem ser internos, como os gestores e colaboradores, ou podem ser externos, como clientes e consumidores, fornecedores de insumos, comunidade, sociedade, governo, agências reguladoras etc.

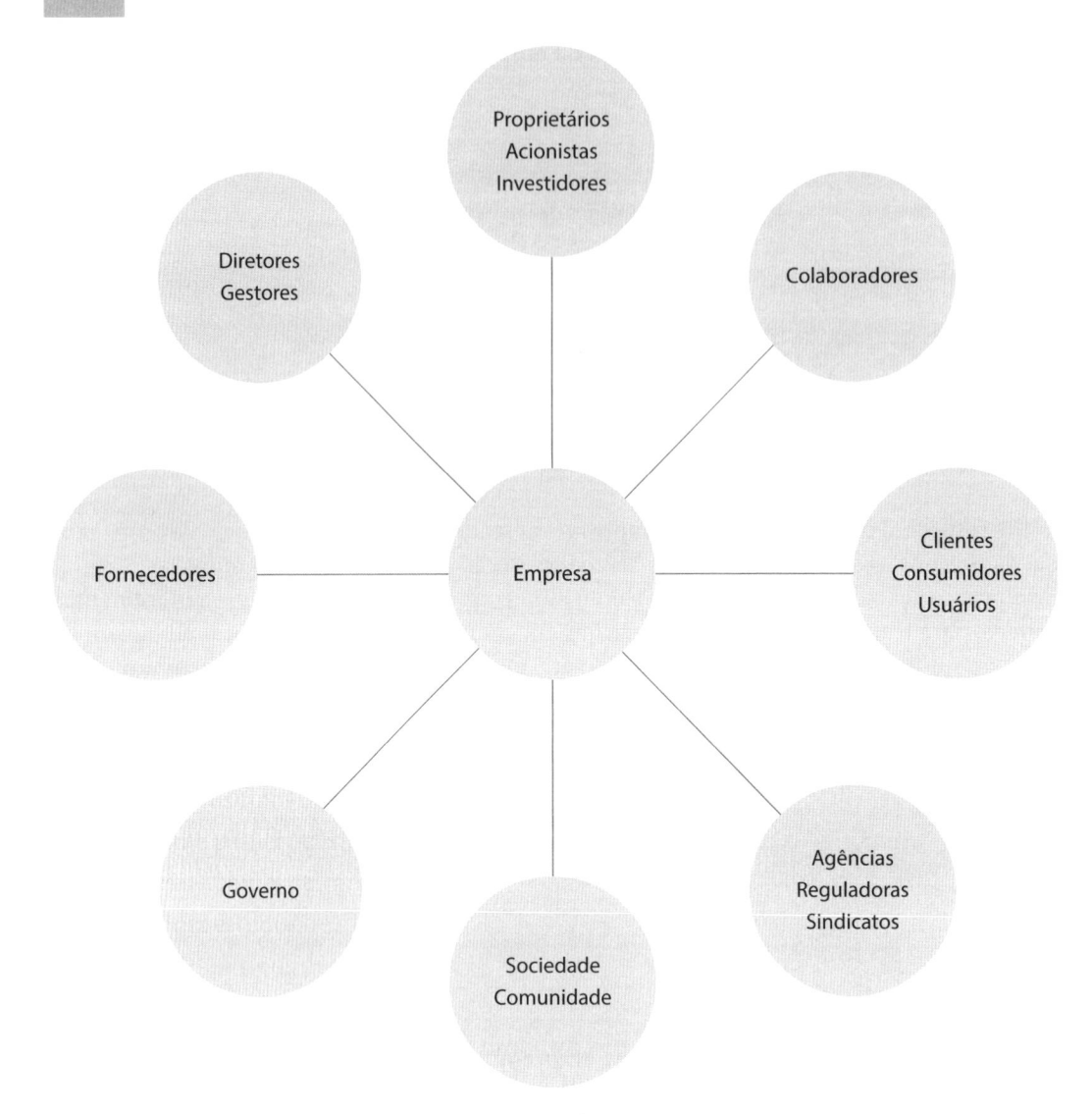

Figura 7.4 *Stakeholders* da empresa.

Para que a empresa seja competitiva e sustentável, torna-se indispensável que ela seja capaz de:

- **criar, agregar e entregar valor** aos seus clientes e consumidores, ao mercado, à comunidade e à sociedade, como retorno e benefícios do sucesso empresarial;
- **repartir parte da riqueza criada entre todos os seus *stakeholders*** na proporção de sua contribuição ao seu sucesso como retorno de seus investimentos ou como forma de reforço para manter sua contribuição no longo prazo;
- **capturar parte da riqueza criada em termos de lucratividade**: para reaplicação no próprio negócio ou entre seus proprietários e acionistas (*shareholders*), como dividendos ou retorno de seus investimentos financeiros.

Stakeholders:	Investem e contribuem com:	Esperam retornos e satisfações em:
• Acionistas • Proprietários • Investidores	Capital e investimentos	Lucros dividendos e sustentabilidade no longo prazo
• Clientes • Consumidores • Usuários	Aquisição de bens e serviços	Produtos e serviços com qualidade, preço, atendimento e satisfação
• Fornecedores • Prestadores de serviços • Concessionários	Insumos em geral, matérias-primas, serviços e tecnologias	Atividade econômica, novos negócios e lucros
• Presidente • Diretores • Gerentes	Competência e administração dos negócios	Participação nos resultados do negócio
• Funcionários	Competências, dedicação e tarefas operacionais	Salários, benefícios, retribuições, satisfação, desenvolvimento, segurança e bem-estar
• Comunidade • Vizinhança	Espaço físico e social e infraestrutura imediata	Sustentabilidade econômica, social, cultural e ambiental
• Sociedade • Organizações • Agências reguladoras	Ambiente salutar de negócios	Satisfação de necessidades sociais, econômicas, culturais e ambientais
• Governo	Infraestrutura de apoio saúde, educação, segurança etc.	Impostos, contribuições, desenvolvimento econômico, competitividade global

Figura 7.5 Entendendo os investimentos e retornos esperados pelos *stakeholders*.[7]

Qual é o papel da GV nesse turbilhão de pessoas, grupos, empresas, organizações que, de uma maneira ou de outra, influenciam direta ou indiretamente e contribuem para o sucesso da empresa? Não é difícil entender como essa imensa variedade de *stakeholders* tem forte influência sobre a vida da empresa. Eles simplesmente podem afetar positiva ou negativamente os destinos da empresa dependendo da maneira como percebem a atuação desta no mercado. Em termos simplórios, os *stakeholders* constituem a opinião pública que aprova ou condena a empresa, que facilita ou dificulta suas operações, que ajuda ou atrapalha suas ações e que a torna melhor ou pior do ponto de vista da percepção que dela possuem.

Dentro desse contexto, a GV assume três responsabilidades distintas em relação à empresa e ao mercado:

1. **Responsabilidade financeira**: é claro que a GV tem sua parcela de responsabilidade quanto aos resultados financeiros da empresa. Ao executar o programa de vendas, ela influencia o faturamento da empresa e as entradas sucessivas de caixa que garantem os pagamentos de contas, salários, aluguéis, impostos, dividendos etc. Além disso, simultaneamente ajuda a aumentar o capital financeiro, a riqueza financeira da empresa e seu sucesso no mercado.
2. **Responsabilidade social**: também é óbvio que a GV tem sua parcela de responsabilidade quanto às relações da empresa com a sociedade, comunidade, mercado, clientela, fornecedores, agências reguladoras, governo etc. ao seu redor. No fundo, boa parte do capital externo da empresa – constituído de clientes, consumidores e usuários – é tratado e cultivado diretamente por meio da GV.
3. **Responsabilidade ambiental**: a GV tem sua parcela de responsabilidade com relação ao ambiente que a empresa ocupa, explora e utiliza para suas operações. Boa parte daquilo que a empresa produz ou presta utiliza uma extensiva reunião de recursos naturais de maneira recorrente, como insumos básicos – água, insumos naturais, ar, energia –, ao mesmo tempo em que deposita no ambiente lixo, dejetos, resíduos, sujeira, poluição e devastação. A GV pode colaborar para que sua equipe promova o uso racional de energia elétrica e água, economize recursos naturais, não jogue lixo em locais inadequados e contribua para a melhoria ambiental no sentido de construir um planeta melhor para se viver.

QUESTÕES PARA REVISÃO

1. Como o mercado pode ser informado a respeito do P/S da empresa?
2. Conceitue comunicação.
3. Quais são os três meios de comunicação entre a empresa e o mercado?
4. Conceitue propaganda.
5. O que significa patrocinador de propaganda?
6. O que é veículo de propaganda?
7. Conceitue mídia.
8. O que é público-alvo?
9. Quais são os veículos utilizados pela propaganda?
10. Explique a televisão como veículo de propaganda e suas vantagens.
11. Explique o cinema como veículo de comunicação e suas vantagens.
12. Explique o rádio como veículo de comunicação e suas vantagens.
13. Explique a imprensa como veículo de comunicação e suas vantagens.
14. Explique a propaganda gráfica.
15. Explique propaganda externa como veículo de propaganda.
16. Quais são as vantagens do *outdoor*?

17. O que é PLV? Quais são suas vantagens como veículo de propaganda?
18. Explique a correspondência por meio de mala-direta e suas vantagens.
19. O que é agência de propaganda? Quais são seus serviços?
20. O que significa resumo ou *briefing*?
21. Qual é a diferença entre propaganda e publicidade?
22. O que é propaganda institucional?
23. Conceitue promoção de vendas.
24. Como é feito e dividido o orçamento de despesas da GV?
25. Qual é a diferença entre propaganda e promoção de vendas quanto ao destino ou alvo das campanhas?
26. Qual é a diferença entre propaganda e promoção de vendas quanto às informações prestadas?
27. Quais são as diferenças entre propaganda e promoção de vendas?
28. Quanto aos efeitos a curto, médio e longo prazos, quais são as diferenças entre propaganda e promoção de vendas?
29. Explique as duas classes de promoção de vendas.
30. Conceitue PV dirigida aos canais de distribuição.
31. Quais são os tipos de PV dirigidas aos canais de distribuição?
32. Explique o desconto por volume de vendas.
33. Explique o desconto por exibição ostensiva do produto no PDV.
34. O que é PDV?
35. Explique o desconto por pagamento à vista.
36. Explique o desconto por retirada da mercadoria no armazém.
37. Explique o desconto por avarias ou deterioração do produto.
38. Explique o desconto por introdução de novo produto.
39. Explique os incentivos e brindes aos canais de distribuição.
40. Conceitue PV dirigida ao consumidor final.
41. Quais são os tipos de PV dirigida ao consumidor final?
42. Explique a distribuição de amostras grátis.
43. Explique o desconto no preço.
44. Explique os cupons.
45. Como pode ser feito o fornecimento de cupons?
46. Explique a devolução em dinheiro.
47. Explique os brindes.
48. Explique os concursos e as loterias.
49. Conceitue RP.
50. Quais são as diferenças entre propaganda e RP?

51. Quais são os tipos de RP?
52. Conceitue RP internas.
53. Conceitue RP externas.
54. Quais são as principais técnicas de RP?
55. Explique o comunicado à imprensa ou *press release*.
56. Explique a entrevista coletiva.
57. Explique a participação em feiras e exposições.
58. Explique o patrocínio de atividades culturais e esportivas.
59. Explique o jornal interno.
60. Explique o *site* da empresa e as mídias sociais.
61. Conceitue o papel dos *shareholders*.
62. Explique o significado de *stakeholders* e seu papel no sucesso da empresa.
63. Como repartir benefícios do sucesso empresarial pelos diversos *stakeholders*?

REFERÊNCIAS

1. CHIAVENATO, I. *Introdução à Teoria da Administração*. São Paulo: Altas, 2020.
2. CHIAVENATO, I. *Introdução à Teoria da Administração*, op. cit.
3. CHIAVENATO, I. *Introdução à Teoria da Administração*, op. cit.
4. CHIAVENATO, I. *Introdução à Teoria da Administração*, op. cit.
5. NELSON, R. A. *A chronology and glossary of propaganda in the United States*. Westport: Greenwood Press, 1996.
6. Com base em SANT'ANNA, A.; JUNIOR, I. R.; GARCIA, L. F. D. *Propaganda*: teoria, técnica e prática. 9. ed. São Paulo: Cengage, 2015.
7. CHIAVENATO, I. *Administração nos Novos Tempos*: os novos horizontes em administração. 4. ed. São Paulo: Atlas, 2020.

8 ORGANIZAÇÃO DA FORÇA DE VENDAS

> **O QUE VEREMOS ADIANTE**
> - O papel do líder de equipe de vendas.
> - Recrutamento e seleção da força de vendas.
> - Treinamento da força de vendas.
> - Remuneração da força de vendas.
> - Avaliação do desempenho da força de vendas.

A interface entre a empresa e sua clientela é um dos mais importantes aspectos da Gestão de Vendas (GV). Quanto maior é o contato da empresa com seus clientes, usuários ou consumidores, tanto melhores são sua comunicabilidade, influência e relacionamento. A empresa pode utilizar a propaganda, a promoção de vendas e as relações públicas (RP) como meios de comunicação com sua clientela. Porém, são meios impessoais, indiretos, distantes e superficiais, além de padronizados. A empresa também pode adotar métodos impessoais de vendas – como a venda por mala-direta, por telefone ou pela internet, das quais já tratamos antes –, mas os métodos impessoais são feitos à distância e quase que mecanicamente, tratando as pessoas de forma genérica, como se todas fossem iguais. A interface que permite, de fato, uma comunicação mais ampla e profunda entre empresa e sua clientela ocorre por meio da equipe de vendedores. A equipe de vendas constitui a força de vendas da empresa. O vendedor representa o meio direto e mais inteligente e dinâmico de contato com a clientela. Daí, todo o cuidado em recrutá-lo, selecioná-lo, treiná-lo, supervisioná-lo, remunerá-lo e motivá-lo. Este capítulo trata da organização da força de vendas: como criá-la, desenvolvê-la e dirigi-la adequadamente para o alcance dos objetivos da empresa.

INTRODUÇÃO

A organização da força de vendas constitui o esquema adotado pela empresa para efetuar a venda de seus produtos/serviços (P/S) da maneira mais eficiente e eficaz. A organização de vendas pode ser estruturada de acordo com os critérios de departamentalização mais adequados ao P/S oferecido pela empresa. No fundo, a organização de vendas é constituída por uma rede de vendas formada por equipes de vendedores.

O objetivo final da organização de vendas é, evidentemente, vender. Para que o objetivo final seja alcançado da melhor maneira possível, outros objetivos intermediários são também fixados paralelamente. Entre eles podemos citar:

- Atingir determinado volume de vendas no período de tempo considerado.
- Elevar progressivamente o número de clientes reais e de durável e longo relacionamento com a empresa.
- Alcançar determinada participação da empresa no mercado.
- Garantir a imagem e a reputação da empresa e de seus P/S no mercado.
- Obter informações relevantes sobre a atuação dos concorrentes no mercado.

Tanto o objetivo final quanto os objetivos intermediários podem ser alcançados por meio de uma valorosa equipe de vendas. Essa equipe, uma vez formada, preparada e liderada, está sujeita a variações e reciclagens em virtude da saída de velhos integrantes e da entrada de novos que os substituem dentro da dinâmica normal de rotatividade de talentos na empresa. O cuidado especial da empresa na formação e no desenvolvimento da equipe de vendas é fundamental para o sucesso das vendas e, principalmente, do negócio.

> Aumente seus conhecimentos sobre **A força de vendas** na seção *Saiba mais GV 8.1*

8.1 O PAPEL DO LÍDER DE EQUIPE DE VENDAS

Para alcançar objetivos e oferecer resultados, todo gestor depende de sua equipe de trabalho, independentemente de sua área da empresa – marketing, finanças, produção/operações ou recursos humanos (RH) – e de sua posição hierárquica. Isso acontece com o presidente (com sua equipe de diretores), com cada diretor (com sua equipe de gestores) e de cada gestor (com sua equipe de colaboradores). Assim, todo gestor é basicamente um líder de equipe. A GV exige a presença de liderança, muita comunicação, motivação, alinhamento e cooperação de todos, sempre mantendo uma disputa sadia, a competição saudável e a colaboração para que a equipe – como um todo – saia ganhando acima dos interesses individuais. A construção de uma equipe de vendas exige que o gestor – o líder do time – desenvolva algumas habilidades, como as mostradas na Figura 8.1.

Figura 8.1 Papéis do líder de equipe de vendas.

São sete habilidades indispensáveis para o líder de equipe de vendas:

1. Saber escolher sua equipe.
2. Saber modelar o trabalho da equipe.
3. Saber preparar e treinar a equipe.
4. Saber manter comunicações claras e objetivas com a equipe.
5. Saber incentivar e estimular a equipe.
6. Saber avaliar o desempenho da equipe e tomar as medidas adequadas.
7. Saber reconhecer e recompensar o bom trabalho da equipe.

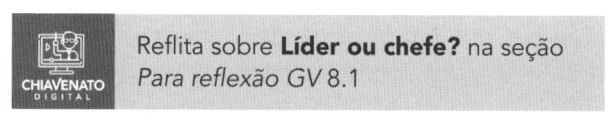

> Reflita sobre **Líder ou chefe?** na seção *Para reflexão GV 8.1*

8.2 RECRUTAMENTO E SELEÇÃO DA FORÇA DE VENDAS

A escolha da equipe de vendas é fundamental para o sucesso da empresa. Saber escolher bons vendedores é tão importante quanto saber liderá-los e conduzi-los ao sucesso. A seleção da equipe de vendas é tarefa muito mais importante do que pode parecer, pois a atuação dos vendedores depende muito de suas qualificações e suas competências pessoais, de suas características de personalidade, de seu preparo profissional e, sobretudo, de sua atitude e garra. É certo que o treinamento e a supervisão competente podem melhorar muito o desempenho, mas quanto menos recursos pessoais dispuser o vendedor, tanto mais investimentos em treinamento e supervisão serão necessários para compensar suas fragilidades. A escolha da equipe de vendas é feita por meio do processo seletivo composto por recrutamento e seleção de candidatos.

8.2.1 Recrutamento

O recrutamento é o meio pelo qual a empresa atrai candidatos para concorrer às oportunidades e às vagas que estão disponíveis. O recrutamento é basicamente uma atividade de comunicação e de atração que serve para informar ao mercado de candidatos que a empresa possui oportunidades que deverão ser preenchidas. É por meio do recrutamento que as pessoas ficam sabendo das oportunidades de trabalho que existem nas empresas.

As principais técnicas de recrutamento são:[1]

- **Anúncios em jornais ou revistas**: ou em veículo adequados – mídias tradicionais ou virtuais – para atingir o público-alvo.
- **Quadro de avisos da empresa**: ou mural da empresa informando a posição, as qualificações e as competências necessárias, bem como o local para atendimento dos candidatos internos ou externos.
- **Agências de recrutamento**: empresas especializadas em recrutar e selecionar candidatos para empresas-clientes. Estas definem o perfil da posição a ser preenchida e as competências necessárias, e a agência de recrutamento procura o candidato adequado em seus arquivos ou no mercado. Em seguida, encaminha os candidatos finalistas para entrevista com os executivos da empresa, que devem dar o parecer final. Existem agências de recrutamento especializadas na procura de pessoal de todas as áreas da empresa.
- **Indicações de colaboradores**: é uma técnica simples e barata por meio da qual os próprios colaboradores da empresa apresentam pessoas de suas relações que acreditam ter condições pessoais e profissionais que possam interessar à empresa.
- **Recrutamento virtual**: é feito por meio do *site* da empresa na internet em um local específico.
- **Redes sociais**: permite a inclusão social de candidatos a partir de contatos por meio de uma ampla variedade de mídias.

Para preencher uma posição em aberto, a empresa pode optar pelo recrutamento interno ou pelo recrutamento externo ou, ainda, pela conjugação de ambos. Assim, os principais meios de recrutamento são:[2]

- **Recrutamento interno**: é o recrutamento que faz a procura dos candidatos dentro da própria empresa. Isto é, a oferta de cargos é feita para o próprio pessoal da empresa. Os futuros vendedores da empresa são recrutados entre o pessoal nela existente. O recrutamento interno deve ser feito com base na meritocracia. Sua vantagem maior é proporcionar oportunidades de carreira e desenvolvimento para os próprios colaboradores, motivando-os continuamente a se preparar e desenvolver para concorrer a futuras promoções para o quadro de vendas. O recrutamento interno exige um sistema de monitoração e avaliação do desempenho capaz de proporcionar informações seguras sobre cada colaborador e suas condições de promovabilidade ou lateralidade, pois não se trata apenas de promover, mas também de proporcionar transferências ou rotação (*job rotation*) no sentido de incrementar conhecimentos e experiências em outras atividades.

- **Recrutamento externo**: é o recrutamento que faz a procura dos candidatos no mercado fora da empresa. A oferta de posições em aberto é feita para o mercado em geral. Os futuros vendedores da empresa são recrutados fora dela. A vantagem do recrutamento externo é injetar sangue novo, ideias novas e experiências diferentes no quadro de vendas.
- **Recrutamento misto**: é o recrutamento feito interna e externamente, valendo a procura do candidato mais adequado ao cargo em foco. É o tipo de recrutamento mais indicado porque conjuga as vantagens dos recrutamentos interno e externo, proporcionando condições de localizar candidatos capazes de melhorar gradativamente o capital humano da empresa, dando-se preferência ao pessoal de casa nos casos de empate.
- Feito o recrutamento, os candidatos se apresentam. E aí começa o processo de seleção de pessoal.

> Acesse conteúdo sobre **Triagem dos candidatos** na seção *Tendências em GV* 8.1

8.2.2 Seleção

Seleção é um processo de escolha que representa uma decisão de optar por um entre vários candidatos que se apresentam. É uma decisão que se baseia no critério de adequação, isto é, a localização do candidato mais apropriado à posição a ser preenchida. Para tanto, existem várias técnicas de seleção:[3]

- **Entrevista**: é uma técnica baseada no contato pessoal entre o entrevistador – que pode ser o executivo, o supervisor de vendas ou um psicólogo especializado no assunto – e o candidato. O entrevistador faz perguntas e o candidato as responde, para que se possa analisar suas respostas (conteúdo) e suas reações (comportamento), conhecer sua experiência profissional e suas qualificações e competências pessoais, seu comportamento, sua apresentação pessoal etc. A entrevista é a técnica seletiva mais barata e mais amplamente utilizada, embora seja a técnica com menos precisão nos resultados. Contudo, o entrevistador deve ser adequadamente treinado para extrair duas vantagens da entrevista: o contato direto com o candidato e as reações e o comportamento dele. Algumas empresas utilizam a entrevista coletiva: vários entrevistadores conversam simultaneamente com o mesmo candidato, colocando-o em uma situação de extrema visibilidade. A tecnologia da informação (TI) tem facilitado o contato com candidatos. O *software* Skype oferece a oportunidade de entrevista a distância, o que facilita enormemente o contato com profissionais que moram distante.
- **Provas de conhecimento ou de capacidade**: é uma técnica baseada em provas ou testes constituídos de perguntas ou de situações a serem resolvidas pelo candidato. As noções

de português, matemática, conhecimentos profissionais, conhecimentos gerais são avaliadas por meio dessa técnica de seleção com relativa simplicidade e facilidade.

- **Testes psicológicos**: é uma técnica baseada na aplicação de testes para aferir aptidões ou características de personalidade. São geralmente aplicados e interpretados por psicólogos e permitem ampliar a avaliação dos candidatos, quando a posição a ser preenchida exige determinados tipos de comportamento ou competências.
- **Simulação**: é uma técnica de seleção baseada no "faz de conta", ou seja, na representação de uma situação real. É denominada dramatização ou dinâmica de grupo. A simulação constitui uma maneira de imitar uma situação real: o candidato deve simular uma venda a algum cliente e o cliente é representado pelo selecionador ou supervisor de vendas. Desafios são colocados no processo para avaliar como o candidato se comporta em situações complexas.

Recrutados e selecionados os novos vendedores, isto é, feita a escolha dos novos integrantes da equipe de vendas, o trabalho a seguir é sua integração na empresa. Quanto mais rápida sua integração, tanto mais cedo podem assumir suas atividades normais. Existem empresas cujo programa de integração dura dias ou semanas para que o recém-admitido receba todas as informações necessárias para seu trabalho, como portfólio de produtos ou serviços, clientela, concorrência, características do mercado, tabelas de preços, estrutura da empresa, cultura corporativa, procedimentos normais, apresentação às demais pessoas que terão contato com ele, locais, horários etc. – uma enxurrada de informações para que o novato não se perca nos meandros do negócio.

8.2.3 Integração dos novos colaboradores

Quanto mais organizada, sincronizada e intensa sua integração nos quadros da empresa, tanto mais rapidamente produtivos se tornam os novos colaboradores. Trata-se de uma ambientação – também denominada socialização organizacional – por meio da qual o colaborador possa se sentir em casa, conhecendo todas as características da empresa. É altamente recomendável um mentor ou tutor que acompanhe o novo colaborador nos primeiros passos dentro da empresa.

8.3 TREINAMENTO DA FORÇA DE VENDAS

Treinamento é um processo educacional por meio do qual as pessoas aprendem conhecimentos, habilidades e atitudes para o desempenho de seu trabalho. É um processo educacional porque visa a formação e a preparação das pessoas por intermédio da aprendizagem, e está voltado para o desempenho de sua atividade, seja a atual, seja uma futura oportunidade na empresa.

O responsável pelo treinamento de sua equipe é o gestor de vendas. Essa responsabilidade é indelegável. Para tanto, pode contar com a ajuda, o apoio e o suporte do RH da empresa. Sua equipe precisa estar sempre preparada, afinada e motivada para o sucesso. Atualmente, o treinamento é considerado um meio de desenvolver competências nas pessoas, para que se tornem mais produtivas, criativas e inovadoras. Assim, o treinamento é uma fonte de lucratividade ao permitir que as pessoas contribuam efetivamente para os resultados do negócio e ganhem com isso.[4]

Capítulo 8 – Organização da Força de Vendas

O treinamento segue um processo cíclico e contínuo composto de quatro etapas:

1. **Diagnóstico**: é o levantamento das necessidades ou carências de treinamento a serem atendidas ou satisfeitas. Essas necessidades podem ser passadas, atuais ou futuras.
2. **Desenho do programa de treinamento**: é a elaboração do projeto ou programa de treinamento para atender às necessidades diagnosticadas.
3. **Implementação**: é a execução e condução do programa de treinamento.
4. **Avaliação de resultados**: é a verificação dos resultados obtidos com o treinamento.

Figura 8.2 As quatro etapas do processo de treinamento.[5]

8.3.1 Levantamento de necessidades de treinamento

É a primeira etapa do processo de treinamento que cuida de averiguar as carências de treinamento, isto é, a falta de preparo profissional das pessoas. Uma necessidade de treinamento é a diferença entre o que uma pessoa deveria saber, fazer e produzir e aquilo que ela realmente sabe, faz e produz. Significa um descompasso entre o que ela deveria ser e o que realmente é. Geralmente, é uma área de conhecimentos ou habilidades que uma pessoa ou equipe precisa desenvolver para melhorar ou aumentar sua eficiência, eficácia e produtividade no trabalho. À medida que o treinamento focaliza essas necessidades e as elimina, ele se torna benéfico para colaboradores, empresa, clientes e sociedade.

O diagnóstico das necessidades de treinamento pode ser feito por meio de:[6]

- Indicadores *a priori*:
  - Expansão da empresa e admissão de novos colaboradores.
  - Redução do número de colaboradores.

- Mudança de métodos e processos de trabalho.
- Substituições ou movimentação de colaboradores.
- Absenteísmo, faltas, licenças e férias de pessoal.
- Entrada de novos produtos ou serviços no mercado.
■ Problemas de produtividade:
  - Baixa qualidade do trabalho.
  - Baixa produtividade.
  - Comunicações deficientes.
  - Excesso de erros e desperdícios.
  - Pouca versatilidade dos colaboradores.
■ Problemas de pessoal:
  a. Relações deficientes entre os colaboradores.
  b. Número excessivo de queixas de clientes.
  c. Mau atendimento ao cliente.
  d. Comunicações deficientes.
  e. Pouco interesse pelo trabalho.
  f. Falta de cooperação na equipe.
  g. Erros na execução de pedidos.
■ Resultados da avaliação do desempenho do colaborador ou da equipe.
■ Mapeamento das competências requeridas para o colaborador ou a equipe.
■ Baixo nível de alcance dos objetivos de médio e longo prazos.
■ Utilização de indicadores ou métricas.

8.3.2 Conteúdo do treinamento

O treinamento possui um conteúdo que deve ser aprendido pela pessoa e assimilado ao seu comportamento pessoal. Existem quatro tipos de conteúdo de treinamento:[7]

1. **Transmissão de informações e conhecimentos**: o treinamento serve para transmitir informações e conhecimentos – sobre a empresa, o trabalho, os P/S oferecidos, as regras e os regulamentos de trabalho, dados sobre a clientela, preços e condições de venda, concorrência etc. Esse conteúdo de treinamento pode ser ministrado em sala de aula, em reuniões específicas, CDs ou por meio do ensino a distância.
2. **Desenvolvimento de habilidades**: o treinamento também se destina a desenvolver certas habilidades e destrezas relacionadas com a posição a ser ocupada, preenchimento de formulários de pedido, cálculos de orçamentos e preços, condições de pagamento, demonstração do funcionamento de P/S ao cliente etc.
3. **Desenvolvimento de atitudes**: o treinamento pode visar a mudança de atitudes inadequadas ou negativas para atitudes favoráveis e positivas. É o caso de desenvolvimento de atitudes de relações humanas (para melhorar o relacionamento entre as pessoas no escritório), desenvolvimento de hábitos e atitudes para com os clientes e usuários, no caso de

vendedores, SAC etc. O desenvolvimento de atitudes visa melhorar a maneira como lidar com as pessoas, como se comportar em determinadas situações, como conduzir o processo de negociação ou de vendas, como contornar dificuldades ou negativas do cliente etc.

4. **Construção de competências**: o treinamento pode ajudar no desenvolvimento de competências já existentes e na criação de novas e diferentes competências.

```
Treinamento
├── Transmissão de informações → Aumentar o conhecimento das pessoas
│   Informações sobre a organização, seus produtos/serviços, políticas e diretrizes, regras e regulamentos e seus clientes
├── Desenvolvimento de habilidades → Melhorar as habilidades e destrezas
│   Habilitar para execução e operação de tarefas, manejar equipamentos, máquinas, ferramentas
├── Desenvolvimento de atitudes → Desenvolver/modificar comportamentos
│   Mudança de atitudes negativas para atitudes favoráveis, conscientização e sensibilidade com as pessoas, com os clientes internos e externos
├── Desenvolvimento de conceitos → Elevar o nível de abstração
│   Desenvolver ideias e conceitos para ajudar as pessoas a pensar em termos globais e amplos
└── Construção de competências → Criar vantagens competitivas
    Desenvolver julgamento e atitudes no sentido de proporcionar autonomia, e espírito empreendedor e inovador
```

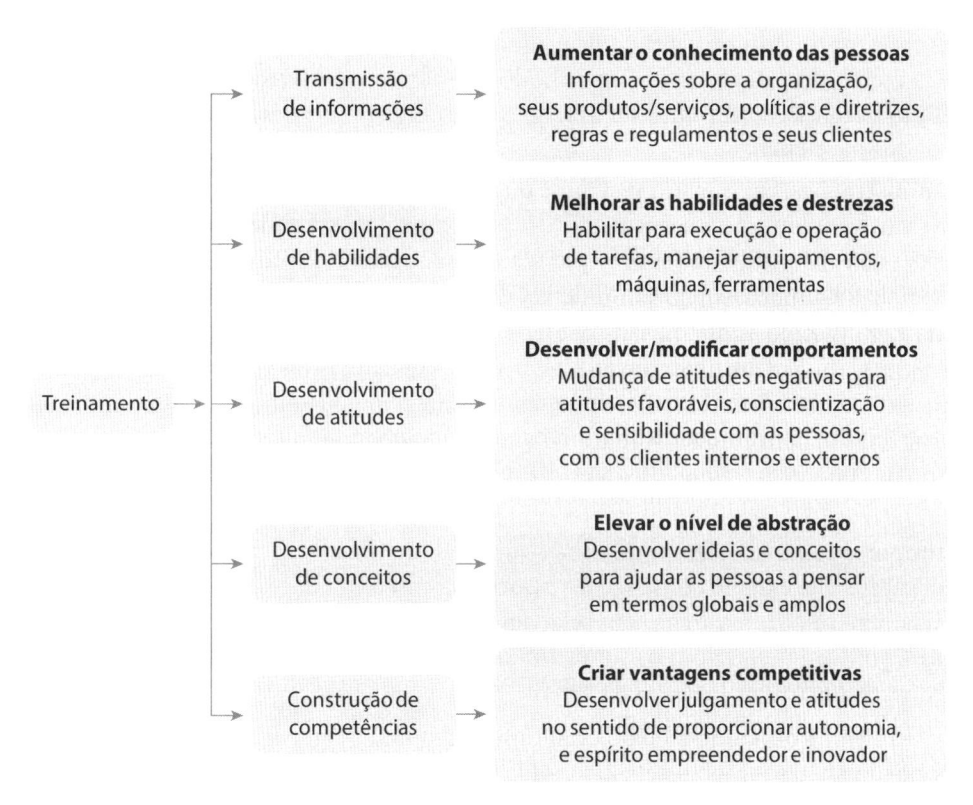

Figura 8.3 Tipos de conteúdo do treinamento.

A finalidade do treinamento é manter as pessoas preparadas para o desempenho de suas posições atuais ou futuras, seja transmitindo-lhes informações e conhecimentos necessários, habilidades ou atitudes, de maneira separada ou conjunta, além de criar condições de competitividade à empresa. Daí a importância do treinamento. Sem ele, as pessoas ficam despreparadas para a execução de suas atividades e perdem eficiência e produtividade. O colaborador torna-se moroso na execução de seu trabalho, perde-se facilmente, erra sempre, precisa perguntar a outras pessoas, inutiliza material, perde tempo, decai a qualidade. Isso irrita o chefe, o cliente, o usuário, o colega e o próprio colaborador.

Assim, o treinamento é importante para a empresa e para a pessoa na medida em que proporciona excelência no trabalho, maior produtividade, qualidade, presteza, correção, utilização correta do material e, sobretudo, a gratificação pessoal de ser bom naquilo que faz. De nada adiantam recursos empresariais – como tecnologia, máquinas sofisticadas, métodos e processos – sem pessoas treinadas e habilitadas. Seja na guerra, no futebol ou nas vendas, o treinamento é vital para a vitória e para o sucesso.

8.3.3 Técnicas de treinamento

O treinamento pode ser executado ou implementado por meio de várias técnicas:[8]

- **Aulas expositivas**: em que um instrutor ou supervisor transmite verbalmente o conteúdo do treinamento. É a técnica de treinamento mais aplicada para a transmissão de novos conhecimentos ou informações. Em geral, utiliza recursos audiovisuais – como lousa, retroprojetor, projetor multimídia, treinamento por computador, videocassete, DVD etc. Pode e deve ser acompanhado de manuais ou livros que contêm o assunto tratado para que o treinando tenha acesso ao mesmo ou o transforme em um banco de dados particular.
- **Demonstrações**: em que um instrutor ou supervisor executa uma operação ou trabalho para mostrar como deve ser realizado. É a principal técnica de treinamento para a transmissão de conhecimentos sobre operação de máquinas e equipamentos, P/S, preenchimento de formulários ou pedidos de vendas.
- **Instrução programada**: baseia-se em grupos de informações seguidas por testes de aprendizagem que determinam se o treinando volta ao grupo anterior – se não aprendeu suficientemente – ou se vai para o grupo seguinte. É uma técnica que dispensa o instrutor ou supervisor, bem como a avaliação do aprendizado. A instrução programada é feita em manuais que são entregues ao aprendiz para a leitura e a solução dos testes.
- **Dramatização**: é uma técnica de treinamento ideal para a transmissão de novas atitudes e comportamentos. Trata-se de uma simulação de uma situação real. É a técnica ideal para cargos que exigem contato com pessoas, como vendedores, balconistas etc. É muito utilizada para o treinamento em relações humanas, nos cursos para supervisores e gerentes, em como lidar com os subordinados, para preparar vendedores no contato com clientes, para ensinar técnicas de vendas etc.
- **Instrução no próprio trabalho**: é a aprendizagem obtida na própria atividade de vendedor sob a orientação de um mentor ou tutor. Em geral, o vendedor começa a trabalhar acompanhando seu supervisor ou outro vendedor mais experiente. Após algum tempo de observação e análise, começa a vender sob a orientação do mentor ou tutor, até o momento em que possa fazer seu voo solo.
- **Treinamento com ajuda do computador**: o computador é uma importante ferramenta para obter o melhor rendimento por meio de CDs, DVDs ou multimídia gráficos, animação, filmes, áudio e vídeo.
- **Treinamento a distância**: é o treinamento baseado em recursos audiovisuais, teleconferências e multimídia enviados pela internet. Pode ser sincronizado ou assíncrono (a qualquer hora ou local).

É muito comum a utilização simultânea de várias dessas técnicas de treinamento, pois uma auxilia a outra, permitindo um efeito de sinergia no aprendizado.

> Aumente seus conhecimentos sobre **Educação corporativa** na seção *Saiba mais GV 8.2*

8.3.4 Avaliação do programa de treinamento

Todo programa de treinamento tem um custo elevado: em termos de investimento financeiro, tempo dos instrutores e dos aprendizes, materiais, perdas de produção enquanto os aprendizes estão sendo treinados e não desempenhando suas atividades normais, viagens e estadias em locais diferentes etc. É preciso saber se o programa de treinamento atingiu seu objetivo ou se valeu a pena. A relação entre custos e benefícios é obrigatória. A etapa final do processo de treinamento é a avaliação do programa de treinamento para verificar sua eficácia e confirmar se o treinamento realmente atendeu às necessidades da organização, das pessoas e dos clientes, e se trouxe um retorno razoável de todo esse investimento.

Basicamente, deve-se avaliar se o programa de treinamento atende às necessidades para as quais foi desenhado. As principais medidas para avaliar o treinamento são:[9]

- **Custo**: qual foi valor investido no programa de treinamento.
- **Qualidade**: como o programa atendeu às expectativas.
- **Serviço**: se o programa atendeu às necessidades dos participantes.
- **Rapidez**: como o programa se ajustou aos novos desafios oferecidos.
- **Resultados**: quais foram os resultados que o programa ofereceu.

Se as respostas às questões anteriores foram positivas, o programa de treinamento foi bem-sucedido. Se foram negativas, o programa de treinamento não atingiu seus objetivos e seu esforço ficou inválido e sem efeito.

A avaliação do programa de treinamento baseia-se em uma questão fundamental: qual é o objetivo do treinamento? E em qual extensão esse objetivo foi alcançado?

Kirkpatrick[10] sugere cinco níveis de resultados na avaliação do treinamento:[11]

1. **Reação do aprendiz**: mede a satisfação dos participantes quanto à experiência do treinamento. Se o facilitador atraiu a atenção do grupo, se o participante ficou satisfeito e gostou dos exercícios, se a sala é confortável e se ele recomendaria o treinamento a outros.
2. **Aprendizado**: avalia o treinamento quanto ao nível de aprendizagem. Se o participante adquiriu novas habilidades e conhecimentos, e se mudou suas atitudes e comportamentos como resultado do treinamento.
3. **Desempenho**: avalia o impacto no trabalho por meio das novas habilidades de aprendizagem e adoção de novas atitudes que mudam o comportamento. As mudanças de comportamento devem ser avaliadas por meio de observação, avaliação 360º ou pesquisas com os colaboradores. Se não há mudanças comportamentais, então o treinamento não está funcionando ou há algo estranho no programa de treinamento. Quando o colaborador retorna ao ambiente de trabalho, muitos fatores em conjunto podem apoiar a mudança comportamental, incluindo o papel de apoio do gerente e um clima que facilita e incentiva a tentativa de um novo comportamento. Ou, então, impedir ou anular os efeitos do programa. O contexto de trabalho é fundamental nestes aspectos.
4. **Resultado**: trata-se de medir o impacto do treinamento nos resultados do negócio da organização. O treinamento pode reduzir custos operacionais, aumentar a lucratividade, diminuir a rotatividade, reduzir o tempo de ciclo de produção ou aumentar a satisfação do cliente quando tem um propósito definido nesse sentido.

5. **Retorno do investimento**: também denominado retorno do investimento (ROI, em inglês, *return on investment*). Significa o valor que o treinamento agregou à organização em termos de retorno sobre o investimento feito.

Maior ← Impacto do treinamento → **Menor**

5. Retorno do investimento → O programa de treinamento provoca benefícios para a empresa e seus resultados compensam fartamente os custos envolvidos

4. Resultado → O programa de treinamento provoca impacto nos negócios da empresa e agrega valor à organização, ao cliente e ao mercado

3. Desempenho → O programa de treinamento provoca mudanças no comportamento do aprendiz no trabalho. Há transferência de aprendizagem para o local de trabalho e para a atividade do aprendiz

2. Aprendizagem → O programa de treinamento provoca mudanças no conhecimento, habilidades e atitudes do aprendiz e melhora suas competências pessoais

1. Reação do aprendiz → O programa de treinamento provoca satisfação e melhora a atitude do aprendiz e predispõe a futuras ações planejadas de novos conhecimentos, habilidades e atitudes

Figura 8.4 Avaliação dos resultados do treinamento.[12]

O importante é especificar claramente os objetivos propostos para o treinamento e, em função deles, avaliar seus resultados. A avaliação do ROI em treinamento requer definição prévia de indicadores e mensuradores claros e objetivos. Os indicadores anteriores poderão ser úteis para verificar se o treinamento atingiu seus objetivos e se valeu a pena. Caso contrário, é preciso verificar se as necessidades de treinamento mudaram ou se o programa não foi capaz de atendê-las adequadamente.

Muitas empresas gastam fortunas para colocar seus colaboradores em salas de aula e constatam que nada do que aprendem é utilizado em seus cotidianos. Para que realmente apresente resultados concretos, as empresas estão adotando o conceito de treinamento por resultados. Isso significa reduzir ao mínimo o treinamento em sala de aula e transferi-lo para o local de trabalho. Os conceitos de treinamento são os mesmos, mas a forma de aplicá-los é diferente: é a forma direta no dia a dia. O foco do treinamento está em assuntos práticos e nos projetos em andamento, o que permite conferir os resultados alcançados. Além disso, a maneira de avaliar a eficiência de programas de treinamento também mudou. Vendedores, gerentes, clientes, pares e todos à volta do colaborador treinado participam da avaliação. É o correspondente da avaliação do desempenho em 360º. E isso vale mais do que a nota de um professor.

> Aumente seus conhecimentos sobre **O que o treinamento pode proporcionar interna e externamente** na seção *Saiba mais GV 8.3*

8.3.5 Tendências no treinamento

A Association Society for Training and Development (ASTD), dos Estados Unidos, mostra que as principais tendências do treinamento e desenvolvimento (T&D) são as seguintes:[13]

- **Aprendizagem como estratégia empresarial**: as organizações que aprendem bem e rápido e que posicionam a área de RH em um nível realmente estratégico conseguem desempenhos de negócio muito melhores do que as organizações que não o fazem.
- *E-learning*: a TI está derrubando tradicionais barreiras, custos, horários e limites de sala de aula, influenciando e expandido fortemente as ações de treinamento.
- **Treinamento como consultoria de desempenho**: em vez de focar as atividades – aquilo que as pessoas fazem –, o treinamento está focando os problemas de desempenho das pessoas, equipes e empresa – os resultados que elas alcançam. O treinamento constitui um poderoso meio de aumentar as competências das pessoas e os resultados do negócio.
- **A liderança está valorizando o estilo *coaching***: a transição dos estilos técnicos e fechados para uma atuação mais humana e participativa está exigindo dos gestores um forte investimento em seu autoconhecimento e disponibilização de liderança e *coaching* para suas equipes. Aspectos como diálogo face a face, convergência, o exercício de dar e receber retroação, discussão de fatores que prejudicam a carreira das pessoas, relacionamento interpessoal e melhoria do desempenho estão em alta.
- **O papel do especialista em T&D está se modificando**: em vez de apenas oferecer cursos e *workshops*, ele está agora no centro do processo de aprendizagem e inovação da empresa para ajudar a organização e as pessoas a crescer e alcançar o sucesso em alinhamento com a estratégia organizacional.

Essas são as boas notícias. A má notícia é que não conseguimos transformar essas tendências em práticas do dia a dia em muitas de nossas empresas. Além do mais, as organizações estão requerendo mais do que o simples treinamento. Os tempos atuais exigem novas soluções mais amplas e profundas, como:[14]

- **Foco em identificar e explorar capacidades distintivas**: como especialização ou maestria em aspectos básicos para impulsionar crescimento e competitividade sustentável. Para alcançar elevado desempenho, as empresas precisam examinar onde elas podem explorar sua vantagem competitiva e obter o maior efeito possível. Isso impõe a necessidade de reorganização, estruturação e flexibilização ao redor do novo foco. E as pessoas precisam, antes, estar preparadas para isso.
- **Desenvolver sistemas multiplicadores de talentos**: como sistemas que identificam atração, desenvolvimento e retenção de talentos para que a empresa possa atrair o capital humano certo e desdobre e utilize o conhecimento e as competências críticas com maior rapidez dentro da organização.

- **Desenvolver uma cultura de inovação, aprendizado e excelência**: que motive e impulsione as pessoas e atue como catalizador do conhecimento e das competências essenciais.
- **Aumentar a densidade dos relacionamentos internos**: promovendo conectibilidade, sincronicidade, convergência e solidariedade entre as pessoas para que elas possam provocar efeitos multiplicadores em suas atividades. Colaboração e espírito de equipe estão sendo prioritários.

> Reflita sobre **Novos valores e atitudes em treinamento** na seção *Para reflexão GV 8.2*

8.4 REMUNERAÇÃO DA FORÇA DE VENDAS

Ninguém trabalha de graça. Como parceiro da organização, cada colaborador está interessado em investir com trabalho, dedicação e esforço pessoal, com seus conhecimentos e competências desde que receba uma retribuição adequada. Por outro lado, cada empresa está interessada em investir em recompensas para os colaboradores desde que deles possa receber contribuições ao alcance de seus objetivos. É uma questão de reciprocidade, uma espécie de "toma lá, dá cá". Assim, a remuneração compreende o conjunto dos vencimentos que o colaborador percebe por sua prestação de serviços, incluindo o salário como o componente principal. O salário é devido e pago pela empresa em função do trabalho prestado pelo colaborador e seu tempo à disposição da empresa. O salário, em conjunto com os diversos adicionais como comissões, gratificações, horas extras etc., forma a remuneração. Dessa maneira, remuneração é o gênero do qual o salário é uma espécie. A remuneração significa o preço do trabalho realizado.

O trabalho do pessoal de vendas – pelas suas condições e características – exige, na maior parte dos casos, um sistema de remuneração diferente daquele que normalmente se aplica ao restante dos colaboradores da empresa.

8.4.1 Sistemas de remuneração

Os três sistemas de remuneração podem ser assim discutidos:

1. **Salário fixo**: é o sistema de remuneração pelo qual o colaborador recebe determinada quantia em dinheiro, independentemente das vendas realizadas. É o mesmo sistema aplicado à maioria dos colaboradores de outras áreas da empresa, que recebem por período de tempo, como mensalistas ou horistas.

    Suas principais vantagens são:
    a. **Regularidade nos ganhos**: seja em vendas altas ou baixas.
    b. **Uniformidade de critério de ganho**: com os demais colaboradores.
    c. **Facilidade para calcular o valor despendido**: com os vendedores.

    Suas principais desvantagens são:
    a. Não estimula o colaborador a incrementar as vendas.

b. Exige um controle maior sobre os vendedores, por que tanto lhes faz vender muito ou pouco.
c. Predispõe a saída de bons vendedores para outras empresas.
d. Quando as vendas diminuem, o custo de ter vendedores se eleva proporcionalmente.

2. **Comissões**: é o sistema que remunera o vendedor mediante determinada porcentagem das vendas líquidas realizadas ou faturadas. Trata-se de uma remuneração que varia conforme o volume de vendas efetuadas. O sistema de comissões pode ser feito de duas maneiras: comissões sobre o total das vendas ou comissões a partir de certo nível mínimo de vendas.

    a. **Comissões sobre o total das vendas do vendedor**: trata-se de aplicar determinada comissão sobre o total das vendas realizadas pelo vendedor em certo período. Essa comissão pode ser calculada de duas formas:
       i. **Comissão única**: com uma porcentagem igual aplicada para todos os produtos, clientes ou territórios.
       ii. **Comissão diferenciada**: com porcentagens diferentes conforme os produtos, clientes ou territórios.
    c. **Comissões a partir de um nível mínimo de vendas**: trata-se de aplicar determinada comissão – única ou diferenciada –, mas apenas a partir de um volume de vendas previamente fixado. O vendedor passa a receber comissões quando tiver ultrapassado esse nível mínimo de vendas.

As principais vantagens do sistema de comissões são:
a. Estimula o vendedor, que não tem limitação de ganhos.
b. O custo de ter vendedores depende diretamente das vendas realizadas.
c. O vendedor tem mais liberdade de trabalho, pois o controle da empresa não precisa ser rígido. Ele próprio pode controlar seu nível de atividade.
d. O sistema em si não representa custo adicional relevante para a empresa, pois ele se paga em termos de maiores volumes de vendas.

As principais desvantagens são:
a. Os ganhos do vendedor se tornam muito irregulares e este nem sempre tem condições de fazer um planejamento financeiro seguro.
b. No período de férias ou de possível ausência, o vendedor nada ganha.
c. Estimula o vendedor a vender o produto mais fácil ou que lhe dê a maior porcentagem de comissão.
d. Estimula o vendedor a vender para clientes maus pagadores ou em situação financeira difícil.
e. Não estimula o vendedor em períodos de poucas vendas.

3. **Sistema misto**: é o sistema de remuneração que combina os dois sistemas anteriores no sentido de aproveitar as vantagens de cada um e reduzir as desvantagens. O sistema misto pode ser montado em três alternativas:

a. **Salário fixo mais comissão**: é o sistema que concede ao vendedor um salário fixo, igual ou superior ao mínimo fixado por lei e, além disso, uma comissão pelas vendas efetuadas. A comissão pode ser única ou diferenciada.

b. **Salário fixo mais incentivo ou prêmio**: concede ao vendedor, além do salário fixo, determinado incentivo ou gratificação que lhe permita certa quantia de dinheiro caso ultrapasse um volume de vendas previamente determinado.

c. **Salário fixo mais comissão e incentivo**: é o sistema em que o vendedor normalmente recebe um salário fixo mais uma comissão (única ou diferenciada, conforme o caso) e, além disso, determinado incentivo ou gratificação se ultrapassar determinado volume de vendas.

Figura 8.5 Sistemas de remuneração de vendedores.

Um sistema de remuneração de vendedores é considerado eficaz quando consegue conciliar o alcance de objetivos de vendas da empresa e a satisfação do vendedor. Trata-se de uma tarefa difícil, pois as expectativas da empresa e as expectativas dos vendedores nem sempre andam de mãos dadas.

As características de um bom sistema de remuneração de vendedores são:

- **Capacidade de estimular e incentivar**: o sistema deve ter condições de motivar e incentivar os vendedores a realizar esforços pessoais acima do normal.

- **Segurança**: o sistema deve assegurar um nível mínimo de ganhos, principalmente em épocas difíceis e de situações que escapam ao controle do vendedor.

- **Flexibilidade**: o sistema deve ter condições de se adaptar às diferentes categorias de vendedores, aos diferentes produtos ou serviços e aos diferentes territórios. Deve também ter condições de se adaptar a situações de mercado não previstas pela empresa.

- **Coerência**: o sistema deve visar o alcance dos objetivos da empresa e, simultaneamente, aos objetivos pessoais dos vendedores.

- **Facilidade de compreensão**: o sistema deve ser facilmente assimilado e compreendido pelos vendedores.

- **Facilidade de aplicação**: o sistema não deve envolver grande trabalho estatístico ou administrativo para seu cálculo e pagamento.

O sistema de remuneração a ser adotado deve ser negociado entre as partes: empresa e colaborador no momento em que as metas e os objetivos de vendas são igualmente negociados entre si. É importante que haja um verdadeiro contrato psicológico entre as partes: a empresa oferece as bases de pagamento, enquanto o colaborador se responsabiliza pelos resultados das vendas, naquilo que estiver ao seu alcance, esforço e controle da situação. De um lado, a empresa oferece o sistema de ganho e o apoio e suporte na forma de supervisão, liderança, informações, orientação, recursos tecnológicos, enquanto o colaborador oferece vontade, iniciativa própria, esforço pessoal, entusiasmo e busca de resultados. Quando tudo isso é previamente combinado e ajustado, o caminho estará definido para o alcance da satisfação recíproca: a empresa ganha e o colaborador também ganha. Ambos saem ganhando nessa causa comum.

8.5 AVALIAÇÃO DO DESEMPENHO DA FORÇA DE VENDAS

A todo instante, cada pessoa está avaliando o desempenho de quase tudo o que a cerca: o livro que lê, o filme que assiste, o jogo de futebol, a comida do restaurante, seu relógio, o próprio carro ou o carro do vizinho, os amigos, os confidentes, o governo, os impostos, os serviços que recebe etc. As empresas também estão continuamente avaliando o desempenho de uma porção de coisas: seus colaboradores, seus vendedores, seus produtos ou serviços, os distribuidores etc. O objetivo é, certamente, saber se eles estão funcionando dentro das expectativas. Se colaboradores e vendedores precisam ser treinados, retreinados, promovidos, substituídos, simplesmente aconselhados ou mais bem supervisionados.

Algumas empresas utilizam para seus vendedores os mesmos sistemas de avaliação do desempenho aplicado aos colaboradores de escritório. Outras empresas partem para informações mais precisas sobre os vendedores, estabelecendo um sistema de avaliação capaz de detectar as diferenças que existem entre os diversos produtos ou serviços, os territórios e os clientes.

8.5.1 Objetivos da avaliação do desempenho de vendedores

A avaliação do desempenho do pessoal de vendas deve atender a dois objetivos básicos:

1. **Localizar e identificar os pontos fortes e os pontos fracos de cada vendedor**: isto é, o sistema de avaliação deve localizar e identificar os aspectos fortes do vendedor que precisam ser mais bem aproveitados, bem como os aspectos fracos que devem ser corrigidos por meio de treinamento, supervisão mais firme, aconselhamento etc. Isso significa que um dos objetivos da avaliação é fornecer indicações para o treinamento e melhoria do desempenho de cada vendedor.
2. **Avaliar o desempenho de cada vendedor para incentivá-lo**: isto é, verificar o mérito ou o merecimento de cada vendedor para recompensá-lo por meio da remuneração, concedendo prêmios ou incentivos salariais.

8.5.2 Critérios para avaliação do desempenho de vendedores

A avaliação do desempenho dos vendedores deve se basear em alguns critérios capazes de distinguir o bom do mau desempenho, para identificar os vendedores que tiveram o melhor e o pior desempenho no período considerado. Geralmente, a avaliação do desempenho dos vendedores é realizada ao final de cada mês, semestre ou ano. O período mensal de avaliação é necessário para controlar a realização de cada vendedor em tempo suficiente para tomar providências corretivas, se necessárias. O período anual de avaliação corresponde ao mesmo período considerado na previsão de vendas e na determinação das cotas de vendas, as quais servem como parâmetro para a avaliação de cada vendedor. Enquanto a avaliação mensal é feita para sanar irregularidades do cotidiano, a avaliação anual é a avaliação definitiva do período e serve para recompensar o mérito do vendedor.

Os principais critérios ou fatores utilizados para avaliar o desempenho dos vendedores são os seguintes:

- **Volume de vendas realizadas no período**: representa as vendas totais que o vendedor conseguiu no período considerado pela avaliação. O volume de vendas realizado deve ser comparado com a cota de vendas determinada para o vendedor no período. Se o volume realizado está acima da cota, o resultado é ótimo. Se o volume está abaixo da cota, o supervisor deve verificar as razões do atraso ou da perda de vendas.

Quadro 8.1 Avaliação do desempenho pelo volume de vendas realizado

Volume de vendas realizado	Em milhares de reais				
	Abaixo de 1.000	1.000 a 1.999	2.000 a 2.999	3.000 a 3.999	4.000 ou mais
Pontos	0	30	60	90	100

- **Cumprimento da cota de vendas**: representa a porcentagem da cota de vendas, fixada previamente, que o vendedor alcançou no período. Para cada faixa de porcentagem, o vendedor ganha pontos em sua avaliação. Obviamente, o Quadro 8.2 e os seguintes servem apenas para ilustração, pois cada empresa deve fixar seus próprios critérios.

Quadro 8.2 Avaliação do desempenho pelo cumprimento da cota de vendas

% da cota alcançada	Porcentagem				
	Abaixo de 100%	101% a 120%	121% a 140%	141% a 160%	161% ou mais
Pontos	0	30	60	90	100

- **Número de visitas realizadas**: significa o volume de visitas que o vendedor fez (ou deve fazer) à sua clientela durante o período. Para cada faixa de número de visitas, o vendedor ganha pontos em sua avaliação.

Quadro 8.3 Avaliação do desempenho pelo número de visitas realizadas

Número de visitas realizadas	Visitas realizadas				
	Abaixo de 10	10 a 19	20 a 29	30 a 39	40 ou mais
Pontos	0	30	60	90	100

- **Vendas realizadas por visita**: significa o volume de vendas feito, em média, em cada visita aos clientes. Normalmente, esse critério é obtido por meio da equação:

$$\text{Vendas realizadas por visita} = \frac{\text{Total das vendas realizadas}}{\text{Número de visitas realizadas}}$$

- **Relação entre despesas e vendas**: significa o valor das despesas efetuadas pelo vendedor sobre o valor das vendas realizadas. Em geral, o resultado é multiplicado por 100 para demonstrar a porcentagem das despesas sobre as vendas. Essa porcentagem representa a porcentagem das vendas que o vendedor gastou para realizá-las. No fundo, é uma medida da eficiência do vendedor: quanto menor for a porcentagem das despesas, tanto mais eficiente será o vendedor e tanto menor será o custo de suas vendas.

Quadro 8.4 Resultados gerais da avaliação do desempenho do vendedor

Critérios de avaliação	Pontos				
	0	30	60	90	100
Volume de visitas					
Cumprimento da cota					
Visitas realizadas					
Vendas por visita					
Despesas/vendas					

A avaliação do desempenho deve ser exaustivamente discutida – antes, durante e depois – com o próprio vendedor. Uma das tarefas mais brilhantes do supervisor de vendas deve ser a discussão e a troca de ideias com o vendedor a respeito dos resultados obtidos em sua avaliação, sempre no sentido de melhorar a *performance* e incrementar os resultados, tanto para a empresa quanto, principalmente, para o próprio vendedor.

Além da avaliação quantitativa do desempenho do vendedor, é interessante notar que a avaliação qualitativa de seu desempenho pode fornecer indicações e informações interessantes, como qual é o tipo de produto mais adequado a cada vendedor, qual é a equipe mais adequada e uma série de conclusões que ajudam no posicionamento apropriado de cada vendedor.

Quadro 8.5 Avaliação qualitativa do desempenho do vendedor

Avaliação qualitativa	Comportamento do vendedor				
	Sofrível	Medíocre	Razoável	Ótimo	Excepcional
Facilidade com produtos novos					
Facilidade de apresentação					
Contato pessoal					

(continua)

(continuação)

Avaliação qualitativa	Comportamento do vendedor				
	Sofrível	Medíocre	Razoável	Ótimo	Excepcional
Apresentação pessoal					
Tipo de argumentação					
Facilidade com clientes difíceis					
Facilidade com produtos complexos					
Rapidez de raciocínio					
Memória sobre clientes e pedidos					
Agendamento e *follow-up*					

Contudo, além avaliar os resultados concretos que o vendedor oferece à empresa, a avaliação do desempenho pode – e deve – levar em conta também seu potencial de desenvolvimento e, mais importante, suas competências individuais para que elas possam ser desenvolvidas e ampliadas por meio de recursos que a empresa pode – e deve – oferecer.

Quadro 8.6 Avaliação das competências individuais do vendedor

Competências individuais	Competências				
	Sofrível	Medíocre	Razoável	Ótimo	Excepcional
Espírito de equipe					
Vontade de aprender					
Habilidade de comunicação					
Facilidade de relacionamento					
Capacidade de negociação					
Iniciativa própria					
Criatividade e inovação					
Liderança					
Resistência à frustração					
Tenacidade					

Enquanto a avaliação do desempenho do vendedor está vinculada às vendas realmente efetivadas e, portanto, ao passado, muitas empresas estão dando cada vez mais importância às competências individuais, porque estas estão vinculadas ao futuro que o vendedor promete por meio de seus conhecimentos, habilidades, julgamento e atitudes.

Por todas essas razões, seja no momento de fixar metas e objetivos, além das cotas individuais ou grupais de vendas, é importante considerar os indicadores ou as métricas para acompanhar e avaliar o desempenho e os resultados alcançados no decorrer do período considerado (em semanas, meses ou anos). Assim, a avaliação do desempenho – seja quantitativa, qualitativa ou o que quer que seja – deve ser constante e contínua, e não apenas periódica. Ela precisa ser feita nos momentos oportunos e nas ocasiões propícias e devem ser repetidas tanto nos casos de sucesso nas vendas quanto nos casos de dificuldades.

Um aspecto primordial na avaliação do desempenho é a maneira como lidar com o avaliado. Este deve receber retroação (*feedback*) constante a respeito de seu desempenho. A entrevista de retroação deve ser realizada individualmente ou em equipe (caso as metas e os objetivos sejam grupais e solidários), de maneira objetiva e clara para que o avaliado esteja a par da situação. O mais importante do sistema de avaliação do desempenho é exatamente comunicar e discutir com o avaliado (ou equipe) as providências cabíveis, seja no sentido de cumprimentar, festejar ou reforçar, seja no sentido de corrigir, ajudar ou intensificar os esforços. São indispensáveis a motivação, o entusiasmo e a garra para que o vendedor e sua equipe estejam sempre em alto astral.

Em resumo, a organização – e constante reorganização – da equipe de vendas é uma tarefa contínua e incessante, mas que traz resultados magníficos, não somente no volume de vendas, mas, principalmente, na satisfação e no entusiasmo da própria equipe, o que funciona como um reforço para a continuidade de excelentes resultados.

> Reflita sobre **Mais com o mesmo** na seção *Para reflexão* GV 8.3

QUESTÕES PARA REVISÃO

1. Por que é importante a interface entre a empresa e sua clientela?
2. Quais são os meios indiretos e impessoais de comunicação com a clientela?
3. Qual é a interface que proporciona uma comunicação mais ampla e profunda?
4. Como se faz a escolha da equipe de venda?
5. Conceitue o recrutamento do pessoal de vendas.
6. Quais são as principais técnicas de recrutamento?
7. Explique os anúncios em jornais e revistas. Quando devem ser adotados?
8. Explique o quadro de avisos da empresa e em seu *site*.
9. Explique as agências de recrutamento de vendedores.
10. Explique as indicações de funcionários.
11. O que é recrutamento interno? Como funciona?
12. O que é recrutamento externo? Como funciona?
13. O que é recrutamento misto? Como funciona?
14. Conceitue seleção de vendedores.
15. Quais são as principais técnicas de seleção?

16. Explique a entrevista de seleção.
17. Explique as provas de conhecimento ou de capacidade.
18. Explique a simulação ou dramatização.
19. Conceitue treinamento.
20. Quais são os possíveis conteúdos do treinamento?
21. Explique o treinamento como transmissão de informações e conhecimentos.
22. Explique o treinamento como desenvolvimento de habilidades.
23. Explique o treinamento como desenvolvimento de atitudes.
24. Explique o treinamento como construção de competências.
25. Quais são as finalidades do treinamento?
26. Por que o treinamento é importante para a empresa e para o colaborador?
27. Quais são as técnicas de treinamento?
28. Explique as aulas expositivas.
29. Explique as demonstrações.
30. Explique instrução programada.
31. Explique dramatização.
32. Conceitue a remuneração de vendedores.
33. Quais são os objetivos dos sistemas de remuneração de vendedores?
34. Explique o salário fixo.
35. Explique a comissão.
36. Qual é a diferença entre comissão única e comissão diferenciada?
37. O que é comissão sobre o total das vendas?
38. O que é comissão a partir de um nível determinado de vendas?
39. Explique a remuneração mista.
40. Quais são os tipos de remuneração mista. Explique-os.
41. Conceitue avaliação do desempenho do vendedor.
42. Quais são os principais fatores ou critérios de avaliação do desempenho do vendedor?
43. Explique os tipos de avaliação do desempenho quanto às vendas realizadas.
44. Explique a avaliação qualitativa do desempenho do vendedor.
45. Explique a avaliação na base das competências do vendedor.

REFERÊNCIAS

1. CHIAVENATO, I. *Recursos humanos*: o capital humano das organizações. 11. ed. São Paulo: Altas, 2020.
2. CHIAVENATO, I. *Recursos humanos*: o capital humano das organizações, *op. cit.*
3. CHIAVENATO, I. *Recursos humanos*: o capital humano das organizações, *op. cit.*
4. CHIAVENATO, I. *Gestão de pessoas*: o novo papel da gestão do talento humano. 5. ed. São Paulo: Atlas, 2020.
5. CHIAVENATO, I. *Gestão de pessoas*: o novo papel da gestão do talento humano, *op. cit.*
6. CHIAVENATO, I. *Recursos humanos*: o capital humano das organizações, *op. cit.*
7. CHIAVENATO, I. *Gestão de pessoas*: o novo papel da gestão do talento humano, *op. cit.*
8. CHIAVENATO, I. Gestão de pessoas: o novo papel da gestão do talento humano, *op. cit.*
9. CHIAVENATO, I. *Gestão de pessoas*: o novo papel da gestão do talento humano, *op. cit.*
10. KIRKPATRICK, D. *Evaluating training programs*: the four levels. San Francisco: Berrett-Koehler, 1998.
11. *Vide*: www.chatfieldgroup.com.
12. CHIAVENATO, I. *Gestão de pessoas*: o novo papel da gestão do talento humano, *op. cit.*
13. *Vide*: www.astd.org
14. CHIAVENATO, I. *Gestão de pessoas*: o novo papel da gestão do talento humano, *op. cit.*

9 O RELACIONAMENTO COM O CLIENTE

O QUE VEREMOS ADIANTE
- Atendimento ao consumidor.
- Pós-venda.
- Confiabilidade.
- Prontidão e agilidade.
- Comunicação.
- Mídias sociais.
- *Customer Relationship Management* (CRM).
- *Business Intelligence* (BI).

De nada adianta apenas vender e vender. É preciso mais do que isso para conquistar o cliente, impressioná-lo bem e torná-lo um cliente para sempre. Um cliente satisfeito, fiel e constante não se conquista com facilidade em apenas um primeiro contato. É preciso tratá-lo com desenvoltura, acessibilidade, constância e permanência por meio de um abrangente conjunto de meios à sua disposição. Muitas empresas investem intensivamente no cliente por vários meios, como já vimos antes. No entanto, também é preciso investir nas pessoas que atendem o cliente e que representam a empresa para ele. As pessoas constituem o principal ponto de contato entre a empresa e sua clientela. E esse delicado ponto de interface com o cliente merece toda a atenção da GV. Entre essas pessoas está o vendedor ou representante de venda, mas ele não deve estar sozinho. Existe uma multiplicidade de pessoas e de meios para constituir um relacionamento excelente e duradouro com o cliente.

INTRODUÇÃO

Toda empresa tem uma imensa variedade de pontos de contato com sua clientela que nem sempre são devidamente explorados e intensificados. Essa interface empresa *versus* cliente é geralmente realizada por meio de propaganda, promoção, distribuição, entrega e pós-venda. Normalmente, a interface costuma ser feita em uma só via: da empresa para o cliente, como se ele fosse um mero agente passivo das vendas cumprindo seu papel como simples comprador e ponto final. Todavia, a gestão do relacionamento com o cliente exige a utilização conjunta e integrada de todas as possíveis maneiras de se relacionar com sua clientela de maneira eficiente e eficaz e de modo interativo e dinâmico, e não apenas impessoal e distante. O relacionamento com o cliente de hoje – o chamado "neocliente" – precisa ser feito de maneira estratégica, interativa, inteligente e compartilhada. Trata-se de continuar conquistando o cliente e satisfazê-lo plenamente. Sua satisfação deve ser total: antes, durante e depois do processo de venda.

> **SAIBA MAIS** — **O significado da palavra não**
>
> O relacionamento com o cliente deve ser altamente positivo, agradável, criativo e responsável. A palavra **não** deve ser evitada de todas as maneiras, pois ela tem um sentido extremamente negativo e obstativo quando se trata com o cliente. Ela não deve ser dita ou mencionada em hipótese alguma. Deve-se sempre procurar uma frase positiva para substituí-la no sentido de evitar o presságio francamente negativo que ela carrega. O bom vendedor nunca diz não ao cliente, e a boa empresa também segue esse caminho.

9.1 ATENDIMENTO AO CONSUMIDOR

Com a intensificação do comércio eletrônico, a empresa precisa abrir portas e janelas para o cliente e, se possível, integrá-lo e colocá-lo dentro de seu interior, dentro de suas fronteiras, tal como fazem boa parte das empresas bem-sucedidas. Afinal, o cliente não é somente um mero consumidor, mas um *stakeholder* importante na consolidação de qualquer negócio. Os serviços de atendimento ao consumidor (SAC) representam um meio de contato direto entre cliente e empresa. Nesse sentido, representam uma interface importantíssima na manutenção de um excelente relacionamento com o cliente.

> **CHIAVENATO DIGITAL** — Acesse conteúdo sobre **O consumidor também avalia a empresa por meio do SAC** na seção *Tendências em GV 9.1*.

Contudo, o SAC tem sido criado na maioria das empresas para proporcionar apenas uma oportunidade para o cliente reclamar, cobrar, exigir ou perguntar por algo que não deu certo ou não ocorreu como ele esperava. É um meio simplista por intermédio do qual a empresa toma conhecimento de algo que incomoda ou irrita o cliente. Mas, antes de atendê-lo, exige dele uma infinidade de dados para poder localizar seu nome, sua compra ou seu pedido, o que, quase sempre, o irrita ainda mais quando o sistema utilizado nem sempre permite sua pronta localização, principalmente quando o *call center* não tem o sistema de atendimento adequado ou o pessoal de atendimento devidamente treinado, orientado e preparado para enfrentar a fera do outro lado da linha. Se o cliente procura o *call center* é por que algo não anda bem com sua compra. No momento que estou escrevendo este livro, ainda espero o retorno – que certamente não virá – do meu sétimo e demoradíssimo chamado telefônico para cobrar a entrega e a instalação de uma TV que comprei. Coisa de louco. Reclamar para quem? Para o atendente? Geralmente, o SAC é terceirizado para uma empresa e a entrega também, mas para outra empresa. Imagine o que sucede nesse trio dispersso e desintegrado: loja, SAC e entregadora, cada qual na sua. Vendedor, atendente e motorista do caminhão que nem se conhecem. E o cliente nunca mais comprará da mesma loja, que sequer sabe o que está acontecendo com aquilo que ela vendeu. As coisas precisam funcionar sobre carretéis, como dizia um amigo. Contudo, isso nem sempre ocorre. É por isso que o Procon anda cheio de reclamações de vendas mal resolvidas e problemáticas que simultaneamente acabam com a paciência do cliente e com o prestígio e renome de qualquer empresa. O atendimento ao cliente ainda está longe e muito aquém dos melhores padrões que poderiam ser alcançados, desde que houvesse uma gestão eficaz. Deve ser tratado como algo estratégico para o sucesso da empresa e, portanto, parte do seu *core business* que não deve ser entregue a terceiros mal preparados para isso.

9.2 PÓS-VENDA

A pós-venda envolve todas as atividades posteriores ao processo de venda. Na verdade, a pós-venda deve ser parte integrante e indispensável do processo de venda. Da mesma maneira como toda e qualquer empresa faz um seguimento (*follow-up*) de suas compras corporativas, o consumidor também costuma fazer o mesmo. O agendamento da entrega daquilo que foi vendido, os serviços de assistência técnica, a resolução de possíveis problemas que independem e escapam ao controle ao cliente, a certeza de que as expectativas do cliente estão sendo plenamente satisfeitas são aspectos importantes na pós-venda e que influenciam poderosamente os hábitos e as decisões futuras de compra por parte do consumidor. A pós-venda deve ser encarada como um aspecto tão importante quanto a própria venda, da mesma forma como a eficiência deve ser sempre acompanhada pela eficácia.

9.3 CONFIABILIDADE

Toda empresa deve cumprir exatamente – ou ainda mais – aquilo que prometeu ao cliente. Afinal, a venda é uma promessa do vendedor de que o comprador estará satisfeito com o pedido efetuado. Quando a venda ocorre bem, a entrega é feita dentro do prazo agendado e a mercadoria preenche as expectativas do cliente, este passa a confiar na promessa do vendedor. Essas são as principais condições para alcançar confiabilidade do cliente e, portanto, garantir a esperança de novas e novas vendas a ele. Se a empresa não cumpriu, ela está em falta e, no mínimo, deve pedir sinceras desculpas ao cliente se pretende a manter o relacionamento. Confiança é a base indispensável de qualquer negócio. Ela envolve a crença de que determinada oferta é válida e segura. É a confiabilidade que leva o consumidor a fazer outras compras do mesmo vendedor.

As estatísticas mostram que, em média, quando uma empresa perde um cliente, ela gastará oito vezes mais do que gastaria se mantivesse o cliente apenas para substituí-lo por um cliente novo. É simplesmente uma questão de custo/benefício. Assim, do ponto de vista meramente financeiro, vale a pena manter um cliente atual, mesmo que o investimento nele seja elevado. Custa mais barato manter um cliente atual do que buscar um novo cliente em seu lugar.

> **TENDÊNCIAS EM GV**
>
> **A importância da reputação na internet**
>
> Em um mundo em que existe mais de 50% da população mundial conectada, no qual a economia compartilhada desenvolve-se a cada dia e onde a tecnologia aproximou em tempo real as pessoas, empresas, clientes e consumidores, a **reputação** para as empresas que utilizam a internet como instrumento de comercialização passou a ser considerada um importante diferencial competitivo. Mas o que é reputação? Segundo o dicionário *Michaelis*, reputação é o ato de reputar, ou seja, dar um bom ou mau nome para algo ou alguém. Significa dizer que a empresa que tem uma boa reputação é reconhecida por ter um bom nome. Por exemplo: um cliente que resolve alugar um imóvel por poucos dias, procura em determinado *site* ou aplicativo qual é o melhor local para ficar. Após analisar diversas residências, utiliza como um dos critérios de escolha os indicadores favoráveis que outros hóspedes registram no *site*, que remete à ideia de uma boa reputação, ou seja, gera confiança no consumidor para locar a residência, sem ao menos tê-la visto pessoalmente. Outro exemplo é o consumidor que procura determinado produto. Pesquisa o preço em diversas lojas disponíveis nos aplicativos ou *sites*, mas, antes de adquirir, verifica as opiniões de outros compradores. Conforme a reputação que os demais consumidores registraram, a compra pode ou não ser efetivada. Portanto, a boa reputação no mundo digital é mais do que ter um bom nome. Reflete a confiança no consumidor para adquirir seu produto e recomendá-lo ou não. Se consideramos a visão baseada em recursos, a reputação para uma empresa é um recurso valioso, raro e difícil de ser imitado, portanto, estratégico.

9.4 PRONTIDÃO E AGILIDADE

Todo cliente espera um atendimento rápido, preciso e eficaz, sem delongas e sem problemas no meio do caminho. Além disso, com prontidão e agilidade na entrega ou em qualquer correção de possíveis atrasos ou problemas com o produto ou serviço. A prontidão é a redução do tempo no atendimento, na entrega ou na pós-venda. A agilidade é o jogo de cintura que a empresa deve ter para resolver rápida e prontamente qualquer problema que surja no meio do caminho. E quase sempre o problema surge na entrega do produto ou serviço. E é aí que a prontidão e a agilidade podem se manifestar de maneira mais efetiva.

9.5 COMUNICAÇÃO

Há um ditado popular que diz: quem não se comunica, se trumbica. A comunicação é a chave para todo e qualquer entendimento entre as pessoas, principalmente entre empresas e seus clientes. E o comportamento do cliente está passando por profundas mudanças tanto no ambiente físico quanto no virtual, no sentido de exigências que aumentam cada vez mais. A maior parte das tecnologias necessárias para uma comunicação mais eficaz entre empresa e clientela já está disponível para permitir um relacionamento mais duradouro e convidativo. Esse é o objetivo mais importante.

> Acesse conteúdo sobre **A Era on-demand está chegando** na seção *Tendências em GV 9.2*

9.6 MÍDIAS SOCIAIS

O uso das mídias sociais no ambiente corporativo está se intensificando a cada dia que passa. Trata-se de uma verdadeira explosão, um fenômeno social cujo potencial não pode ser desprezado em hipótese alguma. Segundo Hercheui, as empresas podem se beneficiar das mídias sociais para atender a três diferentes objetivos básicos:[1]

1. **Proteção da reputação**: melhorar a comunicação com o consumidor deve ser prioridade na mídia social da empresa. A reputação da empresa é construída por meio de muito dinheiro investido em marcas, e alguns consumidores têm em suas mãos uma poderosa ferramenta para destruir marcas sem custo algum ao espalhar aos amigos suas opiniões negativas sobre um produto ou empresa nas mídias sociais. Todos eles são livres para fazer críticas em qualquer canal de mídia social. Contudo, se a empresa não tem uma página em uma rede social, isso não significa que os consumidores não usarão outro canal para expressar suas opiniões a respeito dela. Para tanto, a empresa deve aproveitar melhor a *web*:[2]
    a. **Ter canais adequados nas mídias sociais** a fim de que o consumidor possa ter um canal formal para expressar sua insatisfação. Assim, a empresa tem capacidade de dar retorno no canal em que tem algum controle.
    b. **Monitorar o que os consumidores estão falando nas mídias sociais** e responder a eles nos canais em que tenham escolhido. Apesar de possíveis abusos e má-fé de alguns, a empresa deixa de se omitir ao assumir responsabilidades. Isso é observado na mídia social.
2. **Aumento das vendas**: em termos de marketing, a vantagem das mídias sociais é sua capacidade de atingir milhões de pessoas com custos baixíssimos. Assim:
    a. **Ocupar canais de mídia social com campanhas de marketing criativas e únicas**: sua capacidade de influência é enorme, principalmente se a peça de comunicação tiver um diferencial para que as pessoas recomendem o conteúdo para suas redes sociais, a fim de que a apreciação de um vídeo, por exemplo, seja convertida em consumo do produto. Para que produza aumento de vendas no curto prazo, a campanha deve ter potencial para se tornar viral.
    b. **A melhora de serviços de atendimento ao consumidor**: em mídias sociais, constituem meios mais eficientes do que campanhas que tenham grande audiência, mas pouco impacto em termos de mudança de padrão de consumo. O SAC envolve uma questão privada entre empresa e consumidor, mas quando envolve mídias sociais torna uma questão pública e se torna necessário proteger a reputação da empresa. Dependendo desta, se o SAC irrita um consumidor, um erro exposto das mídias sociais pode irritar uma multidão.
3. **Gestão do conhecimento e inovação**: Hercheui salienta que a estratégia de melhorar a gestão do conhecimento vem aparecendo em pesquisas sobre o uso corporativo das

mídias sociais. Elas oferecem oportunidades para a documentação e difusão de conhecimento, bem como a ampliação da capacidade de inovação. As mídias sociais colocam à disposição dos colaboradores três funções principais na gestão de conhecimento:

a. **Ambientes que usam *wiki*, *blogs*, fóruns e vídeos para gerar e documentar conhecimentos específicos**: são canais que permitem que o coletivo chegue a um consenso sobre o que seria um conhecimento útil e correto a respeito de determinado assunto. As mídias sociais oferecem enorme facilidade de interação em ambientes amigáveis, sem exigir qualquer treinamento.

b. **Esses mesmos canais podem ser usados**: para a difusão do conhecimento específico e relevante para a empresa. As mídias sociais são ferramentas importantes para treinamento, pois oferecem grande variedade de formas de comunicação, como texto escrito, vídeo e interação.

c. **As mídias sociais oferecem oportunidade de comunicação com profissionais especializados**: por meio de redes sociais, fóruns e *blogs*. Os colaboradores em qualquer área podem se juntar a grupos de profissionais com interesses comuns. Tal acesso pode ser feito dentro da empresa, em sua forma mais restrita, ou em níveis locais, nacionais ou globais.

Além disso, a gestão do conhecimento pode aproveitar as ideias de consumidores e fornecedores. Canais de conversação facilitam essa troca, seja respondendo a possíveis críticas ou aproveitando sugestões e ideias inovadoras. Essa troca permite que o uso das mídias sociais se torne também uma ferramenta para criar e acelerar a inovação na empresa.

De qualquer forma, os principais benefícios do uso das mídias sociais são:[3]

- Melhoria das relações com os consumidores.
- Redução dos custos de comunicação.
- Ampliação de acesso da empresa a conhecimento e profissionais especializados.
- Aumento da capacidade de inovação da empresa.

> Aumente seus conhecimentos sobre **A presença da empresa no mercado** na seção *Saiba mais GV 9.1*

A empresa precisa saber utilizar as mídias sociais para intensificar sua presença, a presença de seus produtos e aproximar-se cada vez mais do consumidor.

9.7 CUSTOMER RELATIONSHIP MANAGEMENT

A gestão do relacionamento com o consumidor (*Customer Relationship Management* – CRM) é um termo utilizado pela indústria da informação para designar metodologias, *softwares* e possibilidades que a internet oferece para ajudar a empresa na gestão de seus relacionamentos com consumidores de maneira organizada e integrada. De acordo com essa visão, a CRM permite:

- ajudar a empresa a habilitar sua área de marketing para identificar e focar seus consumidores, melhorar suas campanhas de marketing e gerar qualidade para impulsionar suas equipes de vendas;

- assistir a empresa a melhorar televendas e gestão de vendas (GV) pela otimização da informação compartilhada por múltiplos colaboradores e refinar os processos existentes, como pedidos de vendas por meio de artefatos móveis;
- facilitando a formação de relacionamentos individuais com os consumidores, com o foco em melhorar sua satisfação e maximização da renda, identificando os consumidores mais lucrativos e oferecendo-lhes o melhor padrão de serviço.
- oferecendo aos colaboradores da empresa a informação e os processos necessários para conhecer seus clientes, compreendendo e identificando as necessidades dos clientes e construindo relacionamentos entre a empresa, a base de consumidores e os demais parceiros do negócio.

A maioria das empresas utiliza seus *softwares* de CRM para ajudar na gestão de seus relacionamentos com seus consumidores. A tecnologia CRM é oferecida *on-premise*, *on-demand* ou por meio de *softwares* como um serviço. A CRM pode abranger três grandes áreas:

1. Automatização da gestão de marketing.
2. Automatização da gestão comercial, dos canais e da força de vendas.
3. Gestão dos serviços ao cliente.

Dessa maneira, a CRM habilita a empresa a:

- conhecer seus consumidores;
- reter consumidores por meio de melhor experiência na relação;
- atrair novos consumidores;
- ganhar com novos clientes e contratos;
- aumentar a lucratividade;
- reduzir custos na gestão dos consumidores.

Na prática, a CRM envolve tecnologia avançada para organizar, automatizar e sincronizar vendas, marketing, serviço ao consumidor e suporte técnico.[4]

A CRM foi abordada rapidamente no Capítulo 3. O processo de informatização e modernização está proporcionando às empresas poderosas e incríveis ferramentas tecnológicas. A adoção crescente de novas tecnologias acabou trazendo duas vantagens preciosas: a elevação da produtividade nas empresas e a criação de facilidades para os clientes e usuários. Os bancos que o digam. A expansão das comunicações e o uso crescente de novas tecnologias permitiram a integração dos serviços bancários em nosso país. O acesso fácil à conta-corrente e a transações bancárias tornou-se uma operação natural e rotineira. Por outro lado, a internet e as redes digitais estão revolucionando os serviços e o padrão de atendimento aos usuários em direção ao *home banking* e ao *mobile banking*, graças à tecnologia da informação (TI). A mobilidade dos *smartphones* e *tablets*, da computação em nuvem, mesas com telas de toque, sistemas de identificação biométrica (como a palma da mão, íris, voz, fisionomia etc.) estão trazendo inovações cada vez mais intensas. Ao utilizar seus *mobile apps* e artefatos móveis, a equipe de vendas os transforma em um verdadeiro escritório portátil de vendas.[5]

O conjunto de processos e tecnologias oferecido pela CRM é capaz de gerar relacionamentos com clientes atuais e potenciais e com demais parceiros do negócio, como intermediários, distribuidores etc. Trata-se de uma abordagem que coloca o cliente no centro dos processos do negócio e que permite perceber e antecipar as necessidades e expectativas dos clientes atuais e potenciais, de maneira a criar respostas adequadas e satisfazê-los da melhor forma possível. Tudo isso integrado em um modelo de gestão de negócios capaz de transformar dados espalhados e disseminados na organização em informações relevantes que permitem identificar o cliente e definir mais claramente seu perfil e como proporcionar eficácia para ele. Assim, a CRM permite perceber qual modelo de relacionamento com o cliente a empresa deve adotar ou redesenhar os processos atuais de atendimento: como abordar o cliente, quais procedimentos devem ser gerados a partir dessa abordagem, e qual é o melhor plano de relacionamento e de comunicação com ele. Tudo isso com foco nos processos, e não na tecnologia, que deve servir apenas como meio para melhorar o relacionamento por intermédio de um conjunto de ferramentas de apoio, como telemarketing, canais virtuais de relacionamento, terminais de ponto de venda e, sobretudo, integração com outros canais de comunicação, como telefone, celular, internet, contato pessoal etc. Tudo isso para fidelizar os clientes atuais e conquistar clientes potenciais buscando sua satisfação por meio do melhor atendimento de suas necessidades e expectativas.

TENDÊNCIAS EM GV

Fazer a CRM naturalmente

Apesar da evolução da tecnologia, o conceito de CRM já existe há tempos. Muitos comerciantes e empresas já realizavam o relacionamento com seu cliente naturalmente. Quer um exemplo? Mesmo sem ter um arquivo com o nome, o endereço ou detalhes pessoais do cliente, é comum muitos comerciantes conhecerem as necessidades de seus clientes. Exemplo: um frequentador assíduo de uma padaria, em que o consumidor realiza com frequência o mesmo pedido - café com leite claro e pão sem miolo com pouca manteiga - e, geralmente chega no mesmo horário, senta no mesmo local e é servido pelo mesmo atendente, depois de determinado tempo, ao entrar, ele nem precisará pedir. Será recepcionado pelo atendente ou até mesmo pelo dono, sentará e seu pedido já estará disponível, no mesmo padrão de qualidade que já está acostumado. O cliente, nesse caso, recebeu o que queria, foi bem atendido, sentiu-se único e teve a percepção positiva de que é conhecido. Em outras palavras, a padaria realizou uma CRM, pois descobriu o cliente, conheceu suas preferências, soube se comunicar com ele por meio de ações, demonstrando conhecê-lo, entregou o que ele desejava no prazo e na qualidade esperada e, assim, assegurou que ele fosse mantido e retornasse para novas compras. Agora, se essa padaria passar a cadastrar seus clientes e suas preferências em um banco de dados e atuar com base nas informações coletadas, imagine o quanto ela pode melhorar o relacionamento com seus clientes. Esse é o papel da tecnologia: ajudar no processo da CRM, mas em momento algum substituirá o relacionamento e contato humano.

Dissemos anteriormente que o marketing de relacionamento está em voga. Isso significa que as empresas estão intensificando cada vez mais seus relacionamentos com os clientes. Para tanto, elas estão utilizando a tecnologia da informação (TI) para desenvolver técnicas de gestão da clientela. Entre os *softwares* utilizados sobressai a CRM para fortalecer os laços com os clientes.

É impressionante o volume de dados que permeia o mundo dos negócios. Os chamados *Big Data* transitam entre todos os lugares do planeta. O crescimento da empresa, dos serviços móveis e de sua presença nas redes sociais envolve uma indescritível quantidade de dados. A abordagem analítica (*analytics*) dessa enorme massa crítica permite, por meio de tecnologias avançadas, descobrir *insights*, significados, tendências, projeções a respeito do negócio da empresa e, assim, criar um modelo de negócio cada vez mais próximo do cliente passa a ser o objetivo principal.

> Aumente seus conhecimentos sobre **CRM** na seção *Saiba mais* GV 9.2

> **SAIBA MAIS** *Big Data* – megadados
>
> Dados são peças de informação formatadas de diversas maneiras. Eles podem existir em uma grande variedade de formas: como números, palavras, textos, *bits*, *bytes* armazenados em uma memória eletrônica ou como lembranças ou fatos memorizados na mente de uma pessoa. Nas empresas, os dados sobre produção, vendas, faturamento, pagamentos, contratos, produtos, serviços, projetos, planos, fornecedores, clientes, distribuidores, investimentos etc. formam uma incrível coletânea de informações passadas e correntes contidas em arquivos (*databases*) que representam um enorme e dinâmico repositório (*metadata*) que constitui a memória da organização. Lá fora, no mundo dos negócios, há uma formidável e dinâmica torrente de dados transitando ao redor do planeta, os quais compreendem vendas, transações e negócios, de modo incessante e constante. Assim, dá-se o nome de *Big Data* ao fenômeno decorrente de três características juntas: volume, velocidade e variedade de dados que circulam no mundo dos negócios. Essa verdadeira explosão de dados, quando bem organizada e analisada, tem um incrível potencial para resolver qualquer problema e ajudar a empresa a tomar melhores decisões. Inclusive para avaliar, medir, gerenciar e melhorar a experiência do consumidor. Mais do que isso, por meio da abordagem analítica, é possível fazer extrapolações incríveis a respeito de tendências para onde estamos indo. E o planejamento da empresa precisa saber exatamente disso: para onde devemos ir. Uma empresa inteligente é construída com análises mais inteligentes capazes de oferecer retroação (*feedback*) instantânea sobre o que atrairá o olhar e o interesse dos consumidores.

9.8 BUSINESS INTELLIGENCE

A inteligência de negócios ou inteligência empresarial (do inglês *business intelligence* – BI) constitui um processo de coleta, organização, análise, compartilhamento e monitoramento de informações que permitem suporte à gestão do negócio. Trata-se de um termo criado pelo Gartner Group para descrever as habilidades das empresas em buscar dados geralmente armazenados em seus sistemas, agrupá-los e transformá-los em informação relevante para serem analisados no sentido de desenvolver percepções e significados para apoiar o processo decisório da empresa. O fato é que as empresas estão permanentemente recolhendo informações para avaliar o ambiente de negócios, completando-as com pesquisas e análises competitivas. Nesse sentido, elas acumulam inteligência à medida que ganham conhecimento e compreensão da realidade que as cercam suficiente para sustentar sua vantagem competitiva e competir no mercado.[6]

> **SAIBA MAIS — BI**
>
> Em 1958, o pesquisador da IBM, H. P. Luhn, usou o termo **inteligência de negócios**[7] e empregou a definição de **inteligência** do dicionário Webster's: a capacidade de apreender as inter-relações dos fatos presentes no sentido de guiar a ação dirigida para um objetivo desejado. A BI começou como um mero sistema de suporte às decisões para se transformar em uma ferramenta estratégica para melhorar as decisões da empresa, utilizando sistemas de apoio baseados em fatos concretos.

BI é uma ferramenta para ajudar a empresa a tomar decisões inteligentes por meio de dados e informações recolhidas pelos seus sistemas de informação por intermédio de:

- **Fontes primárias**: dentro da empresa, por meio de dados sobre produção, vendas, faturamento, satisfação dos clientes etc.
- **Fontes secundárias**: no mercado, envolvendo fatores econômicos, sociais, políticos, culturais, tecnológicos, tendências, concorrência, pressões competitivas, necessidades do consumidor, comportamento do consumidor etc.

A globalização e a evolução da tecnologia mudou radicalmente a forma como as empresas e seus consumidores se relacionam. O cliente tem um leque de opções de produtos e serviços à sua disposição, enquanto a TI permite oferecer qualidade a um preço competitivo. Em resumo, BI é uma tecnologia que habilita a empresa a transformar dados guardados em seus sistemas em informação relevante e qualitativa para a tomada de decisões. Para tanto, deve-se integrar todos os processos que permitam acesso à informação como forma de melhorar o negócio.[8,9]

> **PARA REFLEXÃO**
>
> **A arte da guerra**
>
> Em seu livro *A arte da guerra*, Sun Tzu, general chinês que viveu por volta do ano 500 a.C, dizia que, para suceder na guerra, o general deve deter todo o conhecimento de suas virtudes e fraquezas, bem como todo o conhecimento das virtudes e fraquezas do inimigo. A falta desse conhecimento resultará certamente na derrota. Mudando o cenário da guerra para o da competição moderna, o velho guerreiro ainda dispõe de imensa atualidade.[10] As melhores decisões decorrem do pleno conhecimento da situação entre as pessoas envolvidas. Conhecimento é poder.

De modo geral, soluções inovadoras podem garantir um melhor atendimento ao consumidor. Usar a tecnologia a favor do cliente é indispensável para o sucesso da empresa por meio de uma melhor interação entre o agente e o usuário de modo mais ágil e eficiente. Além disso, os colaboradores dos *contact centers* podem facilmente acessar o histórico completo do consumidor e identificar as necessidades e preferências de cada um. Sem dúvida, o contato humano é primordial, mas a tecnologia pode ajudar o atendimento, pois o consumidor está cada vez mais ligado às novas ferramentas digitais de comunicação e requer que os problemas seja solucionados imediatamente e sem delongas. Além das soluções tradicionais de CRM e BI, é também imperativo se antecipar às demandas do cliente e tomar decisões em tempo real. O mercado conta com tecnologias de *feedback* dos clientes em tempo real, que permitem que a empresa tenha uma visão completa do atendimento e se ele atendeu às expectativas, o que gerou uma insatisfação, como o atendente conduziu o processo e o que precisa ser mudado para conquistar ou fidelizar o cliente.

O cliente está cada vez mais utilizando canais eletrônicos e comunicando-se mais por *e-mails*, SMS, *chats* e redes sociais, em que se sente poderoso para emitir suas opiniões sobre qualquer marca ou empresa. Isso pode ser altamente positivo ou altamente destrutivo para a imagem da organização Para sobreviver no mercado, é preciso investir na inteligência das operações e em uma GV primorosa. Contudo, o cliente deve ser sempre a maior prioridade! O importante não é só atender bem o cliente: é resolver o problema de cada um deles, e rápida e eficazmente.

QUESTÕES PARA REVISÃO

1. Qual é o significado do atendimento ao consumidor?
2. Indique os pontos fortes e frágeis do SAC.
3. Explique a questão do tempo de resposta e da capacidade técnica da empresa como elementos do SAC.
4. Comente como transformar o SAC em uma ferramenta de comunicação interativa em duas mãos.
5. Exponha a necessidade de integração entre o vendedor de uma loja, o atendente do SAC e o entregador da mercadoria ao cliente.
6. Explique as atividades de pós-venda.
7. Descreva quais são os meios utilizados para aumentar a confiabilidade.
8. Como aumentar a prontidão e a agilidade em relação aos serviços focados no cliente?
9. Explique as tendências que estão ocorrendo nos meios de comunicação entre a empresa e o cliente.
10. Comente a era do *on-demand* que está vindo por aí.
11. Como a empresa pode se beneficiar das mídias sociais?
12. Como melhorar a imagem e a reputação da empresa por meio das mídias sociais?
13. Como aumentar as vendas por meio das mídias sociais?
14. Como incrementar a gestão do conhecimento e da inovação por meio das mídias sociais?
15. Quais são os principais benefícios das mídias sociais?

16. Como incrementar a presença da empresa no mercado por meio das mídias sociais?
17. Explique a importância da CRM para as vendas e para a empresa como um todo.
18. Como explorar essa formidável massa de dados que transitam nos negócios atuais?

REFERÊNCIAS

1. Extraído de: HERCHEUI, M. D. 1, 2, 3 estratégias de mídias sociais. São Paulo, *HSM Management*, p. 88-92, jan./fev. 2012.
2. HERCHEUI, M. D. 1, 2, 3 estratégias de mídias sociais, *op. cit.*, p. 89.
3. HERCHEUI, M. D. 1, 2, 3 estratégias de mídias sociais, *op. cit.*, p. 89.
4. SHAW, R. *Computer aided marketing & selling*. New York: Butterworth Heinemann, 1991.
5. GREENBERG, P. *CRM at the speed of light*. New York: McGraw-Hill, 2009. p. 7.
6. LUHN, H. P. A business intelligence system. New York, *IBM Journal*, v. 2, n. 4, p. 314, 1958.
7. LUHN, H. P. A business intelligence system. New York, *IBM Journal*, v. 2, n. 4, p. 314, 1958.
8. RUD, O. *Business intelligence success factors*: tools for aligning your business in the global economy. New Jersey: Wiley & Sons, 2009.
9. RUD, O. *Business intelligence success factors*: tools for aligning your business in the global economy. New Jersey: Wiley & Sons, 2009.
10. TZU, S. *A arte da guerra*. São Paulo: Bestseller, 2010.

BIBLIOGRAFIA

ANDERSEN, C. *Free*: o futuro dos preços. Rio de Janeiro: Campus, 2009.

BHALLA, V.; CAYE, J.; DYER, A.; et al. *High-performance organizations*: the secrets of their success. Disponível em: https://www.bcg.com/pt-br/publications/2011/high-performance-organizations-secrets-of-success. Acesso em: 12 out. 2021.

BOYD, H.; LEVY, S. *Promoção de vendas*. São Paulo: Saraiva, 1994.

BOYD, H.; WESTFALL, R. *Pesquisa mercadológica*. Rio de Janeiro: Fundação Getulio Vargas, 1968.

BURSTINER, I. *The small business handbook*: a comprehensive guide to starting and running your own business. New York: A Fireside Book, 1989.

CERTO, S. C. *Modern management*: diversity, quality, ethics, and the global environment. Boston: Allyn & Bacon, 1994.

CHIAVENATO, I. *Administração nos novos tempos*: os novos horizontes em administração. 4. ed. São Paulo: Atlas, 2020.

CHIAVENATO, I. *Gestão de pessoas*: o novo papel da gestão do talento humano. 5. ed. São Paulo: Atlas, 2020.

CHIAVENATO, I. *História da administração*. São Paulo: Saraiva, 2007.

CHIAVENATO, I. *Introdução à Teoria Geral da Administração*. São Paulo: Atlas, 2020.

CHIAVENATO, I. *Recursos humanos*: o capital humano das organizações. 11. ed. São Paulo: Atlas, 2020.

CHIAVENATO, I.; SAPIRO, A. *Planejamento estratégico*: da intenção aos resultados. 4. ed. São Paulo: Atlas, 2020.

CHIAVENATO, I. *Gestão da produção*: uma abordagem introdutória. Barueri: Manole, 2014.

CORREY, R. *Small business marketing*. New York: Wiley, 2013.

DRUCKER, P. F. *Management*: tasks, responsibilities, practices. New York: Harper & Row, 1973.

GARTNER, P. *Gerência de vendas eficaz*. Rio de Janeiro: Zahar, 1998.

GREENBERG, P. *CRM at the speed of light*. New York: McGraw-Hill, 2009.

HOLTJE, H. F.; GAGLIARDI, J. A.; MAZZON, J. A. *Marketing*: exercícios e casos. São Paulo: McGraw-Hill, 1992.

KAUFMAN, J. *Manual do CEO*. São Paulo: Saraiva, 2012.

KIM, W. C.; MAUGORGNE, R. *A estratégia do oceano azul*: como criar novos mercados e tornar a concorrência irrelevante. Rio de Janeiro: Campus, 2005.

KOTLER, P. *Administração de marketing*: análise, planejamento, implementação e controle. São Paulo: Atlas, 1996.

KOTLER, P. *Marketing*: edição compacta. São Paulo: Atlas, 1998.

KOTLER, P. *Marketing de A a Z*: 80 conceitos que todo profissional precisa saber. Rio de Janeiro: Campus, 2003.

LINDGREN, M.; BANDHOLD, H. *Scenario planning*: the link between future and strategy. New York: Plagrave Macmillan, 2009.

McCARTHY, E. J. *Marketing básico*. Rio de Janeiro: Zahar, 1996.

MONTGOMERY, C. A.; PORTER, M. (orgs.). *Estratégia*: a busca da vantagem competitiva. Rio de Janeiro: Campus, 1998.

NYSTROM, P. H. (ed.). *Marketing handbook*. New York: Ronald Press, 1998.

PORTER, M. E. *Estratégia competitiva*: técnicas para análise de indústrias e da concorrência. Rio de Janeiro: Campus, 1996.

RAUSCH, P.; SHETA, A.; AYESH, A. *Business intelligence and performance management*: theory, systems, and industrial applications. London: Springer Verlag, 2013.

RIES, A.; RIES, L. *The fall of advertising and the rise of public relations*. New York: Harper-Business, 2002.

RIES, A.; TROUT, J. *Positioning*: the battle for your mind. New York: Warner Books, 1982.

RUD, O. *Business intelligence success factors*: tools for aligning your business in the global economy. Hoboken: Wiley & Sons, 2009.

SCHWEBE, C. D.; SMITH, R. M. *Marketing*: concepts and applications. New York: McGraw-Hill, 1980.

SIMMONS, H. (ed.). *Sales executives handbook*. Englewood Cliffs: Prentice-Hall, 1986.

TEIXEIRA FILHO, J. *Gerenciando conhecimento*. Rio de Janeiro: Senac, 2001.

TREACY, M. T.; WIERSEMA, F. *A disciplina dos líderes de mercado*. Rio de Janeiro: Campus, 2001.

TZU, S. *A arte da guerra*. São Paulo: Bestseller, 2011.

WIND, Y. *Product policy*: methods and strategy. Reading: Addison-Wesley, 1982.

ÍNDICE ALFABÉTICO

A

Abacaxi, 76
Aceitação do risco de compra e venda, 108
Acesso aos canais de distribuição, 44
Acuracidade, 50
Administração de marketing, 24
Agências
   de propaganda, 124
   de recrutamento, 140
Agentes, 104
Agilidade, 164
Alta participação de mercado, 77
Alterações
   na produção, 96
   nas vendas, 96
   no mercado, 96
Ameaça
   de novos entrantes, 44
   de produtos substitutos, 45
Amostras gratuitas, 126
Análise
   ambiental, 47
   do mercado, 47, 86, 88
   multifatorial de portfólio da General Electric (GE), 78
Anúncios em jornais ou revistas, 140
Apple, 49
Aprendizado, 147, 150
Aprendizagem como estratégia empresarial, 149
Atacadista, 107
Atendimento ao consumidor, 162
Atores do microambiente, 47
Atratividade do mercado, 79
Audiência-alvo, 127
Aulas expositivas, 146
Aumento
   da capacidade produtiva da empresa, 95
   das vendas, 165
Avaliação
   de resultados, 143
   do desempenho da força de vendas, 153
   do programa de treinamento, 147
   individual de cada vendedor, 97

B

Barômetro de marcas, 92
Bens, 64
   de capital, 65
   de consumo, 64
   de produção, 65
Big data, 169
Brindes, 126, 128, 129
Business Intelligence (BI), 169

C

Cadastro de clientes, 57
Campanhas de marketing, 165
Canal(is), 120
   adequados nas mídias sociais, 165
   de distribuição, 25, 106
   funções e objetivos dos, 106
   na era digital, 111
Capacidade(s)
   de estimular e incentivar, 152

de produção da empresa, 95
de vendas da empresa, 95
distintivas, 149
Cenários, 49
Ciclo de vida, 73
do produto, 72
dos P/S, 71
Cinema, 123
Classificações de P/S, 64
Clientela, 55
classificação da, 58
heterogênea, 57
homogênea, 57
Clientes
potenciais, 56
reais, 56
tipos de, 56
Cobertura de mercado, 115
Coerência, 152
Comércio
breve história do, 38
mundo de hoje, 38
Comissões, 151
a partir de um nível mínimo de vendas, 151
diferenciada, 151
sobre o total das vendas do vendedor, 151
única, 151
Competências
funcionais, 7
gerenciais, 8
individuais, 8
organizacionais, 7
Completude, 50
Componentes dos P/S, 67
Comportamento de compra do consumidor, 54
Composto de marketing, 24, 27, 28
Comprar serviços de produção de outras empresas, 95
Comunicabilidade, 32
Comunicação, 25, 120, 164
Comunicado de imprensa, 130
Concorrência, 59
Concursos e sorteios, 126, 129

Confiabilidade, 74, 163
Consertos, 75
Construção de competências, 145
Consumidor
características do, 54
final, 107
Conteúdo do treinamento, 144
Controle sobre as vendas do P/S, 115
Correspondência por mala-direta, 124
Cota de vendas, 99
Crescimento, 71
requer entrada de ativos financeiros, 77
Critérios de avaliação
e escolha dos canais de distribuição, 109
do desempenho de vendedores, 153
do sistema de distribuição, 115
Cultura de inovação, 150
Cumprimento da cota de vendas, 154
Cupons, 126, 129
Custo(s), 147
de distribuição, 116
de mudança, 44
Customer Relationship Management (CRM), 166

D

Data mining, 53
Declínio, 71
Definição
do mercado-alvo, 25
do preço de um produto, 30
Demonstrações, 146
Densidade dos relacionamentos internos, 150
Departamentalização
escolha de alternativas de, 16
funcional, 12
por clientela, 15
por produtos, 13, 14
regional, 14
Desconto(s)
especial pela introdução de novo produto, 128
no preço, 129
pela retirada da mercadoria no armazém, 128
por avarias ou deterioração da mercadoria, 128

    por compensação, 31
    por exibição ostensiva do produto no PDV, 128
    por pagamento à vista, 31, 128
    por quantidade, 30
    por volume de compras, 128
    promocionais, 31
    sazonais, 31
Desempenho, 147
Desenho do programa de treinamento, 143
Desenvolvimento
    de atitudes, 144
    de habilidades, 144
    de P/S, 80
    do produto, 25
Design, 74
Destinatário, 120
Determinação das cotas de vendas, 98
Devoluções em dinheiro, 129
Diagnóstico, 143
Diferenciação, 31, 46
    de produto, 44, 73
Diretor de vendas, 11
Disponibilidade, 32
Distintividade, 32
Distribuição, 103
    conceito de, 104
    de amostras grátis, 128
    direta do produtor ao consumidor final, 111
    física, 25
Distribuidores, 104
Divulgação, 125
Dramatização, 146
Durabilidade, 74

E

E-learning, 149
Economias de escala, 44
Embalagem, 68
Empresas, 2
    classificação quanto
    à propriedade, 3
    ao tipo de produção, 2
    do ramo

    primário, 80
    secundário, 80
    terciário, 80
    e seus recursos, 5
    e suas competências, 7
    lucrativas, 5
    não lucrativas, 5
    primárias ou extrativas, 2
    privadas, 3
    públicas, 3
    secundárias ou transformadoras, 2
    terciárias ou prestadoras de serviços, 3
    tipos de, 2
Entrega, 74, 103
Entrevista, 90, 141
    coletiva, 130
Especialista em T&D, 149
Estilo, 74
    coaching, 149
Estrela, 76
Estudos
    de comportamento, 91
    de distribuição, 90
    de imagem, 92
    motivacionais, 92
Excelência, 150
    operacional, 33

F

Facilidade
    de aplicação, 152
    de compreensão, 152
    de conserto, 74
Fatores
    de cálculo da previsão de vendas, 95
    externos, 85
    internos, 85
Flexibilidade, 152
Focalização, 47
Foco no cliente, 26
Fonte(s), 120
    primárias, 86, 87, 170
    secundárias, 86, 87, 170

Força(s)
  do macroambiente, 47
  do mercado, 44
  do negócio da empresa, 79
Funcionamento básico do produto, 74

G

Geração de caixa, 76
Gerente de vendas, 11
Gestão
  de vendas, 1
  conceito de, 9
  estrutura organizacional, 11
  do conhecimento e inovação, 165
Gestor de vendas, 10

I

Implementação, 143
Importância, 32
Imprensa, 123
Incentivos, 128
Indicações de colaboradores, 140
Indústria 4.0, 107
Informações, 89, 119
  secundárias obtidas
    dentro da empresa, 87
    fora da empresa, 87
  sobre as vendas passadas, 95
  sobre tendências do mercado, 95
Instalação, 74
Instrução
  no próprio trabalho, 146
  programada, 146
Integração dos novos colaboradores, 142
Integridade, 50
Inteligência
  de negócios, 169
  empresarial, 169
Intensidade da rivalidade entre os concorrentes, 45
Interferência, 121
Intermediário, 105, 107
  agente, 107
  comerciante, 107

Internet, 124
Intimidade com o consumidor, 33

J

Jornal interno, 130

L

Leasing, 31
Levantamento de necessidades de treinamento, 143
Líder de equipe de vendas, 138
Liderança, 149
  de custo, 46
  em termos de produto, 33
Logística nos tempos da Indústria, 107
Logotipo, 68

M

Marca, 68
Margens, 76
Market test, 91
Marketing, 6, 21
  conceito de, 22, 23
  mix, 28
  na era digital, 34
Matriz BCG, 75, 76, 77
Maturidade, 71
Megadados, 169
Mercado, 37, 40
  características do, 40
  consumidor, 57
  de prova, 91
  estável, 41
  heterogêneo, 42
  homogêneo, 42
  instável, 42
  tipos de, 41
Mídias sociais, 124, 165, 166
Mudança de propriedade dos P/S, 108

N

Número de visitas realizadas, 154

O

Objetivos
    competitivos, 30
    da avaliação do desempenho de vendedores, 153
    da determinação de cotas de venda, 98
    da previsão de vendas, 97
    da promoção de vendas, 127
    de lucros, 30
    de vendas, 30
Observação em lojas, 53
Observações domiciliares, 53
Omnichannel, 111
Organização(ões)
    da força de vendas, 137, 138
    não governamentais, 3

P

Painel
    de consumidores, 90, 91
    de varejistas, 90
Participação
    do produto no mercado, 75
    em feiras e exposições, 130
Patrocínio de atividades culturais, esportivas, 130
Pesquisa(s)
    com dados secundários, 88
    de audiência, 92
    de concorrência, 92
    de consumidor, 91
    de grupos de foco, 53
    de mercado, 51, 89
    de P/S, 91
    de propaganda, 91
    de vendas, 90
    qualitativa de mercado, 92
    quantitativa de mercado, 90
Poder de barganha
    dos compradores, 45
    dos fornecedores, 44
Política de preços, 30
Ponto
    de interrogação, 76
    de serviço, 109
    de venda, 109
Portfólio de produtos, 75, 78
Pós-teste publicitário, 92
Pós-venda, 163
Posicionamento, 33
    de mercado, 25
    por atributo, 33
    por benefício, 34
    por concorrente, 34
    por preço ou qualidade, 34
    por uso ou aplicação, 34
    por usuário, 34
Pré-teste
    de propaganda, 92
    publicitário, 92
Preço, 25, 28, 29
    do P/S, 69
Previsão
    de vendas, 94
    como é feita a, 97
    e planejamento de vendas, 85
Previsibilidade, 32
Produto
    abstrato, 66
    concreto, 66
Produto/serviço (P/S), 63
Produtor
    ao atacadista, ao varejista e ao consumidor final, 113
    ao consumidor doméstico, por intermediário do telefone, 112
    do correio ou da mala-direta, 111
    de vendedores porta a porta, 112
    ao consumidor final
    pela internet, 112
    por meio de lojas próprias, 112
    ao varejista e ao consumidor final, 113
Promoção, 25
    de vendas, 119, 126
    dirigida ao consumidor final, 128
    dirigida aos canais de distribuição, 128
    no PDV, 126

proativa, 127
reativa, 127
Prontidão, 164
Propaganda, 119, 122, 126
    exterior, 123
    no local de venda, 124
Proteção da reputação, 165
Provas de conhecimento ou de capacidade, 141
Publicidade, 125

Q

Quadro de avisos da empresa, 140
Qualidade, 147
    de conformidade, 74
    de desempenho, 74
    do P/S, 69
Questionário(s), 90
    e levantamentos, 53

R

Rádio, 123
Rapidez, 147
Reação do aprendiz, 147
Receita de vendas, 70
Receptor, 120
Recompensas por preferência, 126
Recrutamento, 139, 140
    externo, 141
    interno, 140
    misto, 141
    virtual, 140
Recursos
    administrativos, 6
    financeiros, 5
    humanos, 5
    materiais, 5
    mercadológicos, 6
Redes sociais, 140
Redundância, 121
Reduzir a previsão de vendas, 95
Relação entre despesas e vendas, 155
Relacionamento com a clientela, 58, 161
Relações públicas, 59, 126, 130
    com o público externo, 130
    com o público interno, 130
    técnicas de, 130
Remuneração da força de vendas, 150
Rentabilidade, 32
    de um P/S, 70
Reputação
    da marca no ambiente digital, 93
    na internet, 164
Requisitos de capital, 44
Responsabilidade
    ambiental, 134
    financeira, 134
    social, 134
Resultados, 147
Retorno do investimento, 148
Reuniões
    de cúpula da empresa, 98
    periódicas
    com os principais clientes, 97
    do pessoal de vendas, 97
Ruído, 120

S

Salário fixo, 150
    mais comissão, 152
    e incentivo, 152
    mais incentivo ou prêmio, 152
Satisfação dos clientes, 58
Segmentação
    de mercado, 53
    demográfica, 54
    geográfica, 54
    pelo benefício percebido pelos clientes, 54
    pelo estilo de vida, 54
    pelo uso do produto, 54
Segurança, 152
Seleção, 141
    da força de vendas, 139
Serviço(s), 147
    de atendimento ao consumidor, 165
    de consultoria, 74
    diversos, 75

Significado da palavra não, 162
Simulação, 142
Sistemas
   de comunicação, 121
   de distribuição, 110
   de remuneração, 150
   misto, 151
   multiplicadores de talentos, 149
Situação
   de equilíbrio, 40
   de oferta, 40
   de procura, 40
Stakeholders, 131
Superioridade, 32
Supervisor de vendas, 11

T

Taxa de crescimento do mercado, 75
Técnica(s)
   de entrevista em profundidade, 53
   de pesquisa de mercado, 90
   de treinamento, 146
Televisão, 123
Tendências no treinamento, 149
Teste(s)
   de conceito, 91
   de embalagem, 91, 92
   de produto, 91, 92
   psicológicos, 142
Transmissão de informações e conhecimentos, 144
Transmissor, 120
Treinamento
   a distância, 146
   com ajuda do computador, 146
   como consultoria de desempenho, 149
   da força de vendas, 142
   do consumidor, 74

U

Utilidade
   de local, 39
   de lugar, 108
   de qualidade, 39
   de quantidade, 39
   de tempo, 39, 108
Utilização da abordagem de acumulação, 98

V

Vaca leiteira, 76
Valor da informação, 89
Varejista, 107
Variedade de componentes dos canais de distribuição, 106
Veículos de propaganda, 123
Venda(s), 21, 25
   direta, 105
   feitas a consumidores em diferentes locais geográficos, 30
   feitas a diferentes tipos de intermediários que desempenham diferentes funções, 30
   feitas em diferentes quantidades, 30
   feitas sob diferentes políticas de crédito, 30
   indireta, 105
   pessoal, 126
   realizadas por visita, 155
Volume de vendas realizadas no período, 154

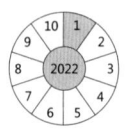